私募股权
投资工具箱

（Tamara Sakovska）

[英] 塔玛拉·萨科夫斯卡 著

徐文 译

The
Private Equity
Toolkit

A Step-by-Step Guide to
Getting Deals Done from Sourcing to Exit

机械工业出版社
CHINA MACHINE PRESS

《私募股权投资工具箱》旨在成为私募领域独一无二的书。这是一本涵盖私募股权交易从开发到退出的所有关键环节的参考指南。作为一名经验丰富的私募股权交易从业者，塔玛拉·萨科夫斯卡向世界各地有抱负和感兴趣的交易从业者分享她的知识和行业最佳实践。本书中的一些主题，特别是与交易发起、管理评估和交易架构相关的主题，将提供迄今为止出版的任何其他私募股权书籍都没有涉及的完全独特的内容。

作为当前有抱负的私募股权投资者不可或缺的资源，本书也适用于私募股权交易顾问、创始人、高管，以及寻求融资或寻求更深入了解私募股权的公司董事会成员和经理。

北京市版权局著作权合同登记　图字：01-2022-5747号。

图书在版编目（CIP）数据

私募股权投资工具箱／（英）塔玛拉·萨科夫斯卡（Tamara Sakovska）著；徐文译. —北京：机械工业出版社，2023.12

书名原文：The Private Equity Toolkit: A Step-by-Step Guide to Getting Deals Done from Sourcing to Exit

ISBN 978-7-111-74460-3

Ⅰ.①私… Ⅱ.①塔… ②徐… Ⅲ.①股权-投资基金 Ⅳ.①F830.59

中国国家版本馆 CIP 数据核字（2023）第 249899 号

机械工业出版社（北京市百万庄大街22号　邮政编码100037）
策划编辑：李新妞　　　　　责任编辑：李新妞　廖　岩
责任校对：曹若菲　李小宝　责任印制：李　昂
河北宝昌佳彩印刷有限公司印刷
2024年1月第1版第1次印刷
169mm×239mm·16印张·1插页·221千字
标准书号：ISBN 978-7-111-74460-3
定价：89.00元

电话服务　　　　　　　　　　网络服务
客服电话：010-88361066　　机 工 官 网：www.cmpbook.com
　　　　　010-88379833　　机 工 官 博：weibo.com/cmp1952
　　　　　010-68326294　　金 书 网：www.golden-book.com
封底无防伪标均为盗版　　机工教育服务网：www.cmpedu.com

前　言

《私募股权投资工具箱》旨在成为该领域独一无二的一本工具书。这是业内第一本实用参考指南，内容涵盖了私募股权交易执行从开发到退出的所有关键环节。作为一名资深的交易从业人员，我关注的焦点是投资专业人士在私募股权项目的整个生命周期中所需要的技术基本原理和实用判断技能。

本书将向你介绍我自己专有的一些框架准则、核查清单和备忘录，可以帮你在私募股权投资的发起、评估、执行和货币化各个环节制定自己的个性化蓝图。有了《私募股权投资工具箱》，你就可以直接了解可执行的建议，来解决当下最迫切的需求。内容包括：

1. 通过主题型和机会型项目开发，培养扎实的交易发起能力（第1、2、3章）；

2. 为你的投资任务确定最佳交易机会，同时排除其他交易以节省时间（第4、5章）；

3. 评估你在私募股权投资中寻求其支持的高层管理团队的质量（第6章）；

4. 分析投资目标的商业计划，确定驱动价值创造的主要因素并制定自己的投资基础方案（第7章）；

5. 为多数和少数股权投资进行公司估值并健全交易架构（第8、9章）；

6. 做好严格的尽职调查并对主要交易协议进行周密的谈判，追求一流的交易执行力（第10、11章）；

7. 通过建立有效的管理流程，并执行雄心勃勃又切实可行的价值创造计划，为你的投资组合业务增加价值（第12章）；

8. 通过常规途径或其他退出策略实现投资的货币化（第13章）。

私募股权是现代金融最具吸引力的领域之一。私募股权专业人士会探索有发展前景的投资主题，会见成就斐然的企业精英，走访实体企业的厂房车间，确定非流动资产的价值，精心设计主要交易条款，展开激烈的交易谈判直至深夜。由于私募股权是一个跨学科领域，要想获得成功，投资者需要具备各种各样的技能。仅仅掌握会计和财务方面的专业知识是不够的，需要将其与可靠的商业判断能力以及出色的人际关系技巧相结合。那些渴望成功的私募股权专业人士要能开发有吸引力的投资机会，形成差异化的投资理念，与管理团队建立富有成效的工作关系，增加投资组合公司董事会的价值并实现营利性投资退出。

眼下他们是如何获得这些技能的呢？主要靠在工作中学习。除了你即将阅读的本书之外，似乎还没有一本通用的参考指南可以让人们从项目开发到投资退出系统地了解私募股权交易实施的实际情况。投资专业人士在私募股权基金公司开始职业生涯时，一般遵循"师徒"培训模式，即通过向资深同事学习来开展自己的工作。然而，这些资深的私募股权专业人士通常没有什么时间来指导新员工，因为他们的精力非常分散，总是得优先处理实时交易或投资组合公司遇到的紧急情况。刚入行的投资专业人士面临的另一个困难是没有机会获得更高级和更专业的技能——例如，为收购后的投资对象制定有效的报告准则，管理陷入困境的投资或为投资组合企业做退出准备——因为这些情况在典型的私募股权投资周期中较少发生。这些挑战导致他们需要很多年才能真正熟练地掌握私募股权投资行业的所有主要内容。

几十年前我开启自己的私募股权投资生涯时也经历了这些困难。那时没有任何实用的手册可以指导我了解私募股权投资的关键原则。我只能在工作中学习，时至今日，我依然十分感激那些曾和我慷慨分享自己经验的同事们。在成长为一名投资专家的岁月里，我萌生了一个好主意，开始收集在各类投资项目中遇到的策略方法和核查清单，希望可以汇编成一本资料手册来支持我的日常工作。这些年来，我还阅读了大量由相关商业领域的专家撰写的书籍，从中吸收了一些有益的概念，比如兼并和收购、价值投资、股权研究、行为金融学、战略、销售和营销、商业运作、重组、组织行为和公司治理等。

我花了好几年时间，在现实交易中测试这本自编的私募股权入门手册中的各种概念，并将它们转化为一系列简单、可行的框架，来支持关键的决策原则。在我看来，这些原则适用于私募股权投资从项目开发到投资退出的各个阶段。这些博采众长的想法和多学科最佳实践构成了我个人"工具包"的基础，每当我需要灵感或想拓展专业领域时都可以求助于它。这些经过验证的方法连同我在投资生涯中学到的关键经验教训可以说是这本《私募股权投资工具箱》的核心内容。

出人意料的是，时至今日，仍然没有一本金融书籍称得上是私募股权投资行业的实用"指南"。尽管过去十年间出版了许多有用的私募股权相关书籍，但很快人们就会发现，它们要么是专注于理论原则的学院教科书，要么是讲述业内著名交易的"战争故事"集。迄今为止，还没有多少私募股权交易从业者肯花时间走出交易热潮，收集私募股权交易生命周期中的最佳实践，撰写一部实用的参考指南。《私募股权投资工具箱》正是要填补这一空白，成为缺失已久的行业手册。

随着私募股权投资行业的不断发展，那些想要开始投资生涯的专业人士——比如你自己——渴求新知，需求渐增，希望学习和这个行业所需主要技能相关的实用知识。不管是对那些刚刚起步的私募股权专业人士，还是正在探索私募股权投资事业的商学院学生、投资银行和咨询业人员，《私募股权投资工具箱》都将成为他们的有益指导。尽管我假定你具备企业财务和会计方面的基本背景，但我还是特意使用通俗的语言，跳过图表和方程，并在各章提供了补充资源，使本书尽可能为广大读者所接受。虽然本书主要反映了我个人的主观投资经验，并且运用了大量个人笔记，但它并非毫无学术严谨性。事实上，在准备本书的过程中，我对每个主题都进行了广泛的研究，参考了相关的学术著作和学术研究，不仅体现了最突出的研究成果，还融入了我认为务实、可行的建议。

还是不确信？目录之后的逐章纲要可以使你更加了解如何提升现有的知

识，优化自己从项目开发到投资退出的私募股权交易执行方案。你可以将《私募股权投资工具箱》作为一本参考手册，在私募股权投资的某一阶段需要有针对性的帮助时，可以直接跳到最相关的章节。看完了本书的整体结构，我们将深入了解一笔交易的关键组成部分，它们将构成你自己的私募股权投资"工具包"。

免责声明

虽然本书详细讨论了我自己在私募股权交易生命周期各个阶段的决策方法，但我并没有提供任何投资、法律或税务方面的建议。

联系方式

如果你有什么意见或建议，为什么不和我分享呢？或许我可以将你的想法融入本书的下一版。欢迎你的贡献和反馈。谢谢！请给我发电子邮件：petoolkit@ lavragroup. com。

致 谢

我非常感激我的家人。在这本书的写作过程中,他们一直非常支持我,并帮助我完成了这个项目。衷心感谢我的好丈夫 Frederik,他是本书每个章节的第一位读者(并不总是完全出于自愿)。感谢我的孩子 August 和 Daria 的宝贵支持,谢谢你们在无数个周末和我一起来办公室,在我遇到困难时鼓励我坚持下去。我还要感谢我的妹妹 Julia 还有我的父母和祖父母,他们向我灌输了强烈的职业道德,教导我批判性思维的重要性。

我很幸运有一群非常优秀的朋友,他们中的许多人鼓励我去写这本书,并对我的手稿提出了建设性的意见。谢谢你们,Stefan Loesch、Oksana Denysenko、Helena Clavel-Flores、Irina Grigorenko、Vittoria Stefanello、Leopoldo Carbone、Julia Shur 还有 Oksana Tiedt。此外,还要感谢 Lee Barbour 为我提供一流的编辑支持,以及 Emma Stefanello 和 Michael Majdalani 在研究方面的鼎力相助。

我想对 Eli Talmor、Dirk Donath、Giampiero Mazza、Joshua Rosenbaum、Joshua Pearl、Alex Emery 和 Ted Berk 表达我的谢意。他们每一个人都成就卓著、善良友好,在读过书稿后对我表示了他们个人的认可。

特别感谢协助我出版这本书的 Wiley 出版社团队:我的策划编辑 Bill Falloon,助理策划编辑 Samantha Enders,执行编辑 Purvi Patel 以及编辑助理 Samantha Wu。

最后,我想对一长串出色的工作伙伴说声谢谢,他们教会了我有关私募股权的一切知识,并且在我职业生涯的早期花费时间培养我的投资意识。我无法一一提及你们的名字,但是伙计们,如果你还记得我们共事的漫漫岁月,就会知道自己是其中之一。谢谢你们!

关于注册估值分析师（CVA）认证考试

考试简介

  注册估值分析师（Chartered Valuation Analyst，以下简称 CVA）认证考试由注册估值分析师协会组织考核并提供资质认证，旨在提高投融资及并购估值领域从业人员的专业分析与操作技能。CVA 认证考试从专业实务及实际估值建模等专业知识和岗位技能方面进行考核，主要涉及企业价值评估及项目投资决策（包括 PPP 项目投资）。CVA 认证考试分为实务基础知识和 Excel 案例建模两个科目，内容包括会计与财务分析、公司金融、企业估值方法、并购分析、项目投资决策、私募股权投资、Excel 估值建模共七个部分。考生可通过针对各科重点、难点内容的专题学习，掌握中外机构普遍使用的财务分析和企业估值方法，演练企业财务预测与估值建模、项目投资决策建模、私募股权投资、上市公司估值建模、并购与股权投资估值建模等实际分析操作案例，快速掌握投资估值基础知识和高效规范的建模技巧。

  实务基础知识科目——专业综合知识考试，主要考查投融资、并购估值领域的理论和实践知识及岗位综合能力，考查范围包括会计与财务分析、公司金融与财务管理、企业估值方法、并购分析、项目投资决策、私募股权、信用分析。本科目由 120 道单项选择题组成，考试时长为 3 小时。

  Excel 案例建模科目——财务估值建模与分析考试，要求考生根据实际案例中的企业历史财务数据和假设条件，运用 Excel 搭建出标准、可靠、实用、高效的财务模型，完成企业未来财务报表预测、企业估值和相应的敏感性分析。本科目为 Excel 财务建模形式，考试时长为 3 小时。

职业发展方向

CVA 资格获得者具备企业并购、项目投资决策等投资岗位实务知识、技能和高效规范的建模技巧，能够掌握中外机构普遍使用的财务分析和企业估值方法，可以熟练进行企业财务预测与估值建模、项目投资决策建模、上市公司估值建模、并购与股权投资估值建模等实际分析操作。

CVA 持证人可胜任企业集团投资发展部、并购基金、产业投资基金、私募股权投资、财务顾问、券商投行部门、银行信贷审批等金融投资机构的核心岗位工作。

证书优势

岗位实操分析能力优势——CVA 认证考试内容紧密联系实际案例，重视提高从业人员的实务技能，并能够迅速应用到实际工作中，使持证人达到高效、系统和专业的职业水平。

标准规范化的职业素质优势——CVA 资格认证旨在推动投融资估值行业的标准化与规范化，提高执业人员的从业水平。持证人在工作流程中能够遵循标准化体系，提高效率和正确率。

国际同步知识体系优势——CVA 认证考试选用的教材均为协会精选并引进出版的国外最实用的优秀教材。将国际先进的知识体系与国内实践应用相结合，推行高效标准的建模方法。

配套专业实务型课程——注册估值分析师协会联合国内一流金融教育机构开展 CVA 培训课程，邀请行业内资深专家进行现场或视频授课。课程内容侧重于行业实务和技能实操，结合真实典型案例，帮助学员快速提升职业化、专业化和国际化水平，满足中国企业"走出去"进行海外并购的人才需求。

企业内训

紧密联系实际案例，侧重于提高从业人员的实务应用技能，使其具备高效专业的职业素养和优秀系统的分析能力。

- 以客户为导向的人性化培训体验，独一无二的特别定制课程体系。
- 专业化投融资及并购估值方法相关的优质教学内容，行业经验丰富的超强师资。
- 精选国内外优秀教材，提供科学的培训测评与运作体系。

考试安排

CVA 认证考试于每年 4 月、11 月的第三个周日举行，具体考试时间安排及考前报名，请访问协会官方网站 www. cncva. cn。

协会简介

注册估值分析师协会（Chartered Valuation Analyst Institute）是全球性及非营利性的专业机构，总部设于香港，致力于建立全球金融投资及并购估值的行业标准，帮助企业培养具备国际视野的投资专业人才，构建实用、系统、有效的专业知识体系。在亚太地区主理 CVA 认证考试、企业人才内训、第三方估值服务、出版发行投融资专业书籍以及进行协会事务运营和会员管理。

注册估值分析师协会于 2021 年起正式成为国际评估准则理事会（the International Valuation Standards Council，简称 IVSC）的专业评估机构会员。协会将依托 IVSC 的权威影响力与专业支持实现自身更快更好发展，同时遵照国际标准和专业精神，与其他成员开展广泛的交流与协作，共同推进全球估值行业的进步。

联系方式

官方网站：http://www. cncva. cn
电　　话：4006 -777 -630
E - mail：contactus@ cncva. cn
新浪微博：注册估值分析师协会

协会官网二维码

微信平台二维码

目　录

逐 章 纲 要

第1章 关于项目开发的初步思考

重点内容：

- 为什么项目开发仍是个模糊的领域
- 采取六个行动步骤来提高你的交易发起能力
- 有效的项目开发策略和寻找神秘的专有交易
- 如何评估你目前的项目开发能力
- 现在就关注一些关键趋势才能领先他人发现未来的私募股权交易

第2章 主题型项目开发

重点内容：

- 利用 ICEBERG 路线图™消除主题型项目开发的神秘感
- 把项目开发分解为简单、可执行的步骤的有效方法
- 如何系统地开发有前景的投资主题
- 绘制行业地图、寻找交易机会和会见行业专家的最佳做法
- 一个久经考验的策略助你与公司直接建立联系
- 如何充分利用你和交易目标的初次会面

第3章 机会型项目开发

重点内容：

- 利用 DATABASE 路线图™在机会型项目开发中取得优势
- 无需运气：为什么在机会型项目开发中要有明确的重点
- 现在就采取行动来充分利用你的职业关系网
- 积极的品牌管理如何帮助你的基金保持顶级知名度

- 补充机会型交易思路的一些创新方法
- 如何有效又轻松地管理你的交易发起工作流程
- 建立专门的业务开发团队是否适用于所有基金

第4章 交易选择——排除不合适的交易

重点内容:

- 为什么终止交易和达成交易一样重要
- 有经验的投资者如何克服偏见和减少投资失误
- 为什么说你职业生涯中的最佳投资可能是一笔从未争取过的交易
- 在推进任何交易之前需要检查九种破坏交易的因素

第5章 交易选择——确定合适的交易

重点内容:

- 节省时间和精力:为什么首先评估交易动力很有意义
- 如果你选择记住一件关于交易选择的事,请记住商业模式
- 所有企业最常见的四个竞争优势来源
- 忘记细节:对交易选择至关重要的几个财务指标
- 如何通过巧妙的结构设计解决估值方面的顾虑

第6章 评估高层管理团队

重点内容:

- 为什么激励优秀的经理人是私募股权秘方中的关键因素
- 为什么最好的CEO不是我们在电影中看到的富有魅力、能言善辩的领导
- 为什么私募股权所投资公司的CEO是世界上要求超高的工作之一
- 在评估私募股权企业的CEO时需要注意的九种关键特质
- 如何运用最新的最佳方法评估管理团队

第7章 分析商业计划

重点内容：

- 为什么投资高手在钻研数字之前先研究商业基础
- 审查每份商业计划书时要立即发现的关键问题领域
- 如何戳穿过于乐观的预测并使你的投资方案更加完善
- 每份可靠的商业计划都需要解决的 10 个冰冷而棘手的问题
- 我信赖的商业计划工具：《最常见的价值创造驱动因素总清单》

第8章 价值评估

重点内容：

- 企业价值、整体价格和现金对价：为什么它们各不相同
- 为什么有经验的投资者使用有缺陷的估值方法仍能得到正确答案
- 我喜欢（也讨厌）使用的七个估值指标和六种估值方法
- 针对"难以估值"的公司的两种评估方法
- 估值完成：你愿意支付多少钱来赢得投资机会

第9章 交易架构

重点内容：

- 资本结构考量：如何使用杠杆
- 设定管理层激励计划：目标高远，奖励丰厚，成果最优
- 通过或有对价、业绩补偿制度等来优化交易
- 少数股权交易：协商稳健的退出机制或不被大股东裹挟
- 少数股权投资的高级交易架构技巧

第10章 交易执行：交易流程与尽职调查

重点内容：

- 典型的私募股权交易流程包括哪些

- 不要好高骛远：管理完善的尽职调查工作需要遵循的十项原则
- 剖析尽职调查关键工作流程

第11章 交易执行：法律文件

重点内容：

- 为什么你不需要成为律师也能在交易的法律条款谈判中提供有价值的意见
- 如何将尽职调查成果转化为交易文件中的法律条款
- 我总结的一些关键交易协议中的常见问题

第12章 通过行使积极的所有权增加价值

重点内容：

- 通过价值创造计划制定自己的成功模式
- 每个投资组合公司都需要考虑的四项增值行动
- 通过百日计划创造强大的业绩提升动力
- 治理和报告：运作良好的私募股权董事会的战略重点
- 当交易出现问题时：发现公司陷入困境的初始迹象并采取果断的行动

第13章 退出策略和交易货币化

重点内容：

- 如何轻松地退出少数股权投资
- 退出控股权交易：你应该把握市场时机吗
- 传统的退出途径：IPO、战略销售和发起人回购
- 无法退出投资？使用替代交易货币化策略来挽救
- 画龙点睛：每个投资组合公司的退出准备路线图

第 1 章

关于项目开发的初步思考

重点内容:

- 为什么项目开发仍是个模糊的领域
- 采取六个行动步骤来提高你的交易发起能力
- 有效的项目开发策略和寻找神秘的专有交易
- 如何评估你目前的项目开发能力
- 现在就关注一些关键趋势才能领先他人发现未来的私募股权交易

项目开发概述

私募股权投资的起点是找到一个合适的投资机会。最好是一个绝佳的机会。本书的前三章讨论的正是这个问题——为你的投资任务寻找一个完美契合的私募股权项目的过程。以我个人的经验来看，这是一个既枯燥乏味又令人沮丧的过程。为什么这么说？私募股权投资行业已经发展了近半个世纪，却还没有任何资料来源可以细致和系统地指导人们如何培养起扎实的私募股权投资发起能力。正因如此，我着手写下自己详细的想法和经验，以便与其他人分享我对这个复杂过程的看法。我希望写得尽可能透彻一些，在读完前三章后，你们可以轻松学到几个可靠且有用的框架，帮助你们积极转变项目开发成果。

我们开始吧！

为什么说理解项目开发很重要？主要原因有两个。首先，创造和保持源源不断的、高质量的投资想法是成功的私募股权专业人士的核心能力之一。这种能力与每家私募股权基金的品牌认知度密切相关，并最终与你的个人品牌产生共鸣。每一位投资私募股权基金的有限合伙人（"LP"）都在寻找一个可以让公司生意兴隆的团队，一个能够证明他们有能力开发差异化的投资主题、寻找可持续的投资机会并成功完成交易的团队。随着你在私募股权领域的经验日渐丰富，你的上司会越来越期待你主动发起自己的项目。

第二个原因是，项目开发——虽然是投资成功的关键所在——仍然非常晦涩难解。关于私募股权项目开发及其掌握方法的文字介绍极少。我研究过的那些私募股权相关的书籍似乎都只包括对该主题的高级别讨论。如果你对私募股权感兴趣，可能经常会在行业媒体上读到讨论寻找好项目的挑战的文章。如果你像我一样参加过私募股权投资会议，那么你也会听说很多有关寻找项目的"战争故事"。然而，我没有找到一份资料能集中、详尽地解释清楚私募股权交易发起的框架。因此，我相信我可以通过自己的项目开发指南为这个领域做一些贡献。

我在研究过程中只找到了一项由 Teten 和 Farmer（2010）主持的研究，该研究分析了整个私募股权投资行业的项目开发策略，并概述了一些可以改进交易发起过程的可行步骤。可惜的是，我没能在自己的职业生涯中用到这些宝贵经验，因为这项研究是在我已经被委派发起自己的私募股权项目多年以后才发表的。在这项研究中，作者重申了项目开发在私募股权投资中的重要性：事实证明，有主动发起方案的晚期风险投资和成长型股权投资者几乎都是各阶段、各年份和各行业中表现最好的。这是有道理的。现在你就可以理解为什么有限合伙人们可能对审查贵公司的项目开发过程非常感兴趣，而且是非常详细的检查。

我的第一份私募股权工作来自一家专注于大型杠杆收购（"LBOs"）的公司。那时我觉得发起交易和初步审查的过程相当令人兴奋，因为可以思考不同的商业模式，还可以见识到很多新的想法。然而，这个过程同时也非常令人气恼。那时我是消费者团队的一员，每年要分析 100 多个大型收购项目，仅向投资委员会提交 10～12 个项目，然后完整执行 3 个或 4 个项目，最后只能完成 1 个项目，这都是很平常的事。

是的，你没看错：我的团队每年要审查超过 100 个潜在项目，却只能完成 1 个项目。如果你足够幸运，一年能完成一笔交易，就已经走上正轨了！有时，甚至这个保守的目标也会落空。例如，当目标公司通过竞争激烈的拍卖程序出售时，我们的团队往往不会被选为优先（或最高）投标方。这意味着，在某些年份我们这个行业团队根本无法完成任何投资项目。是的，即便如此，我们仍然会在当年审查 100 多个潜在项目。这真是令人无奈。

这是私募股权投资中一个相当令人沮丧但又很典型的事实：在项目开发方面投入了大量精力，却不能保证结果的成功。有时，从你与潜在投资目标的管理层首次见面到他们准备考虑交易需要花几年的时间；有时，在管理团队准备再次与你会面之前，公司甚至会经历多轮所有权变更；有时，公司股东终于准备好接受私募股权投资，只是不接受来自你所在公司的投资！然而，某些时候奇迹会发生的，只要有毅力，你可以设法完成一笔私募股权交易。

是什么因素在影响私募股权项目开发和结果成功与否呢？如果你在我的职业生涯之初问我这个问题，我会说这个过程中有相当程度的随机性和运气。即通过做 1000 件事情，去建立关系，从而最大限度地增加你的选择，以覆盖更多范围。还需要在正确的时间出现在正确的地点，以及平衡冷酷无情的投资分析和竞争拍卖的动物精神。那时我会说，机缘巧合也理应得到回报。

现在的我还会给出同样的答案吗？事实上，我不会。我不再认为开发和达成交易是一种靠运气取胜的游戏。虽然概率法则确实适用于寻找良好的投资机会，但我认为你可以采取一些措施来增加自己的胜算。有时效果会很明显。根据竞争对手在你所关注的行业或国家的行动，你绝对可以大大提高自己的项目开发能力。我自己在努力寻找私募股权投资机会的过程中确实印证了这一点。

我们先概括介绍一下这些行动要点，然后对每一点进行更详细的介绍。

- **投入时间**。将项目开发作为组织层面的优先事项，目的在于通过寻找高质量的投资项目，为作为投资专家的自己，也为公司创造可持续的长期竞争优势。这意味着全年都要投入时间来寻找交易，即使看起来没有时间了。

- **管理混乱的局面**。寻找项目很棘手，因为这是一个非正式的过程，涉及许多变数。决策者会改变主意。公司会被战略投资者接管，一夜之间就不再是私募股权投资的目标。当事情看起来超出了掌控时，你能做什么呢？可以把被动的活动转变为一些有意且可预测的常规工作，来应对项目开发工作的易变性；把你的努力系统化并转变成框架；专注于完善你的项目开发过程，不要过分关注中期结果。更好的过程最终会带来卓越的结果。

- **进行深入的行业研究**。提升几个细分行业的专业知识，为你自己和你的团队创造独一无二的信息优势。确保建立起一个详细的知识库，形成自己的见解，并提出源源不断的专有交易理念。如何做到这一点呢？我曾在许多个深夜领导各种行业的"深潜"研究，开发了自己的框架来解决这个问题。我将在本书的后续章节与你们分享这些策略。

- **帮助公司做好快速行动的准备。** 组织的灵活性可以是一个显著的优势，在竞争激烈的投资环境中尤为如此。定期向你的公司——特别是投资委员会和关键决策者——更新你正在进行的主要投资主题的相关信息，这很重要。这样做的目的是获得尽可能多的支持，确保每个人都了解你的团队通过深入研究所获得的详细知识。要做到这一点，最好的方法是让你的团队对某个行业进行专项分析，并与公司其他成员分享研究成果。这样一来，一旦你在这个行业确定了一个合适的项目，投资委员会应该已经对此有所了解了。他们会相信你的团队能提出一个与众不同的"投资角度"，这样你就能充满信心地向前推进，并领先于竞争对手取得进展。

- **制定高效的项目开发流程。** 退后一步，重新审视你的项目开发流程中那些浪费大部分时间的工作。你是否觉得处理 1000 件事情给你带来了太多的选择？你是否参加了太多与中介商的会议，而他们却忽略了你的任务重点，给你介绍了毫无意义的项目？你是否充分优化了项目开发关系网络？你的会议记录是否有条理、可搜索、可同步，并且无论是在办公室还是远程都很方便使用？

一旦你有机会反思，就试着想办法来精简你的项目开发过程，使最终结果像装有瑞士机芯的时钟那样精确。与其做 1000 件事情来提高成功概率，不如把精力集中在 10 个最有价值的活动上，然后精确地重复 100 次。这些数字是我随意拟的，但其中的道理是：要放弃没有结果的项目开发任务，专注在最有成效的工作上并遵照执行下去。这个过程应该能帮你腾出一些时间，提高你审查的项目的质量，这两者都会提高成功的概率。

- **坚持，微笑，重复。** 现在你已经创建了一个积极主动的项目开发工作计划，要确保在你的日程表上有专门的时间段来推进工作进度。寻找投资机会应该有百折不挠的精神，并像钟表一样可靠地运转下去。即使在忙碌的时候也不要被诱导着退出项目开发过程，你只需减少一些相关工作即可。只有以更聪明的方式工作才能打败你的竞争对手。花点时间，在你的体系里对所有后续工作设置必要的提醒并完全贯彻执行。当项目进展令人失望时，要尽力保持积极向上的精神状态。深呼吸，微笑，继续前进，重新开始。开发项目只需要一定量的努力尝试、坚持不懈和不断重复，最终会带来巨大的回报。

有时，形成新的投资理念看似是一项巨大的任务，但一小步一小步地来就可以使它更容易管理。每周只需花几个小时主动和有意地开发项目，就可以发挥很大的作用，帮助你在竞争中保持领先地位。正如那句古老的谚语所说："日积月累，水滴石穿"。

项目开发策略

项目开发策略都有哪些？一般来说，我们业内人士把私募股权投资分为两种类型：主题型和机会型。主题型项目是指投资者主动发现的潜在交易，需要对某一细分行业、新兴趋势或特定投资主题进行严格而细致的研究。主题型投资机会有时没有任何明显的触发因素，需要很长时间才能具备可操作性。机会型项目依靠投资者的被动努力：机会主动来找你，就降临在你的办公桌上。机会型投资通常更具有可操作性：卖家往往希望在特定的时间框架内完成交易。大多数机会型项目是由卖方中介和业内人脉介绍的，还有一些是由朋友或熟人介绍的。

根据我在私募股权市场的所见所闻，大多数公司倾向于同时使用这两种项目开发方法，可以开拓出源源不断的新的投资思路。主题型项目开发策略有助于你缩小重点领域，建立知识库，这反过来又增加了找到机会型项目的概率。在这种情况下，公司会成为最可靠的买方，在竞争中处于领先地位。

随着主题型和机会型项目经验的累积，我开始思考如何优化这两类项目的开发过程，才能创建一套有效的工作流程。我花了很多年，经历了很多起伏，才为自己总结出一套易于遵循的流程，让我相信我的工作是全面的、高效的。我所记录下来的投资开发方法最终凝练成了几个非常详细的框架，我将在本书后续章节对此展开介绍。我希望利用这些框架达到什么目的呢？我认为，我的项目开发活动的最终目标是要找到一笔专有交易，无论是机会型的还是主题型的。

寻找专有交易是私募股权专业人士们非常痴迷的目标。是什么使一项交易具有专有性？如果一项交易在市场上不广为人知，而且你的公司是唯一与目标公司进行讨论的买方，那么你就在进行一项专有交易。有时，交易可以是半专有的：还有其他几家市场竞争者知道消息，对目标公司虎视眈眈。然而，你的公司有可能在学习曲线上有优势，因此，要设法商定一个排他期，在此期间对这项投资进行评估和执行。有时会出现这样的情况：通过长达数月的专题调研，你的公司终于和一家很棒的企业进行了一场真正的专有对话，却被公司所有者告知，他们将邀请其他人参与竞标。为什么呢？主要是因为通常来说多方竞价可以使市场定价更加准确，让公司所有者有机会最大限度地提高估值。在这种情况下，你的专有想法将进入公开市场，而且，根据我自己的经验，这是一种相当痛苦的感受。

为什么寻找专有交易这么难？多年以来，私募股权投资行业已臻成熟，在全球范围内，每年都有数以百计的新基金进入该行业。随着信息壁垒逐渐减少，公司所有者也越来越成熟，他们更有可能聘请专业顾问，而不是只和一家私募股权基金进行专有交易。那么，为什么私募股权投资者还在执着于寻找专有交易呢？这个嘛，大家都喜欢竞技运动。而且，寻找专有交易是一个绝佳的机会，可以展示个人的专业水准，还可以向有限合伙人强调自己基金的独特优势。你的基金投资者会觉得他们已经加入了一个独家交易俱乐部，只要你的基金收益不令人失望，等时机一到，他们会很愿意投资你的下一个基金。

从理论上讲，在竞争性拍卖之外找到的投资机会，应该也会导致较低的入场估值。如果你的基金是唯一竞标者，那可能不会为确保交易而支付过高的价格。然而，我不太确定"更加合理的入场估值"这个概念是否总能成立。在某些情况下，你的基金可能会决定为一项专有交易支付相当高的估值。例如，你可以利用自己的行业专长，洞察到一家公司具备某些其他同类公司所没有的独特的价值创造杠杆。你可能会决定为此支付溢价，因为也许你的基金比较重视交易的确定性，会设法降低执行成本而获益。这些只是可能会为专有交易支付更高入场估值的部分原因。Teten 和 Farmer（2010）在他们的研究中指出，有时私募股权公司会同意为专有交易支付更高倍的收益，因为这样他们能在一开始就追求更优质的目标，并在交易结束后获取更多的价值。

总之，专有交易已经变得非常难挖掘——但它并不只是私募股权行业的神话传说。把它们看作一种难得一见但完全合理的现象更有意义，就像日食一样。尽管专有交易非常罕见，但我们仍然可以期待在职业生涯中经历一次，甚至多次。

评估你目前的项目开发能力

让我们来诚实地审视一下你目前的情况。你认为你的公司具备较强的项目开发能力吗？要想区分是靠运气还是靠实力，请思考并回答以下问题，可能会对你有所帮助。

- 你的基金是否为未来 12 ~ 18 个月设定了严格的投资目标？你的公司是否有清晰的项目开发战略？

- 你的公司是否采用由研究驱动的主题型项目开发方法？你是否正在准备一些和自己关注的领域相关的特定投资论证？

- 你的公司已经开发了多少笔专有交易？哪些开发策略是最成功的？

- 你的公司是否掌握了有关投资渠道的详细资料？你能否用基本的渠道关键绩效指标（"KPIs"）来分析过去和当前的交易流？

- 你是否知道你的公司关注的交易中有多少和你关注的领域有关？你的公司错失了多少交易？那些错失的交易是如何开发到的？你是否有机会接触同样的投资机会？

- 如果你的基金留意到并拒绝了一笔交易，那么你的投资论证是否漏掉了一些其他公司能够发现而你未能发现的问题？

- 你是否在维护一份潜在投资目标清单？你是否使用了某种技术性的解决方案，可以轻松地追踪这些潜在目标？你是否坚持联系他们并跟进工作？你是否在与那些目前看来无意卖出的公司保持联系？

- 你是否记录了团队成员们多年来和潜在投资目标开会和通话中的主要收获？这些信息是否集中存储且易于查阅？

- 你的公司是否有一个良好的系统来跟踪和系统化整个公司的关系，例如与银行、顾问、行业专家和其他专业中介机构的关系？你能否基于你的关系为公司提供的价值对它们进行排名？

毫无疑问，这些问题代表了一定程度的自省和自律，似乎很难做到。如果你的公司没能遵循其中的大部分程序，不要担心。这些程序是很容易建立的，而且一旦建立起来，将产生巨大的效益。如果你的公司已经在以某种有条不紊的方式开展工作，那么你们已经先人一步，所做的任何项目开发工作都会带来更多实实在在的回报。

投资项目从何而来？

你是否琢磨过一笔交易究竟是如何发起的？私募股权投资活动背后都有哪些助推因素？以及为什么交易会一波接一波地发生？我关注这些问题的原因如下：如果你知道在不久的将来都有哪些新兴趋势会刺激私募股权投资活

动，你就可以把自己的项目开发工作聚焦在这些领域，使自己在竞争中处于领先地位。换句话说，如果你比别人更善于观察，你就可以比别人更早地发现投资活动可能发生的地方。

私募股权交易的一个非常有趣的方面在于，无论市场环境良好还是恶劣，它们都有可能发生。理论上，大多数私募股权交易应该发生在熊市。首次公开上市窗口期关闭后，公开市场的情绪会比较悲观，银行不太愿意以优厚的条件提供债务；因此，目标公司的股东应该会把私募股权视为一个更具吸引力的融资方案。对这一假设的讨论可以进一步延伸：私募股权基金本身应该能够在熊市中采取逆向思维，并在下行周期中谋求大量投资。这将使它们支付相对较低的入场估值，获得有吸引力的投资回报。这种情况在现实中会发生吗？会，但并不像它应有的那样频繁。

根据我的观察，私募股权活动最终在整体上表现出高度的顺周期性。当然，也有一些严谨的私募股权投资者，他们遵守严格的估值标准，避免在周期的顶峰投资。然而，大多数市场参与者都是普通人，因此，当他们观察到经济快速扩张和股票市场上涨时，很可能会屈服于这种趋势。市场情绪乐观时，估值就会很高；然而，人们总是可以证明为好生意付全价的合理性。交易热潮就这样开始了，并最终席卷了大多数市场参与者。这就解释了为什么交易总是一波接着一波。

由于很少有研究将新兴趋势与私募股权投资活动联系起来，我发现研究一下与我们行业相邻的领域——即兼并和收购（"M&A"）——是很有用的。Bruner（2004）在他的一本优秀著作中不仅极为详细地讨论了应用兼并的几乎所有关键领域，还恰好涉及了这个话题。Bruner（2004）研究了并购交易活动的推动因素，并指出了"经济动荡"的领域。其中一些因素为私募股权投资活动提供了很好的解释，在项目开发工作中应该牢记在心。具体如下：

- 地缘政治变化。政治决策可以从根本上改变某些市场的吸引力。任何影响经济繁荣、税收、社会环境和公司治理的政策变化都会对私募股权投资产生深远的影响。例如，我应该感谢以下这些地缘政治发展，我的一些投资项目就归功于此：在欧元区推行单一货币，某些中欧和东欧国家加入欧盟，中国加入世界贸易组织以及印度经济自由化后市场放松管制改革。

- 长期趋势。长期趋势的例子包括人口结构的长期变化，为维持经济增长的劳工移民需求，各代人财富分配的巨大差异，肥胖率上升以及年轻消费者的独特偏好等，此处仅举几例说明。任何持续性的长期宏观转变都可以为投资提供肥沃的土壤。

- 监管方面的变化。放松管制通常对企业非常有利，因为它们的发展少了一些限制，可以按市场经济的规则行事。一方面，企业通常需要使其业务合理化才能参与竞争；另一方面，如果监管收紧，企业往往需要新的资本才能遵守这些变化，而这些变化可能影响非常广泛，如必须调整其整个商业模式。也会发生二阶效应，如一些新进企业崛起，可以提供某种工具和服务，有助于在新的监管环境中遵守规定。

- 技术变革。你还记得十年前的世界是如何运转的吗？对公司来说，技术发展可能是极具破坏性的。公司为了生存，不仅需要额外投资基础设施和人力资源，还可能被迫改变其战略方向，投资于新的能力。

- 金融市场的创新。日益复杂的市场环境对私募股权投资行业有直接的影响。一些复杂的交易为该行业增加了新的动力，比如杠杆收购（"LBO"）以及杠杆贷款证券化的出现。在私募股权交易中引入某些结构性特征，如"售后回租"，已被复制到众多拥有硬资产的私募股权支持的企业。

- 资本市场环境的变化。充满活力的市场环境可以促进投资活动。在市场处于历史最高纪录期间，即便是一家没有利润、没有收入、有时甚至没有客户的企业也可以买进卖出。当市场具有很强的流动性，对企业的缺点也很宽容的时候，傲慢就会主宰世界。正如我前面提到的，私募股权活动至少在理论上应该减少一些。最终确实如此，但通常来说有点太晚了。

还有一些影响交易的重要因素 Bruner（2004）没有提及，也应该纳入这个讨论中：

- 行业颠覆。私募股权公司通常热衷于支持行业颠覆者。在私募股权投资者的支持下，一些新进企业将传统的课堂教育机构、零售银行和保险公司去中介化就是一些行业案例。然而，值得一提的是，有时私募股权基金没有注意到行业的终端拐点，导致颠覆者攻击了自己投资组合中的企业。例如，一旦音乐出版和实体零售公司的商业模式被网络竞争彻底瓦解，就会导致私募股权投资遭受巨大的亏损。

- 有大量资金需求的行业。有时整个行业会宣布在该行业经营的公司需要承担大量资本支出。这类投资的案例包括电信行业通过竞拍购买新的频谱，汽车行业转型开发混合动力或电动引擎，化工行业通过开发新技术来提取化石燃料以及电力行业为逐步转型而投资开发替代能源。

- 将成功的商业战略应用于新的行业。私募股权擅长发现可应用于新行业的成熟商业模式。按需服务、轻资产运营、业务外包、"收购－打造"战略只是各行各业都在推广的一部分商业模式范例。私募股权投资者会寻找适当的商业类比并思考这样的问题：如果餐馆可以用连锁的方式经营，那托儿所或学校为什么不可以呢？

- 在新的地域市场复制成功的投资类型。如果私募基金进军新的地域——特别是新兴市场——其第一笔交易往往发生在电信、酿酒厂和品牌消费品等领域。为什么呢？因为投资这些领域比较简单。私募股权基金似乎总是热衷于在新的国家贯彻经过验证的投资理念，因为那里有许多不完善之处，这样做可以获得正当且高额的回报。

这是一份详尽的清单吗？当然不是。也许你会结合自己所在的行业或地域，提出一些推动私募股权投资流动的其他因素。密切关注任何新兴趋势，来预测潜在的交易，并在竞争中保持领先优势，这样做始终是值得的。一旦你发现所谓"经济动荡"的领域似乎与你的投资任务有关，就赶紧到你的办公桌前研究它们，这样你就能比别人更早发现未来的投资机会。

第 2 章

主题型项目开发

重点内容：

- 利用 ICEBERG 路线图™消除主题型项目开发的神秘感
- 把项目开发分解为简单、可执行的步骤的有效方法
- 如何系统地开发有前景的投资主题
- 绘制行业地图、寻找交易机会和会见行业专家的最佳做法
- 一个久经考验的策略助你与公司直接建立联系
- 如何充分利用你和交易目标的初次会面

主题型项目开发的益处

识别、开发投资主题并实现投资盈利是一项宝贵的技能。主题型项目开发可以使你在你选择的行业中建立起广博的知识库，形成差异化的见解并获得超越竞争对手的信息优势。深厚的行业知识有助于提高你的投资决策质量，使你更好地了解在这个行业里运营的企业。如果你的投资委员会知道你和你的团队已经成为这个领域的专家，而且你们的投资论证是深思熟虑的、值得信赖的，那么他们在竞争过程中就会更有信心去迅速采取行动，因为你们已经花了大量时间去做行业研究。

掌握行业专业知识可以让你在竞争激烈的私募股权市场上脱颖而出。经过深入的行业研究，你必然会详尽了解那个市场里关键参与者的（可能并不广为人知的）信息，而这些公司可能会成为有吸引力的专有交易目标。行业知识还可以使你在关键的行业问题上与管理团队达成一致，成为他们的首选增值合作伙伴。在你非常了解的行业里，从事交易工作的专业顾问会很欣赏你，因为他们不必花时间来教你行业知识，而且会很愿意就潜在的投资机会与你接触。

听起来，主题型项目开发的过程满是优点，是吗？可惜，并非如此。这项工作不仅费时费力，还需要投入大量资源。你得付出巨大的努力，甚至会非常想回到被动的日常工作中，完全放弃成为行业专家的目标。我确实体会过这种感觉，还不止一次，特别是在研究那些我不太感兴趣的行业时尤为如此，觉得就算不在新的行业"深潜"，肯定也有足够的工作填满时间。

怎样才能使主题型项目开发不那么让人望而生畏呢？我发现，如果将主题研究分解成更小的、容易理解的步骤，提炼出一个类似检查清单的框架，这项任务似乎就没那么可怕了。从清单上划掉一些小事项比处理一项艰巨的任务要容易得多。由于我在任何地方都找不到这样一份针对主题型私募股权项目开发过程的详细的检查清单，所以我自己整理了这个"七步走"主题型项目开发框架，内容如下。

主题型项目开发：ICEBERG 路线图™⊖

我把这个框架命名为"主题型项目开发 ICEBERG 路线图™"。主题型项目开发过程可以概括为以下几个步骤：

> I　C　E　B　E　R　G

1. 确定（Identify）一个行业主题并进行投资论证。
2. 对所选行业进行（Conduct）深入分析。
3. 摸清行业关键参与者的情况，扩充（Elaborate）你的专业知识。
4. 建立（Build）一个专家和公司高管关系网以填补知识空白。
5. 确立（Establish）一个潜在交易目标长名单并着手研究这些公司。
6. 按吸引力大小给这些公司排名（Rank），每次接触两到三个潜在交易目标。
7. 去（Go）拜访这些公司，将投资的想法转化为实际的交易。

我们来进一步了解这些步骤，这样你们才能理解我是如何制定这份检查清单的，也可以根据需要进行修改，创建一个适合你自己的框架。

1. 确定一个行业主题并进行投资论证

> I　C　E　B　E　R　G

⊖　ICEBERG 路线图™是我的公司拉芙拉集团有限公司的注册商标。

015

如何才能提出一个好的投资想法？这似乎说起来容易做起来难，但要想找到有前景的投资主题，我们先来详细了解一下你可以利用的一些资源。

- **你已经具备的知识。**你的公司是否已经对某个行业非常熟悉，并且在这个行业完成了一些交易？如果在这个行业进行额外的交易不会让你的投资组合过于集中，那么可以考虑通过在该行业投资把你的基金已经获得的行业知识利用起来。

- **你可以轻松扩展的知识。**你的基金最近是否有一些交易输给了竞争对手？在这些失败的交易过程中，你的基金是否获得了一些有价值的行业见解？你是否能够利用这些知识，识别这个行业价值链中的任何二阶或三阶效应，甚至试图在不同的地域运用相同的投资论证？

- **商业报道。**博览要闻，问问自己世界上正在发生什么事情。我之前提到的"经济动荡"地区在哪里？你最近是否在商业媒体上看到一些启发灵感的文章或采访在讨论新兴的趋势、有趣的产品或者哪些行业在快速增长，哪些又缺少资本？

- **自上而下的行业分析。**选择一个大行业来观察，并通过其供应链来确定有趣的子行业。应该投资哪个领域？以航空航天和国防这个大行业为例，与其考虑大型飞机和直升机制造商，不如想想这个行业的细分市场：谁在制造乘客座椅、盥洗室、三维实时地图和机上娱乐设施？谁又在制造跑道灯光设备、机场设备、航空电子设备以及用于飞行员培训的飞机模拟器？

- **行业分类代码。**这个策略可作为行业分析的补充方法，以备不时之需。它适用于晦涩难懂的行业，特别是当你不确定如何将一个大行业分解成较小的子行业时。你只需找一个公开来源的标准行业分类代码，学习该数据库的行业细分方法。例如，如果你专注于医学实验室设备领域，可以通过这种分析方法确定分光荧光计和浊度计的制造商，以此确保自己在正确的方向上。

2. 对所选行业进行深入分析

I　C　E　B　E　R　G

这一步的目的是评估所选行业的吸引力，了解其结构特点并确定盈利的驱动因素。这是一项动态的工作：回答关于该行业的所有主要问题时，即使是最全面的回答也会给你留下一些信息空白。通过与行业专家和公司高管交流，你可以填补这些空白，形成自己的见解，这些见解有助于你提出切实可行的投资论证。

下面我大致介绍一下自己的行业分析方法。

- **行业范围**。我认为在开始分析之前，先对行业做一个恰当的界定非常重要。一般来说，行业范围应该集中在一个相关的地理区域内，包括所有生产相同产品或提供相同服务的公司以及那些提供可替代产品或服务的公司。
- **外部环境**。有哪些普遍的宏观因素⊖可能会对这个行业产生影响？要留意任何对该行业有重要影响的政治考量、经济趋势、文化影响以及法律或环境问题。
- **行业表现**。总体市场规模和历史增长率是多少？这是个新兴行业、成熟行业还是夕阳行业？预期增长的主要驱动因素是什么？是否有发展周期？如果有，目前处于哪个阶段？
- **需求因素**。有哪些影响需求的长期趋势？谁在购买产品？他们是如何做出购买决策的？这是否属于可自由支配的开支？需求的主要决定因素是什么？它的历史增长率和预期增长率的主要决定因素又是什么？
- **供给因素**。了解历史的、当前的和预期的行业产能。如果把供给按产品或服务细分是什么情况？绘制出行业的供应链。

⊖ 如欲了解完整的外部环境分析工具，请参考 Narayanan 和 Fahey（2001）。如欲了解完整引文，请参考第 2 章的参考文献。

- **竞争格局**。市场结构是分散的还是相当统一的？顶级企业占有多少市场份额？这个行业的吸引力有多大？要想找到一个全面的答案，你可以参考Porter（1985）和Grant（2002）的研究成果。简而言之，任何行业分析都应着眼于研究主要的行业力量[⊖]，比如行业门槛、竞争程度、供应商的权力和买方的权力以及替代性产品和互补性产品的普遍性。

- **定价**。供给增长更快还是需求增长更快？市场上哪一方对价格有更大的影响力？有没有特殊因素在影响自由市场价格机制，比如持续的价格战、税收、附加费、政府的鼓励措施或监管上限？

- **典型成本结构**。固定成本和可变成本的比例是多少？主要成本类别的历史趋势和预期趋势如何？公司是否能够把增加的成本转嫁给买家？

- **行业运营指标**。有哪些相关的行业汇总统计数据？有哪些公司层面的典型经营比率？这是一个资本密集型行业吗？这个行业是否赚取它的资本成本？

- **行业风险和威胁**。这个行业在监管、经济和政治等方面面临的主要风险是什么？是否存在行业颠覆、产品淘汰或技术革新的威胁？

- **主要收获和后续行动**。总结与你的投资论证相关的主要见解，之后通过和行业专家开会或在公司内部开会进一步确认。你需要牢记哪些最新的行业动态或主要的行业新闻？在你收集到的市场信息中还有哪些缺漏？

这些问题就是你的主要研究内容，解决这些问题后，你就会更加了解这个行业。你有没有发现这个行业的一些负面特征，比如产能过剩、产品商品化、需求剧烈波动或重大结构性转变？根据你目前为止所查阅的资料，如果你从中得出的观点是，这个行业很薄弱，结构上不适合私募股权投资，那么可以考虑在这个阶段停止研究。在充满挑战的行业进行私募股权投资是非常

⊖ *Porter（1985）对产业结构的所有原始要素进行了透彻的分析（"Porter 五力模型"），而 Grant（2002）则提出了一个扩展框架来适应更多的当代行业。如欲了解完整引文，请参考第 2 章的参考文献。*

冒险的，可能会使你接下来的生活痛苦不堪。即使与世界上最有能力的管理团队合作，也难以抵御糟糕的行业基础，最好终止项目，避免可能发生的亏损投资。

你可以利用哪些资料来源进行行业研究，尤其是在预算有限的时候？如果这个行业里有一些上市公司，你可以阅读由这些公司的证券研究分析师编写的报告，我一直觉得这很有帮助。通常情况下，公司的启动研究报告往往相当全面，其中包含详细的行业分析。此外，上市公司的年度报告和网站上的投资者关系板块里对行业的最新评论也同样值得关注。监管机构、行业协会和商贸期刊也可能发布大量行业相关信息。

请务必查看行业相关的时事新闻和深度文章等资料来源。你是否可以从知名的行业博客或相关的在线商业社区收集到有价值的信息？如果你有项目预算，可能会决定从专门的市场调查公司购买大量行业报告或聘请战略咨询师为你的基金进行针对性的行业分析。如果这个行业对你的组织具有重大战略意义，需要调查一些重要紧急的问题，那么可以考虑开展专门调查⊖来解决特定的研究问题。

3. 摸清行业关键参与者的情况，扩充你的专业知识

I　C　E　B　E　R　G

通过这一步，你可以了解市场结构，评估主要的竞争力量以及通过相互之间的对比和与一流的同行进行比较来评估各公司的情况。你还可以从这一工作中发现有价值的二阶效应，例如识别该行业的供应商或客户，他们本身可能就是有吸引力的投资目标。在行业分析中，我发现有些公司很难研究，因为它们可能是大型上市企业的小型子公司，或者已经被私人资本或大型战

⊖　如欲了解如何开展专门调查，阅读 Valentine（2011）的第 13 章可能会有所帮助。如欲了解完整引文，请参考第 2 章参考文献。

略集团所拥有。一般说来，私营公司不会披露过多的业务细节。理想情况下，你应该尽量收集涵盖以下方面的信息：

- **公司概况**。这部分应该包括业务概述、产品或服务描述、市场份额、战略定位、高层财务状况、所有权细节以及近期的公司新闻。
- **标杆管理**。每家公司的主要运营统计数据分别是什么？它们与直接竞争对手和全球一流同行相比较表现如何？你是否能评估业内公司的关键成功因素？你是否发现这个行业中有些公司最近倒闭了？你能理解背后的原因吗？

我通常用以下几种方法来收集必要的信息。如果这个领域有上市公司，可以查看它们近期的股权研究报告，有助于你深入了解这些公司及其同行和全球竞争对手。公开的股权研究报告还可以帮你尽快了解该行业所使用的运营指标。

还有一些有用的信息来源可以帮助我们摸清这个领域中活跃的参与者，比如相关贸易展览会和行业颁奖仪式的参会名单，主要行业协会的会员名录以及行业会议的发言人和发起人。还有一个选择是通过付费的公司情报数据库进行搜索。这种数据库可以通过行业分类、地理环境、公司描述、股东详情和关键词来缩小潜在目标的范围。虽然这些数据库的使用成本比较高，但它们提供的信息比较全面，既有上市公司的，也有私营公司的，内容包括关键财务数据和近期动态，比如所有权的变更。

4. 建立一个专家和公司高管关系网以填补知识空白

I   C   E   **B**   E   R   G

我们已经走过了主题型项目开发 ICEBERG 路线图™的一半！现在，你已经做了大量深入的行业研究，应该对这些领域有了充分了解，知道哪些方面尚有认知差距以及谁可以在这个阶段帮助你。除了要努力完善对行业的理解，你还应该开始考虑与那些可能帮你促成交易的人建立富有成效的关系。谁能帮助你获得切实可行的投资思路？谁能帮你推荐公司，甚至担任目标公司的董事长或首席执行官？

有许多资源可供你支配：

- **你公司的现有关系网**。如果你的公司已经非常了解你所研究的行业（即有人在不同的地域从事过类似的投资），那么你可以与同事联系，请教他们认为有价值的见解来源。你的公司有哪些人脉关系？谁可以给你介绍这些人脉？

- **你的个人关系网**。接下来，挖掘你自己的关系网，包括你的二度或三度关系：你能找到和你正在研究的行业有关联的人脉吗？

- **自己去联系行业专家**。你在行业研究的过程中可能已经知道这个行业都有哪些杰出人物。谁经常接受采访，谈论行业关键问题？谁在业界活动中担任主旨发言人？谁是行业协会的董事会成员？有没有退休的高管目前在担任行业顾问？有没有一些具有影响力的行业博主？

- **在行业活动中建立联系**。尽量去参加行业会议和贸易展览会，多多结识业内人士。是否有你可能想认识的行业专家或公司高管？

- **专家人脉公司和猎头服务公司**。这个方法需要你的公司提供预算；但是，这些专业公司可以提供定制和精确的搜索服务，能帮你找到一些行业专家、现任或退休的公司高管以及行业价值链中的任何其他参与者，比如客户、供应商或监管人员。

- **其他中间人**。资深会计师、律师、咨询师和银行家一般都具备行业专业知识，有时会对该行业形成真正深刻和独特的见解，尽管这些见解是从他们的专业角度形成的。如果他们和你的公司在其他项目中合作过，应该会愿意和你进行深层次的对话，可能还会把你介绍给更多业内人士。

这就给我们带来了一个敏感且可能很尴尬的话题。你在努力扩大行业关系网时，要牢记哪些因素可能会促使你遇到的这些人和你交流，这很重要。

有时你们的关系会非常明确，一些业内人士只会以预付聘金的形式为你提供服务，赚取时薪或日薪。然而，有些时候，一些专家可能是出于一种友好的姿态与你交流。为什么呢？因为他们中的一些人可能只是希望被大家当作行业权威和行业发言人。有一些人可能真的对你的工作感兴趣，会从投资者的角度发现你的见解中包含着有益的知识。最后，还有一些人希望未来能从你的基金公司得到赚钱的机会，比如聘请他们做顾问或者加入某个目标公司的执行管理团队。

在我的职业生涯初期，一些资深的同事曾建议我要谨慎地接近行业和交易关系网，将建立关系视为一种双向的沟通。即使和比我更了解行业的高级管理人员打交道，我依然可以为他们提供一些有价值的信息——比如介绍他们进入我的人际关系网或者向他们介绍我的公司对该行业的看法，只要我们的见解不是保密性的。事实证明，分享文章、交换意见、组织行业晚宴或者在我的公司举办主题活动是保持联系和活跃人脉的有效方法。

然而，我的同事们坚持认为我应该在整个过程中谨慎行事。为什么呢？因为我的意图必须对协助我们基金的人保持完全透明。我需要区分诚意十足的人和希望眼前或将来能赚取费用的人，尤其是那些还没有商定或还没有赚取的费用。根据我的个人经验（以及我的同行们的经验），避免这种误解的唯一方法是，和外部各方坦率沟通，介绍我们基金的运作方式并在项目初期签订书面协议。最后，你必须认识到，你的新人脉网络除了提供一些真正有价值的见解，还可能提供有偏见的、猜测性的或过时的信息。一些从业者可能会受主观经验影响提供过于狭隘和僵化的观点。还有一些人可能过于关注自己在业内的知名度、接受媒体采访和其他个人威望问题，以至于他们可能没有意识到自己的行业观点早已过时。因此，我建议你尽早确立新人脉的可信度并通过其他信息来源来验证他们的观点。这是一个很好的方法，可以确保进入你的关系网的都是知识渊博、思维缜密的人士，在你努力形成自己对某个行业的见解时，他们会是值得信赖的信息来源。

5. 确立一个潜在交易目标长名单并着手研究这些公司

I   C   E   B   **E**   R   G

真正的行动从现在开始！是时候重新审视你在第三步创建的行业主要参与者的市场地图了。这个名单上的哪些公司有可能成为切实可行的交易目标？你是否了解一些可以促进私募股权交易的催化因素？正如我之前所说，有一些公司被列入你的名单可能只是用于标杆管理，因为它们可能规模太大，可能已经上市或者受限于近期的私募股权活动。在这个阶段，你的目标是认真审查市场地图，创建一个潜在的交易目标名单，其中一些可能在相当短的时间内考虑私募股权投资，还有一些可能过一段时间才能被转化为交易。最好的办法是对这份交易名录予以保密，不要向你公司以外的任何人提及其中的任何公司，避免将你的个人想法泄露给竞争对手。

现在是深入了解名单上的公司的好时机。唯一的问题是，他们还不知道你在关注他们，所以你得对这些公司做一些深入的案头调查。提醒自己去捕捉有价值的信息，比如财务报告、监管文件、公开声明、新闻报道、采访以及商业和贸易期刊上的评论。分析这些公司在互联网和社交媒体平台上的情况，特别是那些在面向消费者的领域运营的公司。有一些数据分析工具可以帮助你监测大量数据并将其系统化，如帖子的数量、质量评分和客户评论。如果你在这方面需要帮助，有专门的公司可以提供社交媒体监测服务，只要出现重要的流量激增，他们就会提醒你。

你到底需要寻找什么？你需要及时了解最新的公司动态，留意 Teten 和 Farmer（2010）曾贴切定义的"交易信号"。这些信号是一些触发事件，有可能使公司更容易接受私募股权公司的投资。它们包括影响公司的任何不稳定迹象，主要在以下几个方面。

● **股东**。母公司陷入困境且排斥收购；私募股权所有者想要退出；大型企业出售非核心部门以及在"死亡、疾病、离婚"之后的任何后续活动，特别是在家族企业中。

- **领导层**。改变战略方向；争夺接班人之位；辞退和任命新的高层管理团队或董事会成员。
- **公司业绩**。高速增长但无法用内部生成的现金维持增长；遇到生产瓶颈；有大量资本支出需求；业绩持续低迷；杠杆过高或借债的途径有限或没有额外的资本就无法开拓增长机会。
- **行业发展和明显的结构性转变**。行业整合或颠覆；主要竞争对手之间的竞争日趋激烈；客户或供应商施加了新的压力以及发生重大的宏观转变，造成前面提到的区域"经济动荡"。

6. 按吸引力大小给这些公司排名，每次接触两到三个潜在交易目标

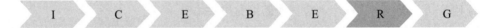

现在可以开始接触最有潜力的目标客户了。至此，你应该已经花费了大量时间对交易目标名单上的公司进行案头研究，了解了许多值得注意的最新情况。那么联系这些公司的最佳方式是什么？首先，你需要对交易名单上的全部公司进行排序：你的首要目标应该是那些具有最明显的交易催化剂特征并且与你的投资论证最契合的企业。接下来，你需要选择两到三个最重要的目标进行初步接触。为什么这么少？因为和这些公司建立周详且专业的联系是很耗费时间的：你需要为每个目标公司精心构思一套令人信服的初始辞令，并确保有条不紊地跟进联系。我的建议是慢慢开始，在充分接触前几个目标之后，再增加其他目标，在任何时候都不要同时跟进多于三个线索。

如何接触目标公司呢？如果既没有明显的办法通过你公司现有的关系网去接触，也没有可能由你认识的某个行业专家热情引荐，那么唯一的办法就是通过陌生电话拜访建立联系。大多数私募股权专业人士就连想到陌生电话拜访都会感到紧张，更不用说去做了。除非你在学生时代做过上门推销，否

则你可能对陌生电话拜访也有同样的反应。毕竟，我们中的大多数人已经对恼人的垃圾邮件和电话推销有了成见，没有人会急于加入他们的行列。作为普通人，我们都害怕被人拒绝：如果你和一家仅通过案头研究有所了解的公司经理第一次接触，很有可能他们会拒绝你见面的请求。如果他们曾经被陌生电话拜访狂轰滥炸，会以为你在试图争取他们的关注，会让你觉得自己很糟糕。那怎么办？不妨记住，陌生电话拜访是一种有效的、久经考验的策略，一些私募股权公司非常精通此道。有一些基金公司，比如 TA Associates 和 Summit Partners，就是通过实施陌生电话拜访计划，每年主动给成千上万的公司打电话，从而在竞争激烈的私募股权中间市场中脱颖而出。[⊖]

即使你是那种一想到陌生电话拜访就畏缩的人，也有可能取得成功，只需为每个拜访对象设计一个更容易接受的流程。以下是我建议采取的步骤，可以最大限度地从陌生拜访中获得积极的结果：

- **准备一套令人信服的辞令**。回顾你对该公司的研究，留意它正面临哪些特殊的挑战。如果该公司的所有者接受你的投资，你觉得他们可能会如何使用这笔资金？你的资金可以解决他们在企业层面上的哪些需求？如果你有机会思考这些问题，请针对这家企业准备一份有创意、有说服力的推介辞令。

- **不要打电话，写封信吧**。为了最大限度地提高你与目标公司首次接触的成功率，你需要选择一种使自己脱颖而出的方法。在我看来，最好的办法莫过于精心构思一封信，介绍你的基金公司，说明你对企业的充分了解，展示你的行业知识并概述与你的基金合作的战略理由。对方通过这封信可以

⊖ TA Associates 的首席执行官 Kevin Landry 曾在 2013 年接受"私人债务投资者"（Private Debt Investor）网站采访，在《陌拜队长》（"Cold Call Captain"）这篇文章中，他解释了自己的陌生电话拜访理念，并提供了一些有趣的事实：当时，他的公司完成了一个包含 28 万家公司的数据库，团队每年主动给 8000 多家公司打电话。

立即明白通过与你的基金合作如何能帮助公司解决燃眉之急，以及如何能获得明显的战略利益。

- **与公司的决策者接触**。务必和目标公司里具有决策能力的人联系，如股东、董事长或首席执行官。如果你的交易目标是一家大企业的某个部门，那么你需要去接触企业发展部门的最高层人士。

- **让你的基金公司的决策者在信上签字**。你只有一次机会给人留下良好的第一印象。阅读你信件的人应该能感受到你的见解是可信的，而且是由一个具有专业威望和决策能力的资深人士提出的。如果你的职位缺乏资历，最好让你的基金的某个高级合伙人也在信上签名。

- **概述后续行动**。初次接触后，你需要提议一个跟进的步骤。你可以在信的末尾提到，你的公司希望能和对方约一个介绍性会议并且你将在一周后打电话跟进。

- **多角度"进攻"**。为了确保你能够成功联系上正确的人并与其他同行的做法区别开来，你可以用挂号信或快递寄信。几天之后，通过电子邮件再次发送信件跟进。一周以后，给目标公司打电话跟进，争取一次见面的机会。

　　这个详细的计划应该有助于你在众多基金中脱颖而出，其他竞争对手陌生拜访的方式可能太过常规，没有你想得那么周到。在理想的情况下，你会成功得到一次和目标公司会面的机会。然而，在大多数情况下，事情不会完全按照你的预期发展。目标公司可能会拒绝见面或告知你它不打算出售。其他目标公司也许会对潜在的投资持开放态度，但时间上可能与你的计划不一致。在奇迹出现之前，准备好多接触几家公司，这样才能进入下一个步骤。

　　你应该能预料到，与这些潜在目标公司保持联系会花费大量时间和精力。在这个阶段，切忌因为心不在焉或忙于工作而没能跟进潜在的交易目标。要有条不紊地开展工作，记录你和每一家公司通过电话和电子邮件进行的每一次接触，这非常重要。如果其中一个交易目标由于时机问题暂不准备与你展开对话，可以在你的日历中设置一个提醒，在合适的时候重新与他们联系。

确保双方都明白下一步的讨论内容，按照约定跟进，永远不要失去任何一个有希望的交易机会。

7. 去拜访这些公司，将投资的想法转化为实际的交易

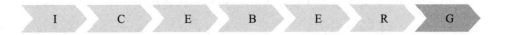

现在是时候上路了，在现实中与目标公司见面吧。这是这个框架的最后一步；然而，你可能会发现自己不得不一次又一次地重复这一步，有时要花很长一段时间。这一步的目的是与交易目标建立紧密的联系，了解对方更多的业务情况并制订切实可行的后续行动计划，直到最终促成交易。由于到目前为止你只是从外部评估目标公司，所以很难预测可能存在的漏洞或双方之间的交易障碍。我建议谨慎行事：倾听、观察、将你的人格魅力发挥到极致并准备好拥抱你内心的外交官。值得注意的是，你可能会发现目标公司的一些员工对你的到访感到焦虑不安，特别是他们与投资者打交道的经验有限的话尤其如此。要做好准备，让他们安心。

与目标公司初次会面也会出错吗？是的，当然。根据我的经验，如果投资者没有足够的耐心听取公司的意见并将自己的需求置于交易对象的需求之上，就会发生这种情况。例如，有时你不得不让首席执行官在一段时间内偏离主题，免得使他感到被疏远。另外，你必须抑制内心的想法，不要直接讨论冷冰冰的细节，即使你怀疑在细节方面可能会有一些潜在的交易障碍。一般来说，这个阶段不适合探讨近期的战略失误、提出有关财务的尖锐问题或者要求提供详细的数据集。远离敏感话题和专有信息，特别是在你还没有签署保密协议的时候。总而言之，与目标公司的首次会面不应该像一场审讯，而应该像志同道合者间的友好对话，双方应该寻求建立一种富有成效的长期伙伴关系。

在与目标公司初次会面时有没有好的模板可以遵循？是的，当然。然而，你需要超越私募股权行业，着眼于其他领域。在这些领域中，要想取得职业

成功，需要全面掌握沟通技能和人际关系技能。我个人发现，研究销售领域是很有用的。是的，你没看错，是销售。许多私募股权投资者不愿承认他们是投资组合公司的资本和增值服务的销售人员。他们必须努力争取目标公司，有时甚至得争取很多年才能完成交易。这与销售工作没有太大区别，对吗？这一逻辑促使我研究了销售人员所使用的技巧，将其调低了几个档次以适应私募股权这个更加内敛的领域。Holmes（2007）在其广受欢迎的一本销售书籍中提供了一个有用的大纲，包含了一些重要的销售技巧。让我们来看看，在私募股权投资者初次见到潜在交易目标时如何运用这些技巧：

- **营造融洽的气氛**。想一想打破僵局的好方法。谈论行业热点新闻或者祝贺公司最近取得的成绩可能是个不错的开头。注意展现你的同理心和幽默感，如果合适的话，与你所会见的人的态度和语气保持一致。

- **确定需求**。目标公司目前的定位是什么？它对未来的愿景是什么？它最迫切的需求和最紧急的问题是什么？你的资本能提供哪些帮助？

- **树立价值**。利用这个机会，你可以介绍你的基金，展示你的行业专长，分享你通过深入研究获得的独家见解。你需要树立起既有同理心又学识渊博的合作伙伴形象。

- **创造期望**。初次会面是一个很好的时机，你可以提及过往相关的成功投资案例，说明此前如何为投资组合公司创造切实的利益。详细介绍其他企业所面临的问题，并解释你的基金是如何解决这些问题的。指出过往投资案例和目标公司的情况之间有哪些重要的相似之处。

- **克服反对意见**。承认目标公司对于接受你的私募股权投资的任何忧虑。认真倾听并尽力理解对方的观点。然后，单独考虑每一条反对意见，尝试一次处理一个问题。你可能需要在会后跟进补充更多的信息来强化自己的立场。

- **结束**。这次会议最好的结果便是与目标公司商定一套切实可行的后续措施。但愿你能成功与管理团队建立紧密的联系，为随后的跟进工作做好充分的准备。

　　接下来会发生什么？可能有三种情况。第一种情况是，和目标公司的初次会面已经让你了解到足够多令人失望的信息，你能够得出结论，没有兴趣再继续推进。在这种情况下，最好的方法是感谢管理团队抽出时间见面，向他们提供真诚的反馈，说明为什么目标公司目前不太符合你的要求并讨论为改变这一决定在未来需要进行哪些业务调整。第二种情况是，你喜欢这家企业，但你感觉这家公司在相当长的时间内可能都不准备接受私募股权投资。在这种情况下，务必向对方传达你会继续保持关注并在未来的某个时间点安排一次后续会议。我相信，随着时间的推移，通过保持沟通，你能够与管理团队建立良好的关系并且在他们的脑海中建立足够的神经通路，最终能为双方之间的合作铺平道路。

　　第三种也是最好的情况，你喜欢这家企业而且公司老板也准备考虑由你的基金进行潜在投资。这意味着主题型项目开发的方法奏效了，你准备开始新的交易工作，甚至有可能是专有交易。现在是签订保密协议并要求对方提供足够的有关公司运营、商业战略、增长机会和财务业绩信息的好时机，这些有助于正确评估这一投资机会。

　　好了，ICEBERG 路线图™之旅到这里就结束了。我知道，仔细阅读这七个步骤是一个漫长而艰辛的过程。然而，我相信这个框架（或你自己的改编版本）将会改进你的项目开发方法，提高你促成交易的能力——但愿是专有交易。

第 3 章

机会型项目开发

重点内容:

- 利用 DATABASE 路线图™在机会型项目开发中取得优势
- 无需运气: 为什么在机会型项目开发中要有明确的重点
- 现在就采取行动来充分利用你的职业关系网
- 积极的品牌管理如何帮助你的基金保持顶级知名度
- 补充机会型交易思路的一些创新方法
- 如何有效又轻松地管理你的交易发起工作流程
- 建立专门的业务开发团队是否适用于所有基金

在机会型项目开发中取得优势

你知道私募股权专业人士最常使用哪种项目开发策略吗？我相信，全世界每年执行的所有私募股权交易中绝大多数都是机会型交易。无论你研究哪个地区，都可能观察到类似的话题：私募股权基金要和中介人建立联系，分析项目建议书和投资备忘录，参加公司会议并撰写大量报价书——这一切都是希望能够成功地完成一项良好的投资。有些基金可能会开发出某种"交易角度"，而有些基金可能不会这样做——私募股权专业人士面临着巨大的压力，要在机会主义环境中保持开放的心态。

许多基金选择增加每年审查的投资机会总数，以此来尽量扩大自己的选择范围。只要有足够的时间和精力，这种做法并没有错。想一想是什么在占用你的资源：一个有几年私募股权经验的普通交易专家可能会积累 1000 多个与行业有关的人脉；一个活跃在私募股权交易领域至少十年的优秀投资银行家所拥有的人脉可能足以装满一艘大型邮轮。你在工作中遇到的人经常会设法与你保持联系，分享投资思路，约你见面并通过各种方式用大量信息礼貌地轰炸你，而其中可能只有一小部分与你的基金有关。一般来说，私募股权行业中的每个人都有相当丰富的人脉资源，他们渴望达成交易并在知识壁垒不断降低的市场中竞争。这增加了私募股权投资者的工作难度，因为市场玩家太多，信息过于充足。

在这种情况下，你如何在竞争中获得优势呢？如何确保你的机会型项目开发工作不只是忙忙碌碌，而是一个富有成效的过程，使你有机会挖到投资的宝藏？我花了大量时间思考这些问题，最终总结出两个关键方面。第一，把与你最相关的联系人放在首位；第二，只审查相关的交易，充分利用你的时间。

如果现在你的时间十分有限，无法投入资源来开发一套系统的机会型项目开发方法，那么你只需关注这两个方面，就能极大地提高机会型项目开发的质量。花时间与相关的人士沟通相关的交易应该是对机会型交易内在随机性的强效解药。专注这两个方面，看看会发生什么。我估计你会在喧闹的人事中分辨出那些最适合你的投资任务的交易。

然而，如果你想为你的特许经营权建立长期的价值，那么制定一套系统的项目开发策略是最有效的方法。如果你想要获取源源不断的高质量的机会型交易机会，就必须在初始阶段投入一些时间和资源，这样才能奠定坚实的基础。

用于机会型项目开发的 DATABASE 路线图™⊖

那么，如何去打好这个基础呢？

这取决于你的起点和目标。一旦打好了基础，你很有可能把这套既适合你的具体情况又相对轻松的工作流程坚持下去。如果你正在寻找一个一般性指南，可以参考下面这个详细的框架，这是我为机会型项目开发制定的。我把这份清单里的内容集合在一起，因为我不喜欢混乱，总是试图从混乱中创造秩序。以下就是我的"秘诀"，它久经考验，有助于把控那些影响机会型项目开发的变化莫测的力量并改善项目开发的结果。

机会型项目开发：DATABASE 路线图™

与主题型项目开发 ICEBERG 路线图™类似，这个框架也有一个缩写名称，可以帮我们更好地记住每个步骤：这个框架被称为"机会型项目开发 DATABASE 路线图™"。具体步骤如下：

D   A   T   A   B   A   S   E

⊖ DATABASE 路线图™是我的公司拉芙拉集团有限公司的注册商标。

033

1. 对你的基金的目标交易类型形成（Develop）明确的观点。

2. 用简洁、好记的信息说明（Articulate）你的投资任务。

3. 与不断增加价值的中间人合作（Team up）。

4. 为你的关系网增加（Add）新的相关人脉。

5. 树立（Build）一个强大的品牌。

6. 运用（Apply）创造性思维来补充你的机会型交易流。

7. 建立（Set up）一个专用技术平台来管理你的交易发起工作流程。

8. 建立（Establish）一支专门开发项目的业务发展团队。

这并不是一个规定性的清单。我希望为你们提供足够的灵感，帮助你们创建自己的框架，把自己的投资任务和公司的内部运作结合起来。我们先来更深入地了解一下每一个步骤。

1. 对你的基金的目标交易类型形成明确的观点

机会型项目开发有一个有趣的悖论：要想找到更多高质量的投资机会，你需要专注于更少的细分市场。如果你广泛撒网，可能会沉沦在随机的行业、不同的商业模式、无休止的会议和跟进工作等无序的状态中。

我刚开始从事私募股权工作时，大多数大型公司的投资任务非常宽泛，大致可以这样描述："我们是不分行业的投资者，希望支持具有经常性收入流和可持续利润率的市场领先的公司，希望这些公司的管理团队经验丰富、业绩良好。我们喜欢投资拥有强大的品牌和稳固的客户关系的公司。"毫无疑问，今天的市场竞争明显更加激烈，这种收购策略过于宽泛，已不再适用。

缩小你的投资范围，挑出你的基金的目标项目类型，这种方法更加有效。你一直在开发哪些特定的投资主题？你的基金是否擅长某些差异化投资类型？你是否在某个特定领域有良好的业绩记录？

理想情况下，你的公司会在几个细分的投资市场具有强大的竞争优势，你将专注于这几个市场，比如通过现有投资获得独到的知识，深入了解行业知识或有机会接触行业专家。如果你在一个行业团队工作，可以考虑探究这个行业内特定的子行业。一旦你明确了目标投资类型，就坚持你的投资重点，拒绝其他有碍于此的事情。

顺便说一句，根据我的个人经验，这在实践中是一件很难做到的事情。如果你的好奇心强或者患有常见的错失恐惧症（"Fear of Missing Out"），将需要花费一些精力来遵守这个步骤，不要偏离你所选择的重点。

2. 用简洁、好记的信息说明你的投资任务

一旦你明确了目标交易类型，下一个挑战是精心撰写信息并与广大受众分享。你应该努力传达两件事：第一，你的具体投资重点；第二，为什么你的公司是这类投资的最佳合作伙伴。下面这个描述更有针对性，通用私募股权基金可能会这样描述："我们希望向教育、医疗服务或专用化学品行业的企业投资 5000 万至 1 亿美元。我们公司擅长'收购—打造'战略，擅长将投资组合公司推向国际市场。"这里描述的任务虽然简短却很清楚：仅限于三个具体的行业类别，而且说明了目标投资规模以及私募股权基金的潜在附加值。

如果你是一个行业团队的成员，那么你很可能会涉及一个非常庞大的行业，比如商业服务、技术、金融服务或消费性产业。仔细思考并向你的关系网介绍你所从事的大行业中的投资领域，这样可能会更有帮助。例如，与其泛泛地讨论你对投资消费性产业的兴趣，不如具体讨论你感兴趣的细分领域，比如度假公园、有机冷冻食品生产商或合乎标准的护肤品制造商。最后，要在你的信息中加入一些具体的、令人难忘的细节，展示你的基金的资质，这样才能脱颖而出。

3. 与不断增加价值的中间人合作

D　A　T　A　B　A　S　E

下一个目标是让你现有的关系网了解你正在寻找的交易类型，重点关注那些可能会帮助你开发机会型交易的人。

你的基金拥有一个完整的顾问生态系统，可能包含银行家、咨询师、行业专家或公司高管。然而，并不是所有人都对你有帮助。首先评估你的基金的现有关系网。与你的组织关系最密切的排名前10%的中间人有哪些？谁在持续地增加价值，比如介绍相关的交易、提供差异化的见解或让你了解行业发展的最新情况？你可能知道答案是什么。或者，你的基金可能运行着一个正式的追踪系统，使你可以在公司范围内评估主要服务供应商的优势和贡献。

如果情况并非如此，而你有兴趣编制一份最有帮助的顾问名单，这很容易做到。你可以回顾一下过去24～36个月的交易渠道，看看谁对项目开发、行业分析和交易执行做出了实质性的贡献。无论你选择什么方法，最终名单上相关方的人数应该是可控的。

下一个合乎逻辑的步骤是联系名单上的所有顾问并在未来几周内安排一次电话或会议来沟通近况。你可以向他们介绍你当前的投资重点，提供你可能感兴趣的投资案例并提醒他们你的基金在你开发的行业领域中的资质。

我通常也会通过电子邮件跟进，其重点不是为了感谢他们抽出时间（如果你想知道的话，我也确实表示了感谢），而是向他们介绍和我的团队的中期交易目标有关的三四个要点信息。这个方法很有效，可以借此机会把你在上一步中精心构思的信息传播给有积极性的受众，也可以作为后续联络的有用参考，不仅能提醒他们曾经讨论过的内容，还能转发给他们的同事和其他业界人士。这种方法需要你预先投入自己的时间，所以有必要控制联系名单上的人数。我发现，这个方法确实有助于激活那些最有价值的联系人，可以利用其他人来支持你的投资任务，还可以形成一个良性循环，给你提供新鲜的投资思路，这些都可能比随机落在你桌上的项目对你更有意义。

4. 为你的关系网增加新的相关人脉

D A T A B A S E

有人说，成功不在于你懂得什么知识，而在于你认识什么人。但也许真正影响成功的是那些你不认识——至少当下还不认识——的人。要想建立一个项目搜索关系网，就需要认识与你的目标有关的联系人。Bruner（2004）认为，人际关系网络不仅可以降低寻找项目的成本，还能在寻找过程中产生规模经济和范围经济效应。此外，人际关系网络提供了一种机制，能帮我们更快地传播信息，因为在一个运行良好的关系网中，知识一定会从一个节点传播到另一个节点。对我们来说，节点就是指那些有可能获得宝贵信息和潜在交易的人。梅特卡夫法则（Metcalfe's Law）⊖指出，网络的价值与其中运行的节点的数量成正比，在这种情况下很适用。基于这一法则，交易专家通过加强其网络的多样性和广泛性来增加工作节点的数量是有意义的。Bruner（2004）主张，职业关系是一种社会资本，应该像培养人才、金融资本或物质财产一样仔细培养。这听起来很有说服力。但有哪些具体的步骤？你可以从这些方面开始：

- **分析你的公司现有的关系**。你现在有机会评估你公司的关系网，并制定一份价值排名前 10% 的人脉清单。你如何评估其余的关系呢？在剩下的 90% 中，是否有一些人虽然目前与你的基金没有密切合作，但有可能帮你进入与你的目标交易有关的市场？拉近与这些中间人的距离，让他们了解你目前的投资重点，这是很有意义的。

⊖ Robert Metcalfe（罗伯特·梅特卡夫）是计算机网络以太网协议的发明者，他认为电信网络的价值与该系统所连接用户数量的平方成正比。

- **确定你想认识的人并开始建立联系。**想一想你的公司的关系网还有哪些不足。你应该努力提升哪些方面的人脉？考虑到你目前的投资重点，谁能帮助你找到相关的机会型投资项目？建立一个名单，列出你想认识的人和想建立联系的公司。估计你们之间的差距，努力接近他们。如果你正在寻找一些建立联系的方法，请参考我在主题型项目开发 ICEBERG 路线图™ 步骤 4 中的建议，可能会对你有所帮助。
- **激活你的"弱关系"。**你最好的朋友很可能无法为你介绍好的投资机会。这是因为你们的工作环境可能非常相似，认识的熟人也有很大交集，所以你们的知识和经验也比较接近。然而，疏于联系的熟人可能在和你完全不同的环境中工作，有机会接触全新的机遇，因而可以提供宝贵的信息资源。

特别值得一提的是你的教育关系网中的"弱关系"的价值，也就是和你上同一所大学的人。Fuchs 等人（2017）分析了 1984 年至 2010 年间在美国和西欧进行的 3000 多项收购投资的数据集，研究了教育关系网在私募股权交易中的作用。研究结论非常有趣：在这个数据集里面，教育关系不仅存在于 15% 的收购交易中，而且它们似乎还能将一家基金赢得交易的概率提高 79%。[一]教育关系网似乎是项目开发的一个有效来源，如果一家基金和目标公司有教育关系，可能会获得更便捷的交易渠道和一定程度的排他性。

- **新加入一些相关的专业兴趣小组。**鉴于你对正在寻找的交易类型已经心里有数，可以考虑加入那些能够丰富和加强你的交易搜寻能力的团体。争取通过加入相关行业协会、精心组织的行业网络和在线平台来拓宽你的社会关系。通过这些渠道，你可以联系相关人士，还可以更深入地了解目标市场。利用一切机会向你的关系网传递明确的信息，告诉他们你在寻找什么项目，然后依靠梅特卡夫法则来发挥其魔力。

〇 教育关系网对私人公司的收购有很强的影响，但对于上市公司私有化交易则并非如此。这似乎是有道理的，因为私人公司通常在选择收购者时有更多控制权。

5. 树立一个强大的品牌

D A T A B A S E

品牌无处不在。私募股权基金需要积极的品牌管理吗？如果目标是成为人们心目中的首选，那么肯定需要。如果你的基金有出色的投资业绩，那么你的公司将在人们心目中占据首要位置，你不需要做任何营销工作。合作伙伴会排队投资你的基金，企业的卖家会直接与你的基金接触，而且也不会缺少合格的求职者。人们希望与顶级公司建立联系，以便最大限度地提高自己成功的可能性。

但如果你的基金的投资业绩与其他许多公司大体相当呢？又或者，如果你为一家新基金工作呢？那么就有必要认真地营销了。毕竟，你的品牌需要被那些最有可能帮助你寻找机会型交易的人认可和尊重。品牌设定了预期，区分和加强你公司的外部形象很重要。如何做到这一点？我认为这很难在内部执行，最好聘请一家具有金融服务经验的品牌代理公司。

很难找到关于私募股权品牌建设趋势的研究。我能找到的唯一与私募股权行业特别相关的品牌研究是由金融营销公司 BackBay Communications 在 2017 年发表的一份调查报告。报告在私募股权行业的品牌管理、品牌重塑活动和有效的营销传播方面有一些有益的见解。这项研究启发我去观察和思考那些我熟悉的私募股权公司如何在各自的市场上保持顶级知名度。以下是我的一些观察总结：

- **公司网站**。私募股权基金利用一切机会在网站上讲述他们的发展历程、投资方法和差异化的增值服务。网站还会发布一些相当丰富和高度具体的内容，比如对特定行业的见解、对投资专业人士的采访以及已完成的投资案例研究，这些内容变得越来越常见了。
- **社交媒体**。即使是最保守的具有全球影响力的基金，如 KKR 和 Carlyle，也在社交媒体上发布新闻、播客、博客和视频[⊖]来推广它们的品牌。这种方式很容易让人了解到它们最新的投资、退出和基金收盘情况。

- **思想领袖**。许多私募股权公司通过发布内部研究报告，如专家白皮书、对融资趋势的深度评论或交易流量分析，来展示他们的专业知识。这是提高知名度、保持关注度以及与专业团体建立联系的又一渠道。

6. 运用创造性思维来补充你的机会型交易流

我们已经讨论了一些重要的方法，让你充分利用你能获得的资源。现在是时候让机会型交易开发变得有创意一些了。跳出固有思维模式可以产生富有想象力的策略，有助于提高你的交易流量。这里有一些想法可以帮助你开始行动：

- **来自你的投资组合公司的二阶见解**。你的基金的现有投资组合不仅是一种有价值的资产基础，也可以带来大量新的交易想法。作为私募股权所有者，你的基金有独特的机会可以获得有关投资组合公司的运营模式及其所在行业的第一手资料。通过研究每家投资组合公司的战略定位，确定其价值利润链中的潜在赢家，你可以利用这种专有知识。例如，如果把你的投资组合公司的客户或供应商当作潜在的投资对象，它们是否有吸引力？你还可以从投资组合公司的相关信息中获得哪些其他的二阶见解？

- **从近期的私募股权活动中获得二阶见解**。尽可能从你的商业环境中学习并从其他人的交易中形成你自己的见解。搜索你的直接竞争对手所做的值得关注的交易。你能把同样的投资理念应用于新的行业或地域吗？你能否复现某些交易上的突破，比如创新的交易架构或新的融资工具，从而在你的市场上创造新的投资机会？

⊖ 截至 2019 年 3 月真实有效。

- **并购交易的二阶效应**。追踪与你的目标市场相关的并购活动，包括涉及大型多元化企业集团的巨型交易。合并后的实体在经历最初的兴奋之后，将需要一些时间来满足所有反垄断条件，产生协同效果以及实现或未能实现企业合并的战略理由。留意合并后的企业可能带来的转让交易，你的基金可能对此感兴趣，将之视为潜在的投资机会。

- **交易复活**。这是重新审视"死亡"交易的花式说法。你是否了解近期失败的首次公开募股、拍卖或私募？你是否定期审查自己的交易渠道，回想你的基金在过去 36 个月中因目标公司规模太小或太弱而拒绝的一些交易？关注这个名单上最让你感兴趣的公司，努力思考改进投资理念的潜在方法，将这些公司变成有吸引力的交易目标。例如，是否有可能通过改变交易架构来管理投资风险？能否找到一位经验丰富的经理人来领导目标公司并实施业务改进计划？你可能会发现，一些"死掉"的交易并不像它们看起来那样没有生命力，而是值得复活的。

- **管理人际关系网中的后备人才**。与所有令人印象深刻的行业专家、运营高管和首席执行官保持联系，他们的远见卓识、管理技能、领导力和洞察力令人钦佩。即使没有实际的交易，也有许多方法可以保持关注，例如交流对某一行业的看法，组织主题活动或非正式聚会。确保你关系网中的管理人员了解你的投资重点，知道你非常乐意与他们进行合作。世事难料，也许有一天他们中的某个人会给你打电话谈一笔交易。

- **发现非常规的合作伙伴**。在你的私募股权生态系统中是否活跃着一些家族理财室、养老基金、主权财富基金、多边机构、无资金发起人或其他投资团体？花点时间了解这些投资者，用你的知识、人脉和资本换取他们的交易流。虽然这个策略不太常见，但你还是可以考虑就某项特定投资或某个主题策略与一家公司组建一家战略合资企业。此外，如果国家或地方政府持有你熟悉的市场中某家有吸引力的企业的股份，那么可以将你的基金定位为具有较强专业知识的增值合作伙伴并探索潜在的合作方案。

- **拥抱困境**。你的投资任务是否允许你的基金成为一个白衣骑士，帮助一家公司摆脱困境？如果是这样，你可能会发现与银行相关部门、破产律师、会计师事务所的重组团队和地产资产的执行者建立联系很有用。设置提醒，了解你所关注的领域的商业新闻，比如那些正在审查战略选择、任命管理人员、谈判重组或处理陷入财务困境的股东的公司的新闻。

7. 建立一个专用技术平台来管理你的交易发起工作流程

我们很幸运，生活在一个科技发达的时代。在我刚开始从事金融工作时，我和同事们都认为公司的内部流程是相当高科技的：纸质文件可以立即扫描，几乎所有的工作流程都有电子备份。然而，我们使用的是一些完全孤立的系统，比如各种电子表格、电子邮件信息、日历条目和联系人数据库等。虽然每个团队成员都在处理大量的数据，但没有一种简单的方法可以连接各种知识孤岛，可以使我们了解公司的整体战略。整合数据很耗时，需要烦琐的手工操作。这些工作流程在当时很常见，大多数其他基金也面临同样的挑战。

幸运的是，老式的系统正逐渐被强大的数字平台所取代，这些平台可以快速、无缝地连接各种来源的信息。你的基金很可能已经采用了一种综合技术解决方案，使你能够优化工作流程并快速访问关键信息。如果不是这样，你可能想在组织中优先提出这个问题：数字平台可以显著提高工作效率，只需要相对较少的人力或财力资本。学习使用并详细了解你的公司采用的技术平台的功能，以便以数字方式管理所有交易发起工作流程，从而提高你的工作效率。你应该努力达到哪些目标？我根据自己的经验，总结出了几个数字工具可以提供竞争优势的领域：

- **交易渠道分析**。记录过去和当前的交易流，按交易发起来源分析交易，计算转换率并以一段时间内更广泛的市场上的交易为评估标准来衡量你看到的交易数量。通过分析一段时间内你的工作在哪些方面创造了最大的价值，你还可以获得战略洞察力。你筛选了多少家公司，选择了多少交易来进行进一步的尽职调查？你执行和完成了多少交易？成功的交易有哪些共同特征？哪些中间人始终对你的项目开发过程做出了积极的贡献？

- **交易追踪**。当你开始寻找交易线索或执行一项实际交易，如果有一个容易访问的地址可以追踪当前的交易状态和下一步工作是很有帮助的。你所有的电子笔记可以被适当地标记，使其可以被搜索到。你自行决定添加任何相关的文件、电子邮件、会议记录和交易的最新进展，确保你的整个交易团队能够获得相同的最新信息。

- **关系管理**。这是一个保存你的关系网的好地方，可以跟踪你与他们的对话、电子邮件和会议记录。如果你把最有价值的联系人的过往信息记录下来，比如你们是如何认识的，他们目前的行业地位和以前的角色，就能更好地利用这些关系。记录他们为你的公司所做的贡献，设置提醒，在未来某个适当的时间跟进联络，使你的关系网保持活跃。

- **知识库**。这在很大程度上是一个可选的功能。如果你的基金没有使用某种公司范围内的信息枢纽，让团队在此交流见解或分享行业报告，那么在同一平台上为这类活动创建一个专门的空间可能很恰当。整合整个组织中的各种知识孤岛或者至少整合你的团队里的知识孤岛，可以为你提供独特的信息优势，帮助你在竞争中脱颖而出。

8. 建立一支专门开发项目的业务发展团队

D　A　T　A　B　A　S　E

你的团队是否昼夜忙碌于执行实际交易？你是否觉得自己在私募股权市场上进进出出，有时无法跟进一些需要努力开发和培养的潜在交易？你耕耘的市场是否竞争激烈，许多买家争夺同样的投资机会？如果你的基金遇到上述情况，那么你的组织在扩大和加快项目开发方面可能会面临一些迫在眉睫的限制。考虑建立一个专门的业务发展团队，全力投入项目开发，肯定会使你受益。

如何做到这一点主要取决于你的基金的投资任务和运营风格。让我们回顾一下私募股权行业中存在的一些选择。

在成长型股权投资领域和中低端市场运作的公司通常每年要接触和跟进几百个潜在的交易目标，努力达成其中的几个交易。由于项目开发需要付出巨大的努力，建立一个专门的业务开发团队可能是分配组织资源的最佳方式。前文讨论过的 TA Associates 和 Summit Partners 的业务模式就是这种方法的例证，它们雇用初级专业人员来执行大量陌生电话拜访项目。另一个例子是成长型股权投资公司 The Riverside Company，它有一个专门的交易发起团队，由近 20 名专业人员组成，分散在各大洲的办事处，负责公司的全球投资任务。然而，有一点不同的是，Riverside 的大多数交易发起人是经验丰富的金融专业人士。他们具备业务经验和内部影响力，能够对交易进行迅速而彻底的审查，然后转交给执行团队。

业务发展团队在大型通用基金中可能相当有效，尤其是那些在发达市场运作的基金。根据我在私募股权市场上的观察，如果一家典型的基金的投资团队人数超过 30 人，就会出现按行业和专长划分的更加专业化的趋势。在这个阶段，通用基金可以采用几种解决方案来提高交易开发能力。

一种方案可能是聘请年轻、聪明、有活力的开发人员，他们的任务是创造性地思考未开发的投资市场，确定新的交易目标并确保及时跟进交易。另一种方案是指定一位高级合伙人，监督执行基金的交易发起策略并使其成为整个公司制度层面的优先事项。

经验丰富的权威合伙人的参与可以成为一种有效机制，激励整个投资团队参与到项目开发中来。如此强调项目开发工作可以鼓励投资团队完成项目开发过程中平凡但不可避免的部分，如追踪交易以及即使在公司最繁忙的时候也要安排和交易目标的后续会议。

然而，在有些情况下，建立内部业务开发团队可能不是一种合适的解决方案。在新兴市场运作的私募股权基金往往专注于在风险较高的地区寻找优秀的企业：对于这种任务，采取不分行业的方法，即所有交易专业人员都积极筛选投资想法，可能是最有意义的。同样，那些服务于深度行业专门基金，具有独特专业知识的投资专家可能会发现，很难将其专业领域的项目开发工作外包给内部业务发展团队，他们最有可能自己寻找交易或寻求行业专家的帮助。

无论你的基金情况如何，本次讨论的重点是鼓励你与时并进，了解私募股权行业在业务发展方面有哪些最佳实践，以便在竞争中保持领先地位。

好消息！现在我们已经达到了 DATABASE 路线图™ 的终点。你可能会好奇，世界上谁有时间去完成框架中的每一个步骤？经常有人问我这个问题，诚实的回答是：没有人。但是，如果没有人真的去执行所有步骤，那么考虑每一个步骤的意义何在？我的想法是这样的：你为自己设定的目标应该是比你的直接竞争对手做得更多，在任何时候都要争取比他们领先几步。你的工作目标是找到切实可行的方法来获得竞争优势。这在实践中可能有不同的含义。如果你像我们大多数人一样，在竞争激烈的私募股权市场中工作，最好了解一些最佳的做法，尽可能将其融入你日常的项目开发工作中，只有这样，才能从机会型项目开发过程中获得最大利益。

第 4 章

交易选择——
排除不合适的交易

重点内容：

- 为什么终止交易和达成交易一样重要
- 有经验的投资者如何克服偏见和减少投资失误
- 为什么说你职业生涯中的最佳投资可能是一笔从未争取过的交易
- 在推进任何交易之前需要检查九种破坏交易的因素

交易选择过程简介

本书的前几章介绍了我对于主题型和机会型项目开发的想法。不管你是否从前三章学到了一些新东西,我都希望你自己的项目开发过程成果丰硕,就像从丰饶角中啜饮琼浆。因此,我认为开启本章的最好方式就是分享我对于如何终止交易的一些心得体会。众所周知,同时跟进大量的投资机会是难以为继的。一旦你成为一名成功的交易发起人,就会非常需要快速淘汰交易的方法。你可能还记得我在第 1 章中说过,为了完成一个项目,我每年要审查 100 多个项目。事实证明,我的经历与私募股权行业中的其他人没有太大区别。

Gompers 等人(2016)研究了 79 位私募股权投资者的投资过程,这些人管理的资产总额超过了 7500 亿美元。这项研究考察的内容之一是这些私募股权基金的交易漏斗经历。研究结论显示,通常基金投资者每考虑 100 个投资机会,平均需要深入调查不到 24 个,与不到 14 个签署协议,最终只能完成 6 个。我认为这说明私募股权投资者需要淘汰的交易比能够冲过终点线的交易要多得多。

那么,如何知道哪些交易应该终止,哪些应该推进呢?哪一种才是更好的投资?是投资一家身处激动人心且快速增长的市场,但管理团队比较平庸的公司?还是一家身处传统且成熟行业,但拥有一位出色的 CEO 的公司?私募股权专业人士的工作报酬很高,因为这个问题的答案的确很复杂。⊖每一个项目都有许多复杂的特点,可能不容易相互比较。我曾在一次晚宴上听过一

⊖ 如果不确定,就购买较便宜的企业。

个很好的比喻：评估私募股权交易就像在撑竿跳比赛中做一个新观众。看到第一个运动员时，你会感到兴奋，佩服他精湛的技巧；看到第二个运动员时，你会想——如果横竿没有被撞掉的话——他或她是否比第一个运动员跳得更好。以此类推。只有经过大量的实践，你才能确定谁才是真正最好的。在见过数百名撑竿跳运动员后，你也许才能清楚地判断谁会进入奥运队。类似的逻辑也适用于交易选择。实践出真知，你需要审查数百个潜在的交易机会，才能找到进入"奥运队"的最佳投资项目。对我们而言，"奥运队"就是我们的基金。

我一直觉得对交易不感到过度兴奋是非常困难的。在我职业生涯的早期尤其如此。我在第一份全职私募股权工作中非常喜欢周一的晨会，那时我的私募股权之旅刚刚开始，每每听到那些资深的同事为我们基金的交易渠道提出新的投资想法，我都会被深深吸引。每一项潜在的交易都有许多优点：这里有一家能产生现金的技术基础设施企业要出售，那里有一家牌子响亮的连锁酒店终于愿意接触财务投资者。在那些周一的晨会上，我虽然只是非常安静地坐着，但身体里肾上腺素激增，几乎要完全被吞噬了。原来我们的基金有这么多绝佳的投资机会可以选择，我对此感到受宠若惊。我以为我们的投资团队需要对所有的机会都进行妥善的考虑。我错了。

情绪是投资的敌人，它们扭曲了理智的商业逻辑，损害了合理的决策。我不应该对我们的渠道感到受宠若惊，而应该考虑名单上的每一笔交易是否足够便宜，对我们的合伙人来说是否代表良好的价值。然而，人类的判断往往是有缺陷的，投资者很容易屈从于各种各样的偏见。他们可能会爱上自己的投资理念（情绪启发式），在分析中过分权衡一条特定的信息（锚定）或者专门搜寻信息来证实而非挑战他们最初的看法（确认偏误）。这里仅举几个例子。Bazerman 和 Moore（2009）不仅是行为决策研究专家，也是《管理决策中的判断》一书的作者，他们发现了任何组织的商业环境中每天都会出现的很多认知偏差并对此作出解释。我当然不是唯一一个对投资产生明显反应的人。

Stephen Schwarzman 在他的回忆录中生动地描述了黑石集团（Blackstone）如何因为人为判断失误和缺乏系统的投资流程，而失去了在 Edgcomb 钢铁公司的全部股权——这是该公司有史以来的第三次投资（Schwarzman，2019）。虽然用 Schwarzman 自己的话说，这项投资是"灾难性的"，但它成了一个积极的推动力，促使黑石集团消除情绪，使投资过程更加包容、一致和去个人化，从而为基金的投资决策建立起了坚实的质量控制。尽管人类对投资计划产生非理性的反应已是司空见惯了，但优秀的投资者总是善于作出冷静的决策来减少投资失误。

这正是 Bazerman 和 Moore（2009）对于制定最优决策的建议：为了消除你判断中的偏见，要确定一些应该指导你的思考过程的最重要的原则并创建一个你可以系统性遵循的分析步骤。曾荣获诺贝尔奖的行为科学家、《思考，快与慢》一书的作者 Kahneman（2015）认为，这将使你的大脑从直觉思维（系统 1）——往往是快速的、毫不费力的且情绪化的思维——转换为反思性思维（系统 2），这是一个缓慢的、审慎的且符合逻辑的思维。理想情况下，包括投资在内的所有重要决策都应该经过从容、审慎和努力的思考。

因此，在私募股权交易选择中，完全关闭系统 1 的思维是有道理的，可以避免由肾上腺素和情绪驱动带来的错误反应。相反，应该以系统 2 的思维进行大部分交易选择过程，即通过制定一个明确的投资标准框架，然后用冷静的头脑以审慎和严谨的方式根据这些原则去考查每一个投资机会。这个过程可以使投资者克服偏见，洞穿提案书[⊖]的营销魅力并创建一个机制，以一个

㊀ 解读投资提案书中的投资银行用语是一种技巧。私募股权交易从业者、《收购》（*Buyout*）（2001）一书的作者 Rick Rickertsen 编制了一份有趣的清单，列出了私募股权专业人士在交易营销中最常遇到的投资银行术语。我最喜欢的是把"周期性行业"翻译成企业"去年出现巨额亏损"，把"销售周期长"翻译成"尚未找到喜欢该产品的客户"，把"创业型 CEO"翻译成"完全无法控制，近乎疯狂"。完整的清单可在作者的网站（http：//www. buyoutbook. com/bb_excerpts3. html）上查到。

标准化的流程在交易之间进行互相评估。系统 2 的特别有益之处还在于可以形成你对每项潜在交易的评估结果记录，跟踪你的投资判断力如何随着时间的推移而加强。

标准化的交易评估记录在进行事后分析时也能派上用场：如果你错失了一笔好交易，而你的竞争对手最终在这项投资上赚了钱，你的老板可能会问你为什么当时放弃了那笔交易。如果那笔交易后来特别成功，登上了所有的报纸，你甚至可能接到基金合伙人的电话。为自己辩护的最好方式就是你的投资行为准则。如果你的交易评估记录足够有条理，你将会很容易重新审视你的逻辑和思维过程，确定究竟是你的判断有误，还是你的竞争对手只是走运而已。但愿是后者。

成功的交易选择过程不仅能使投资者识别出有可能成功的项目，而且能避免有可能失败的项目。在我工作的第一家私募股权基金中，有一位最聪明也最令人生畏的投资委员会成员曾经说过："有时候，你的私募股权生涯里最好的交易是你从未努力争取的那一个。"我深以为然。坦率地说，我和交易团队除了投资过成功的私募股权项目，也投资过造成亏损的项目。大多数公司在任何一个基金中会投资 10 ~ 15 项交易。根据平均交易规模和整体投资组合回报率，仅一项不成功的投资就能使基金的整体收益率至少减少几个宝贵的百分点。在其他交易没有很高回报的情况下，仅仅一次投资失败就能把你的整个基金拉到一个较低的业绩四分位数。

而那笔投资，事后来看，你希望从来没有促成过。在全球私募股权行业中，有几项备受瞩目的交易因为造成了有史以来最大的亏损而声名狼藉。一些私募股权高管为了这些交易激烈竞争，但出于某种原因未能促成交易，从而无意中避免了灾难性的投资结果，这对他们来说真是不幸中的万幸。这些项目可以说是他们错过的最好的交易，当然算是他们职业生涯中非常显要的亮点。

既然我们确实需要一个有效的交易筛选工具，那么应该从哪里开始呢？私募股权相关文献已经介绍了一些交易筛选流程。如果你有时间，我建议你读一读 Finkel 和 Greising（2010），Rickertsen 和 Gunther（2001）或 Walton 和 Roberts（1992）的文章，他们都分享了好用的交易评估模板。我自己的交易选择方法深受贝恩资本（Bain Capital）前欧洲区负责人 Dwight Poler 和 Eli Talmor 教授的影响，他们共同教授了我在商学院的第一堂私募股权课。这两位杰出的老师成功地在我的脑海中灌输了一个逻辑框架——即便在多年之后仍会浮现在我的眼前——使投资者能够对交易进行评估并将其作为一个基准。

随着时间的推移，我在私募股权交易评估方面成功地积累了自己的经验。我发现分两个阶段对交易途径进行筛选更容易也更快捷。第一个阶段，我筛选出即时的交易破坏因素（准确地说是 9 个），这样就可以立刻排除一个投资机会。这为我节省了很多时间，因为我不需要对已经知道根本不会成功的交易进行详细分析；第二个阶段，我通过使用标准化的方法和同一套投资标准（见第 5 章）来评估其他没有发现即时破坏因素的交易。通过使用系统化的框架，我可以摆脱肾上腺素的影响，将理性带回决策中，抑制我作为人类的固有偏见，然后冷静地决定哪些潜在投资最适合我的基金。

通过负面筛选排除不合适的交易

本章的其余部分将集中讨论如何立即发现交易破坏因素以及如何从你的交易进展中排除潜在的失败交易。我将这个过程称为"负面筛选"，因为我在寻找每一笔交易中的严重缺点。如果我找到一个严重缺点，就可以不再关心这笔交易的任何优点。联系我之前提到的撑竿跳比喻，这些交易就像那些根本无法通过横竿的运动员，所以肯定无法参加奥运会。

根据我的经验，对每一笔潜在的交易都需要检查一些最常见的潜在交易破坏因素，它们可能出现在 9 个不同的方面。让我们逐一来看看。

- **违背投资任务**。显而易见，你的基金所寻找的每项投资都应该符合其既定的投资任务，但有时也会有一些灰色地带，在实践中也不是那么简单就能实现的。我曾不止一次发现自己在一笔交易上花费了太多时间，而这笔交易却偏离了——尽管非常轻微——我的基金的投资目标。例如，尽管我的基金规定只投资于适合杠杆收购的成熟企业，但有时我会考虑那些寻求成长资本的年轻公司。几乎每一次，我都被一位魅力十足、奋发努力的老板/CEO 所吸引。他非常善于说服我的团队，让我们相信，只要我们的基金现在提供投资，在短短 12 个月内，他的企业就会完全符合我们的投资标准。你可能已经猜到了，我们总是在浪费许多天做不必要的工作之后，最终放弃了这些机会。

我建议你避免重蹈我的覆辙。在投资阶段、交易架构、行业和地域方面，要严格遵守你的投资任务。从各种可能的角度检查你的基金对每项投资的投资限制。你是否在为一家投资半导体公司异常成功的科技基金工作？你需要确保新的半导体投资最终不会让你的投资组合过于集中或者不会与现有投资组合企业的利益相冲突。你是否在欧洲各地投资了一些公司，想知道是否可以投资一家在白俄罗斯有大量业务的公司？你除了要评估你的基金对于在白俄罗斯开展业务的风险承受能力之外，还要检查你的基金的法律文件，看看"欧洲"是如何定义的以及在该定义之外进行投资可能有哪些除外条款。

- **具有挑战性的地理环境**。上面这一点启发我们要在国家敞口方面做更周全的考虑。每当你评估一项新的交易时，检查与该交易相关的所有地理区域是有好处的。对于一项典型的投资，有几个地理角度你可能需要考虑。该公司的注册国家是哪里？在哪里经营业务？它的主要客户和供应商在哪里？它的劳动力在哪里工作？虽然有些基金是专门为投资新兴市场和前沿市场而筹集的，但许多其他机构投资者会发现，投资治理措施薄弱、法律制度不健全且资本市场不发达的国家风险太大。另外也有必要检查一下你所分析的企业是否与受制裁国家有任何可能的关联，比如伊朗、古巴或委内瑞拉。

十多年前，我的团队花了几个星期研究一个潜在的投资项目，投资对象是一家看起来非常可靠的商业银行，在一个完全合法的欧盟国家经营。你能想到一家商业银行能犯的最严重的错误吗？有一天，我们偶然发现这家银行近期关闭了位于瑙鲁共和国的小型办事处。瑙鲁是一个阳光明媚的密克罗尼西亚岛国，当时因洗钱行为而受到制裁。由于这家可靠的金融组织与这个岛国之间有这样莫名其妙的关联，我们立即放弃了这笔交易。

- **行业考虑**。有些投资应该仅仅根据其行业就能排除。一般来说，你投资的行业领域应该拥有良好的前景，至少能在未来 10 ~ 15 年内站稳脚跟。为什么？除了支持你自己的投资论证之外，还应该给另一个投资者留出足够的空间。在你退出时，他会从你的手中买下公司，为未来 5 ~ 7 年构建一个可行的投资论证。安佰深集团（Apax Partners）的创始人 Ronald Cohen 爵士将这个概念贴切地称为"球的第二次反弹"，还出版了一本同名书籍。另外，避免任何结构特征薄弱、没有定价能力、进入壁垒少或者是你怀疑可能会永久衰退的行业。最后，我建议你避开任何你认为可能保持小规模或为高度细分的小众客户服务的行业。

- **小型投资**。要坚定地拒绝小型交易。很惭愧，在我早期职业生涯的大部分时间里，我都没有遵守这一规则，因此我希望你能听我说完。不要花费超过几分钟的时间纠缠于那些对你的基金来说规模不够大的交易，无论它们多么有吸引力。我花了很长时间才明白，做太小的投资是在以一种非常低效的方式耗费基金的财务和人力资本。

我来举一个例子。当我还是一名新手投资者的时候，我急于开发有吸引力的项目，为我的基金作出一些成绩。我一度爱上了一家我认为小而美的休闲餐饮企业。这家公司的适应能力很强，它经营的多品牌餐厅位于人流量极大的地方，比如机场和火车站。由于其现有的股东缺乏资金，公司的发展受限，难以进一步开设餐厅。不知何故，该公司没有被其他投资者注意到，我便设法与其管理团队建立起了良好的关系。

我认为，在一笔 3 亿美元的收购项目中支持一个成就斐然的现任管理团

队，这真是一个绝妙的想法。然而，有一个小问题是，我的公司当时管理着
200 多亿美元的资金，希望投资那些股权投资在 4 亿美元以上的交易。我所分
析的交易需要略高于 1 亿美元的股权。但它肯定会产生高额回报，也许我们
退出时股权将至少值 3 亿美元。我没有考虑到的是，交易的执行和监督成本
可能会异常高。即使像这样的小型交易，我们公司也会聘请我们通常使用的
顾问团：一家大型、昂贵的律师事务所和一家大型会计师事务所。此外，这
笔 1 亿美元的股权交易将需要按照数十亿美元的收购项目的时间进行监督和
退出。

我不知道为什么当时自己在这笔交易上花了 6 个多星期，为什么我的老
板没有早点阻止我，但就是这样。我在一笔太小的交易上浪费了太多的时间，
并且此后在其他交易中也一再重蹈覆辙。我希望能劝说你不要犯同样的错误。

- **近期在同一行业的损失**。每家基金都会经历投资损失，这是迟早的事情。
  你的基金是否也经历过这种厄运？避免支持那些来自同一行业或与失败的
  投资有大致相似特征的交易。俗话说，"永远不要让旧情人伤害你两次"。
  如果你最近加入了一家私募股权基金，了解过去十年的投资错误和失败案
  例对你是有好处的。即使你认为公司已经完全消化了亏损事件并从错误中
  充分吸取了教训，也要远离类似的交易。你的基金投资委员需要花时间回
  想之前的失败投资，他们可能会非常反感。可能有不少投资专家曾经不得
  不和有限合伙人解释失败的交易中出现的问题，却让对方十分恼火。谁也不
  想重温这段经历，所以放弃会带来糟糕回忆的交易可能是一个正确的决定。
- **股份不足**。最为重要的是，你作为投资者通过私募股权交易在公司中获得
  的股份要与你期望对投资的控制程度相匹配。如果你最终只能拥有少数股
  权却希望像大股东那样行事，最好避免这样的交易。即使谈判桌上的另一
  方说，无论你的股份和投票权是多少，他们都会欢迎你的意见，经验告诉
  我，一旦交易结束，很少有人会让你在法律协议中写明的权利之外再发挥
  力量。

作为一个私募股权投资者，我在工作中经历过所有权迥然相异的项目。我在职业生涯的最初阶段曾参与过杠杆收购项目，其中不包括管理层激励计划，我的公司拥有100%的股份。在多数控制权交易中，投资者都会感到自己是命运的主人。你可能听说过一句私募股权行话：控制股权的投资者"手握方向盘"。他们有能力撤换管理层，改变公司战略，大刀阔斧地改组，进行重大收购，出售企业或做许多其他事情。无论情况如何，在控股股东眼中，这些都是最好的行动方案。

我也经历过截然相反的情况，作为一个深度少数投资者，在企业中的股份不到10%。沿用前面的比喻，少数投资者就像是"车上的乘客"。他们能做的有限，最好一开始就确定他们的立场与控股股东完全一致并相信管理团队能实现公司的目标。深度少数投资者对公司几乎没有任何影响力。如果大股东决定作出一些你不认同的改变，例如解雇首席执行官或推行可疑的资本密集型计划，深度少数投资者除了表达担忧外，还必须保持冷静，坚持下去。

较大的少数股权通常在25%之上，可以使投资者拥有更大的监督权，在公司董事会中占有一席之地以及拥有重要的消极控制权。然而，即便如此，大股东依然对公司有更大的影响力，因而对你的投资成功与否也有更大的影响力。因此，如果你想避免令人失望的投资结果，那么最好事先仔细考虑你和你的基金在私募股权交易中获得的股份是否与你们在交易期间对公司的控制程度相称。

● **声誉风险**。远离任何可能玷污你公司形象的投资。无论这笔交易多么引人注目，投资回报多么巨大，时刻牢记你在私募股权行业的个人声誉和你公司的长久成功总是有帮助的。想一想，什么样的职业操守会让你的母亲感到骄傲？让她骄傲的才是真正的好事。这是一个显而易见的观点吗？那为什么我们每天都能读到那么多私募股权领域和其他领域的公司丑闻？我强烈建议你立即拒绝任何可能涉及声誉问题的交易。这个建议涵盖了很多可能有损你公司形象的情况，例如投资的行业可能引起争议，投资论证导致环境污染或解雇大多数员工，以关联方交易为特征的商业运作以及有不良商业行为的股东或管理层。最好寻找能够给你带来持久、积极的变化的交易，使各方都能获得回报，包括你母亲在内——让她感到骄傲。

- **没有足够的时间进行交易执行和尽职调查。**我们都经历过这种情况：接到一通疯狂的电话，通常是激动的中间人打来的，他告诉你有一个非凡的、"千载难逢"的投资机会，对方是一家伟大的企业。然而，有一个小问题是只有三周的时间来执行这项交易，否则交易就取消了。你通常会听到一些奉承话，例如你是首选方，因为你的公司行动高效而且在这家公司经营的领域具备无与伦比的专业知识。你打算迎接这一挑战，还是打算放弃这笔也许是十年来最好的交易，让你的有限合伙人错过丰厚的回报？

在我看来，在这种情况下，最好的行动方案是转身离开，即使这意味着有可能让有限合伙人失望，因为你坚持自己的投资铁律对他们是有益的。私募股权投资是一个复杂的领域，涉及大量的分析和复杂的程序，需要投入时间，关注细节。如果我和我的团队无法确保投资过程的质量，无法确保没有受到不必要的肾上腺素和狂妄自大的影响，那我很乐意让我的合伙人错过一次好的交易机会。我不想被卷入交易热潮之中。每个私募股权投资者的情况各不相同，我个人需要至少 8 周的时间来执行一个投资机会，[○]确保考虑到交易的每一个方面。我非常希望有足够的时间组建一个有效的交易团队，任命合适的交易顾问并从投资委员会获得经过深思熟虑的反馈。在特殊情况下，交易的酝酿期有可能被压缩得非常紧张，只有 6 周，然而这对我来说已经是绝对的极限了。我很难说服自己和其他人为了一笔注定考虑不周的交易而拿我们合伙人的资本冒险。

- **需要正确处理太多事情。**你有没有遇到过这样的交易，其基本回报率依赖

　○　在我的职业生涯中，我主要关注那些股权承诺至少为 1 亿美元的交易。我个人认为，较小的交易并不能缩短深入分析和执行所需的时间。

于五个不同的驱动因素，而所有这些因素都需要在你的基金所有权期间实现？例如，一家公司可能需要整合近期的收购项目，建立一座额外的生产工厂，打入一个新的市场，升级其信息技术平台并聘请一个新的首席执行官来监督所有这些举措。假设每项任务的成功概率为75%，那么这五项任务的总体成功概率不到25%。这显然没有给基本回报率留出足够的余量。基于这一点，最好坚持那些只要达到两三个主要而现实的目标就能产生成功的投资结果的交易。

以上就是我在私募股权交易中遇到过的9个最常见的交易破坏因素。在对潜在交易的早期分析中，只要你发现其中之一，不要犹豫，放下手中的投资工具，继续前进吧！

第 5 章

交易选择——
确定合适的交易

重点内容：

- 节省时间和精力：为什么首先评估交易动力很有意义

- 如果你选择记住一件关于交易选择的事，请记住商
  业模式

- 所有企业最常见的四个竞争优势来源

- 忘记细节：对交易选择至关重要的几个财务指标

- 如何通过巧妙的结构设计解决估值方面的顾虑

正向的筛选框架

第 4 章详细介绍了一些阻碍你找到潜在私募股权交易的破坏因素。我们该拿那些通过了交易破坏因素测试的项目怎么办？我在第 4 章中提到过，我们会再次对它们进行审查。正如 Hellman & Friedman 的创始合伙人 Warren Hellman 所说，"所有潜在的投资在被证明无罪之前都应被视为有罪"（Finkel 和 Greising，2010）。然而，在交易选择过程的这一环节，关键的区别在于，我们采用正向的筛选方式并评估每笔交易的优点。请允许我最后一次回到撑竿跳的比喻，这个过程类似于评估出最有实力的运动员——他们都成功地越过了一个颇有挑战性的高度——并选择最优秀的加入奥运代表队。

我所使用的正向筛选框架着眼于交易的 10 个不同的方面，分别是：

1. 交易动因
2. 市场
3. 商业模式和竞争地位
4. 管理团队
5. 财务状况
6. 环境、社会和治理因素
7. 投资论证和价值创造措施
8. 估值与架构
9. 退出与回报
10. 风险与回报

我总是使用这套框架，从不偏离。为什么？因为它确实能帮助我，确保对每项潜在的投资进行仔细、系统的交易评估。这个方法使我能够对每项交易进行分析性思考,关闭我的系统 1 思维,让系统 2 思维负责交易选择过程,就像 Kahneman(2015)在他获得诺贝尔奖的作品中指导我们的那样。我们来逐个了解一下每个交易评估方面。

- **交易动因**。为了避免在没有机会完成的交易上浪费时间,要预先建立交易流程的可靠性,这很重要。卖方为什么要出售?卖方想达成什么目标?是否有正当的理由在推动所有权的过渡,例如家族继承事件或公司拆分?卖方是否会完全退出以及更重要的是,你是否感觉到,即使激励卖方将一小部分股权移仓,他们也急于尽快退出?卖方对这家你不了解的企业掌握了多少信息?在交易过程中,仔细调查卖家的真正动机总是值得的。

此外,作为交易的一部分,公司是否需要新的资本,例如,用于建设新工厂或对资产负债表进行债务削减?企业对新资本的需求有多迫切?如果交易过程是竞争性拍卖,还有谁可能会出价,是否有战略买家⊖存在?这是否是一个"热门"业务或领域,你是否因此认为买入价格可能过高?在某些时候,可能会出现私募股权泡沫,因为基金有时不惜一切代价也要紧跟趋势,追逐同一类型的资产。曾几何时,似乎每家私募股权公司都在寻找高端婴儿产品、教育或公共部门外包方面的交易。在评估一项交易时,有必要问问自己,你是否真正、理性地相信自己所看到的是一笔好交易,还是说你即将成为群体疯狂的受害者。

⊖ 通常情况下,私募股权基金不喜欢在竞争性拍卖中与战略买家竞争,有时一旦得知某些企业可能出现在拍卖中,就会立即退出交易过程。人们普遍认为,企业买家将有更大的机会赢得拍卖,因为他们的估值分析中包含了协同效应,而且与私募股权买家相比,他们的回报门槛通常较低,因而他们有能力为资产支付更高的价格。

- **市场**。一些公司比其他公司更容易赚钱，部分原因在于它们所在的行业趋势更加有利，结构经济更加完善。在私募股权交易的背景下，好的市场应该是什么样的？理想情况下，投资的行业应该具备一定规模并且在不断增长，在未来10—15年内前景广阔并且有明确的长期增长趋势的支持。总体市场规模很重要，因为在较大的行业中，公司即使没有获得主导性市场份额，也可以取得成功。在快速增长的行业中，参与者可以乘势而起，对可能出现的管理失误、产品失败或商业模式缺陷持宽容态度。相比之下，如果市场发展稳定或正在收缩，成功的公司不但几乎没有出错的余地，还需要深思熟虑的商业模式、深厚的管理知识和高精度的运作。

此外，有吸引力的市场还有明显的进入壁垒，在其价值链上某个有吸引力的点上运营，掌握定价权，不受异常集中的买方或供应商来源的影响。理想情况下，这些市场的结构经济应该具有一定弹性并且不容易被外在因素的变化所扰乱——无论是规章制度的改变、商品周期的转变、快节奏的行业创新，还是外汇或利率的不利波动。正如第2章所讨论的，行业发展的不利信号包括产能过剩、产品商业化或被淘汰以及导致其必然衰退的长期结构性变化。

周期性表现如何？周期性行业对私募股权投资不利吗？如果你所寻找的私募股权投资类型要求你在每笔交易中投入非常高的杠杆，那么——为了不失去一切——远离在周期性行业经营的公司可能是明智的。另外，需求波动过大且不可预测的强周期性行业不太可能吸引许多私募股权买家。然而，一般而言，周期性在商业中并不罕见，也不一定是坏现象——只要你计划好了就行。如果你能为一家周期性行业的公司支付合理的价格，就会有很大的盈利空间。只需在一开始就确保该公司有可靠的资产负债表、充足的营运资金、降低经营杠杆的可行方案以及应对下行周期的健全计划（最好是收购陷入困境的竞争对手）。只要公司有能力在整个周期中生存，一旦市场上行，你就可以在公司蓬勃发展时将其出售。

- **商业模式和竞争地位**。这是交易评估过程中最关键的方面。换句话说，如果没有令人信服的商业模式，就不会有交易。我在第 4 章提到，Gompers 等人（2016）通过对 79 家私募股权投资公司进行学术研究，得出了类似的结论：如果要对影响私募股权投资选择的各种因素进行排序，大多数公司表示，公司的商业模式才是最重要的组成部分。

商业模式是一种经济架构，能使公司创造价值、产生利润，所以开始商业模式分析的最简单方法是了解企业如何赚钱。Michael Shearn 是一位公募股权投资者，也是《股票基本面分析清单》（*The Investment Checklist*）一书的作者，他在日常工作中评估了大量潜在投资目标。在分析阶段，他发现思考这个问题非常有用：如果他成为目标公司的首席执行官，会如何评估这家公司的业务（Shearn，2012）。我认为这对于私募股权投资者来说也不失为一个有效的方法。这家公司的价值定位是什么？客户购买什么以及为什么购买？产品有什么独特之处：价格、特点、服务、品牌还是专有技术？该公司占有多少市场份额，相对成本是多少以及相对于竞争对手的质量状况如何？它采用了哪些营销策略？是否经营着一套可靠的分销渠道？它的经济效益是否有吸引力？它现在有什么独特之处，是否有持久的竞争优势？如果这家公司今天停止运营，会有许多客户舍不得吗？

以上观点值得更详细的讨论。公司的竞争优势有时被称为"经济护城河"[⊖]，这个概念是 Warren Buffett 提出的。人们普遍认为，资产管理人和前晨星（Morningstar）研究专家 Pat Dorsey 是"护城河专家"，因为是他首先提出并普及了评估和量化公司经济护城河的方法。他在分析中，将经济护城河定

⊖ 虽然多年来 Warren Buffett 多次提到经济护城河，但我最喜欢的一句话来自于 Linda Grant 于 1994 年 6 月 12 日发表在《美国新闻与世界报道》（*US News and World Report*）的一篇题为《在华尔街大展拳脚》（*Striking out at Wall Street*）的文章。在这篇文章中，Warren Buffett 说："对我来说，最重要的是弄清楚企业周围有多大的护城河。当然，我希望企业是一座大城堡，周围有一条游着食人鱼和鳄鱼的大护城河。"

义为一种结构性特征，可以使企业免受竞争的影响，并为其提供了一个重要的跑道，以更高的增量回报率进行资本再投资（BeyondProxy LLC，2014）。

在 Dorsey 看来，再投资的跑道可以使竞争优势的价值最大化，并减少价值破坏的风险。具有持久竞争优势的企业或者——用他的话来说——具有宽阔的经济护城河的企业通常具有以下特征：①拥有宝贵的无形资产，如品牌、专利或许可证；②与客户的业务流程紧密结合，因此提高了客户的转换成本；③随着用户数量的增加，通过提供增值产品或服务，产生显著的网络效应；④具有可观的成本优势，创造了一种更便宜的方式来交付产品而且这种方式不容易被复制（Dorsey Asset Management，2017）。这类企业包括奢侈品牌、证券交易所、支付供应商和企业软件公司。我相信，Dorsey 的分析为评估任何企业的竞争优势及其持续发展和盈利的能力提供了一个非常有用的框架。[⊖]

- **管理团队**。在你的分析中，另一个占很大比重的因素是管理团队的质量。顶级经理人要么为你赚钱，要么让你亏钱；而且，他们能让你在整个投资周期内要么赚得盆满钵满，要么过得特别悲惨。鉴于选择管理团队对于投资回报至关重要，我会用整个第 6 章专门讨论这一问题。要达到交易筛选的目的，只需要一个相当简明的分析就足够了。简而言之，你在这个阶段需要了解的是，管理团队是否能够执行这笔交易中需要做的事情。

首先了解一下管理团队以往的业绩记录。过往有没有相似的执业经历，如果有，他们能提供什么样的证据能让你相信他们可以再创佳绩？高管团队是否对其行业的关键成功因素有敏锐的认识（Mullins，2003）？管理团队是否对私募股权支持下的企业的日常运作有着卓越的理解？他们是否曾带领企业度过艰难时期？他们是否准备用自己的资本来冒险并确保他们的动机和基金的动机完全一致？在你的组织结构图中：是否存在专业领域的空白？能否以

⊖ 如果你有兴趣了解更多关于经济护城河的信息，请移步多西资产管理公司（Dorsey Asset Management）的网站，Pat Dorsey 在此公开分享了他的出版物。

此决定去留？你可能会认为，整个团队的在职管理人员都需要更换，如果是这种情况，那么在完成交易之前，你需要确保找到一个经验丰富、可以信赖且业绩良好的收购团队。

- **财务状况**。要摒除杂念，即便目标公司愿意分享大量的财务信息，在这个阶段花太多时间在财务报表上也是鲜有成效。你可能会看到一份乐观的商业计划和一套"曲棍球棍"预测图，其中描绘的未来比过去美好得多。我劝你不要在这些预测上花费太长时间。为什么呢？毕竟，只要交易有意义，只要你推进下去，以后会有正式的评估和财务尽职调查工作流程。到那时，你可以像用细齿梳那样去仔细梳理每一个数字。为了达到交易选择的目的，我建议你在这个阶段不要过度分析财务状况，而是把注意力放在基本面上。

在筛选交易时，我通常会从过往和预测的财务信息中挑出最关键的因素：①销量和销售增长率（要将自身增长和合并总增长区分开）；②息税折旧摊销前利润（EBITDA[⊖]）的绝对值以及占销售额的百分比；③维护性资本支出（CAPEX[⊖]）的绝对值以及占 EBITDA 的百分比；④EBITDA 减去 CAPEX，即可作为大致的企业自由现金流量指标[⊜]；⑤净负债。这些指标与行业平均水平相比如何？如果企业处于一个周期性的行业中，那么企业的利润水平在周期内如何波动以及企业在整个周期内的获利能力将会是很有用的信息。最后一步，我会关注企业历史期间的存量资产以及未来的增量资本性支出。至此便应该获取到了足够的信息来对企业产生现金流的能力有了一个初步的概念，由此来作为杠杆收购并创造诱人的回报的支撑。

⊖ 即未计算利息、税项、折旧和摊销的利润。

⊖ 即资本性支出。

⊜ 在分析的这个阶段，我通常乐于忽略营运资本（"WC"）的变化，除非公司的商业模式导致营运资本产生或消耗了公司的大部分现金。

- **环境、社会和治理（ESG）因素。**如果你有更多的机会去了解并思考目标公司的市场、商业模式、财务状况和管理团队，那么正好可以审视一下这家公司的任何一个 ESG 问题。从大方面来讲，这家企业当前的可持续发展表现如何？是否在其所在行业、当地的社区以及社会上作出了积极的贡献？这家企业自身是如何履行其对雇员的承诺的？它目前对环境有何影响？

这些都是迫切需要考虑的问题，不仅仅是因为你希望你的基金在接下来可以尽可能地规避任何与 ESG 相关的监管、财务或声誉风险，ESG 还有助于你的基金所创造的价值最大化（WWF 和 Doughty Hanson，2011）。你也许能够在改善 ESG 领域发现很多机会，比如，改用可靠可溯源的原材料或者通过改良工艺来创造生态效益。无论好坏，都把你的心得记录下来，以便日后将它们纳入你的评估和价值创造分析中。

- **投资论证和价值创造措施。**如果到目前为止你仍然认可并想要继续推进这项交易，那就需要花一些时间来阐明你的投资论证。为什么你认为投资这家公司是个好主意？是什么样的市场错位使得这个投资机会如此具有吸引力？你是这家企业所需要的投资人吗？你是否对这个行业有着深刻的理解，行业内有没有一些投资组合或者人脉能够为你提供独特的视角？记录下那些能使你的投资与众不同的点子，然后在交易中披荆斩棘。

你在持股期间会使用哪些创造价值的手段呢？让我们来环顾一下那些能使私募投资标的释放价值的常规案例。首先，存在增加收入的可能性。这可以通过提高销量或采用更复杂的定价策略来有机地实现。另一条途径是无机的：可行的方式包括"收购和建立"策略或者新品发布策略，重大战略并购或者进军新的海内外市场。

其次，可能会有很大改进空间，特别是在管理不善的分拆上市公司或家族控股公司。这些改善可能来自不同的方面，比如优化供应链、优化采购、精益生产、减少浪费、提高销售团队的效率、升级 IT 系统，或者——私募股权的典型操作——减少管理费用。

最后，可能有机会通过财务杠杆产生超额回报——例如，通过削减影响价值的资本支出项目，提高营运资本利用率，重新谈判关键合同或从根本上改变资产负债表的资产方，如通过出售非生产性资产或者售后租回。

- **估值与架构**。你很可能已经对卖方预期的出售价格有了一定的了解。若非如此，那么向银行家或其他中介顾问咨询一下估值会比较好。接下来是了解相似的资产在当前的市场以及在整个周期中是如何定价的。目前的可比上市公司中，其他同类公司的估值倍数是多少？在其他已经成交的私募和并购交易中使用的估值倍数是多少？最后，你的基金能为该公司支付多少钱？换句话说，基于企业的实际增长和退出假设，在什么估值范围内你才能获得预期回报？这种进一步的分析应该能使你得出 3 ~ 4 个估值水平，然后你可以通过对这些数据进行三角测量⊖来确定你可能愿意为该企业支付的价格。⊜你的目标是以合适的价格来完成交易，而不是支付过高的价格。

值得注意的是，同样的进场估值可能会带来截然不同的股权回报结果，这取决于交易架构。首先，你需要确定是否会在这笔交易中使用杠杆收购。如果是的话，这家企业的举债能力如何，在不危及企业的未来情况下举债多少合适？你能否获得卖方贷款，以完成全部或部分债务融资？其次，考虑通过协议约定的优先收益和优先求偿权条款来将你的投资损失风险降到最低：

⊖ "三角测量"最初是三角学中的一个术语，描述了如何通过三次单独的测量来确定一个角度的大小，后来 triangulate 这个词成了金融学领域的术语。虽然金融界没有人能给这个术语下一个准确的定义，但我们通常认为，当我们手头的任务是考虑几个数据点，给它们分配不同的权重并得出一个合理的答案时，我们就是在进行三角测量。其他广泛使用的同义词——特别是在提到估值时——包括"校准"和"评估"。

⊜ 如果你的三角测量工作不成功（例如，因为缺乏信息），有时在交易的早期阶段，你可以向卖方传达一个估值范围，而不是一个数字，避免估值过于精确。

总的说来，将你的大部分投资安排为股东贷款或优先股，而不是普通股权。然后，如果进场估值看起来很充分，那么可以引入一个对赌机制，把支付分为预付和递延支付，后者取决于目标公司接下来未知的 6 ~ 18 个月的业绩或重大利好事件，比如续签大单或取得专利。

- **退出与回报**。退出选项越多的公司越有价值。如果目标公司吸引了许多潜在的买家，那么你的基金投资期限结束时将会有更多的议价空间。正如老话说的，"上山容易下山难"，买之前可得想清楚怎么卖出。正因如此，私募股权交易有时被比喻为地狱：进去了就别想再出来！不过认真地说，常规的退出选项包括 IPO、出售给财务型买方或同业交易。对于你正在分析的企业而言，哪些选择是比较符合实际的退出途径？除了要审视标的公司外，还要审视交易架构，看看它是否给足了你相应的权利以在时机成熟时出售股份。无论标的有多么诱人，间接持股和极少数股权都有诸多陷阱可能会使你难以脱身。当你别无选择，不得不让出这个复杂控股权时，买家很可能会趁火打劫，借机压价。

你的退出假设对于预期投资回报有直接影响。有 5 个组成部分决定了股权回报：①退出时间；②退出倍数；③持股期间的偿债安排和退出时的存量债务；④退出时的收益；⑤向股东定期分红的金额和时间。为了达到筛选交易的目的，我认为估计一个粗略的股权回报率并将其与你的基金的最低预期回报率相比较就基本够用。在这个阶段，我通常会忽略任何定期分红，专注于其他四个部分。

我建议花一些时间来研究一下过去 10 年中倍数的周期性，来作为你的退出倍数假设的支撑，因为这将为你选择一系列可行的潜在退出方案提供很好的参考。你可能有一个很好的退出时倍数扩张的理由。比如在分散的市场中，如果企业通过经典的连环并购策略，显著地扩大了规模——即以低倍数收购了许多较小的企业——那么一旦收购整合完毕，在退出时以公司的规模应该获得更高的倍数。

- **风险与回报**。如果你已经走到了筛选的这一步，现在一定对这笔交易感到很兴奋。在决定进行交易之前，你需要评估所有可能会影响投资的风险。要做到这一点，想象你就要接替试图偷走圣诞节的格林奇（Grinch）的角色（Seuss, 2017）。戴上一顶黑帽子，暂时化身为反派吧。我们先来看看大方面的风险：哪些行业转变、技术威胁和监管变化可能会导致你的投资价值下跌？可能会出现哪些公司特有的风险？潜在的风险通常涉及商业计划执行、市场竞争、管理或财务困境、公司责任和员工留任，以及许多其他难以一一列举的具体交易风险。

你是否感觉到这笔交易有什么奇怪之处？交易的哪个方面最薄弱？一旦你了解了交易中可能出现的问题，请再次检查你的预期投资回报，确定是否有足够的空间来应对公司预期业绩可能遭受的打击。总的来说，你的预期回报是否与所有要承担的风险相称？风险和回报的平衡能否为你的投资任务展现适当的投资轮廓？理想情况下，交易的定价不应该是完美的，应该为计划之外的事情留有一些空间。反过来说，请记住，投资者因为承担风险而获得回报，在任何私募股权投资中发现合理数量的风险因素都是很正常的。利用你的判断力来决定要承担多少风险以及如何定价才能让你对投资充满信心。

现在我们来到了正向筛选分析的终点。你应该对交易的各个方面都有了更多了解，也理解了以牺牲其他交易为代价来争取一笔交易的机会成本。交易当然不应该微不足道，也不应该勉强合格。一笔好的交易会使你无法转移注意力。如果你决定继续推进这笔交易，请考虑接下来的步骤。这笔交易的三个或四个关键问题是什么？在组织内部，谁会支持这项交易？你是否有合适的资源和足够的时间来执行？别忘了，有时你职业生涯中最好的投资是你从未真正努力争取过的。

第 6 章

评估高层管理团队

重点内容：

- 为什么激励优秀的经理人是私募股权秘方中的关键因素
- 为什么最好的 CEO 不是我们在电影中看到的富有魅力、能言善辩的领导
- 为什么私募股权所投资公司的 CEO 是世界上要求超高的工作之一
- 在评估私募股权企业的 CEO 时需要注意的九种关键特质
- 如何运用最新的最佳方法评估管理团队

私募股权中的管理实践

　　私募股权投资人的工作中最好的方面是什么？你认为是完成一笔交易吗？还是成功退出一笔交易？又或者是随之而来的丰厚薪水？不同的私募股权投资人对这个问题会有自己的看法。我个人认为，没有什么比与管理团队会面和交流更有意义的了。我喜欢和有成就的企业家们在一起，潜心研究他们企业的发展历程，参观他们的工厂车间——如果我受邀了解他们的运营情况的话。相比完成和退出交易，我更加喜欢这部分工作。为什么呢？那是因为我深刻地认识到，完成交易和退出交易是极为稀有的事。按照最乐观的方式估计，我在整个职业生涯中注定只能完成和退出大约 15 或 20 笔交易。相比之下，与管理团队会面才是我的日常工作。一般来说，私募股权交易主管每年大约会举行 50 次管理团队会议，这是非常典型的。

　　管理团队有什么特别之处呢？正如我在第 5 章提到的，管理团队是你生活中非常重要的人：他们要么为你赚钱，要么让你亏钱。在私募股权投资的企业中，首席执行官（CEO）的领导能力以及高层管理团队实施价值创造计划的能力通常对你的投资结果起到关键的推动作用。好在大多数私募股权投资者认识到了高质量的管理团队和成功的投资结果之间的这种直接关联性，从而花费大量时间来磨炼和完善他们评估管理人才的方法。最近，私募股权行业出现了一种明显的转变，那就是使管理评估更加系统化、严格化和数据化。

　　虽然私募股权投资行业受到了相当多的批评，但有一个方面它几乎一直是正确的：私募股权投资者雇用优秀的经理人来经营他们的投资组合公司。与其他所有权类型的公司相比，私募股权持有的公司被认为拥有明显更好的管理措施。这不仅是我个人的主观看法，来自斯坦福大学、哈佛大学和伦敦经济学院的学者们也提出了大量经验证据来支持这一观点。Bloom 等人（2015）在研究了全球超过 15000 家公司后得出结论：私募股权投资的公司明显比家族式经营、创始人控股或政府控股的企业管理得更好。这一发现非常可靠，无论公司的规模、行业或位置如何，在发达国家还是新兴市场，似乎都是如此。这又是为什么呢？

私募股权所有制公司有着出色的监督和运营机制、更有效的人事管理制度并且会将更多的权力下放给关键任职人员（Yeboah 等人，2014）。与其他公司相比，在一家典型的由私募股权持有的公司里，管理团队的工作节奏更快、更注重工作结果。此外，高杠杆背景下的私募控股会迫使管理人员深刻认识到严格的财务制度的重要性。Baker 和 Smith（1998）曾详细介绍了 KKR 完成的第一批收购交易的发展过程并指出了高杠杆率对管理者行为的影响。在私募股权控股的前三年里，经理人必须快速偿还优先票据，因为它被叠加了严格的条款。用 Baker 和 Smith（1998）的话说，严明的债务纪律会提醒人们："不要懈怠，不出意外，没有偏差。如果出现问题，坦诚至关重要。"

私募股权环境也提供了一套明确且一致的激励措施。Baker 和 Smith（1998）引用了 KKR 公司有关 1982 年老式基金的内部文件，该文件描述了经理人和私募股权投资者之间的一种新型关系原则："让管理层将其个人财富的重要份额投资于所管理的企业，使他们成为所有者，从而让他们更有动力为所有股东的最大利益行事。"这一原则是革命性的——特别是考虑到当时典型上市公司的 CEO 在他们所经营的公司中仍持有相对较少的股票——但对于 KKR 的新金融资本主义愿景来说，这完全是最重要的。根据 KKR 的基金文件，在一些早期的收购中，管理层拥有高达 25% 的股权并不罕见——这就是利益攸关，风险共担。

这套措施自 1982 年以来没有太大变化。直到今天，私募股权投资者仍然要求管理团队在交易中共同投资一定比例的个人财富，并在他们达到提前设定的特定里程碑时给予丰厚的奖励。这种方法能使私募股权所有者认真谨慎地调节激励机制，避免许多组织里常见的一种陷阱，即 Steven Kerr 在他的管理学经典著作中提到的"奖励 A 却期待 B 的愚蠢行为"（Kerr，1995）。在私募股权投资中，投资者希望得到 A、奖励 A 并实现 A。他们设计了奖励措施，明确地激励管理层去实现 A——而且只是 A。如果这并未奏效，私募股权所有者会毫不犹豫地迅速用另一个能够实现 A 的管理团队来取代旧团队。

事实上，私募股权基金经常更换管理团队。根据我个人的经验，我所服务过的基金在绝大部分多数控制权交易中都有可能实施管理层变更。在私募股权行业的大背景下，情况似乎也是如此：Cornelli 和 Karakas（2013）发现，在他们研究的 88 笔杠杆收购交易中，有 52% 的交易在过渡到私募股权时立即替换了 CEO。Alix Partners（2017）在其年度私募股权调查中提供了一个更惊人的判断：有 58% 的 CEO 在私募股权所有制的前两年中有可能被替换，73% 的 CEO 在投资周期的某个时间点可能被替换。最常见的终止合作的原因包括：与新的战略愿景不匹配以及在快节奏的环境中，他们的能力、动力和学识不达标，无法取得切实的成果。换句话说，私募股权投资者会避免雇用无法适应变化速度而表现不佳的 CEO。

优秀的 CEO 是怎样炼成的

在私募股权投资的企业中，如果这么多 CEO 最后都被解雇了，那么究竟是谁取代了他们？要回答这个问题，我们不妨探讨一下通常是什么造就了优秀的 CEO。如果我让你想象并描述成功的 CEO 都有哪些特质，你会告诉我什么？大胆自信，魅力非凡，性格外向，受过良好的教育，杰出的战略家，聪明的沟通者。是这样吗？

显然，并非如此。根据"CEO 基因组项目"——这是一项为期 10 年的广泛研究，由来自芝加哥大学、哥本哈根商学院、技术巨头 SAS 和领导力咨询公司 ghSmart 的研究人员对全球 17000 多名成功的首席高管进行了评估——董事会和公众眼中理想的 CEO 和创造高绩效的因素是完全脱节的（Botelho 等人，2017）。上面描述的特质只是我们自己的刻板印象，未必能使首席高管取得职业成功。"CEO 基因组项目"的研究结果令人惊讶：事实上，这些细节如此有吸引力，甚至构成了有关高管领导力的《纽约时报》畅销书《为什么精英都有超级领导力》（The CEO Next Door）（Botelho 等人，2018）的基础。

超过三分之一的 CEO 认为自己是内向型的人。在这项研究中，只有 7% 的 CEO 毕业于常春藤名校，8% 的人甚至根本没有完成大学学位或者花了很长时间才毕业。此外，那些表达清晰、用词简单的参与者被认为比那些用词复杂、高深的人更加成功。另一个有趣的事实是：在接受评估的高管中，有 45% 的人至少遭受过一次重大的职业打击，被停职解雇或者给企业造成了极大的损失。然而，其中超过 78% 的人能够应对自己的错误并最终成功赢得 CEO 的职位（Botelho 等人，2018）。"CEO 基因组项目"的研究结果非常有价值，不仅打破了人们对高绩效首席高管的广泛误解，而且总结出了使首席执行官转变为成功的世界级领导人的四种具体特质。

首先，高绩效的 CEO 遇事果断：在面对模棱两可的局面以及处理不完整的信息时，他们能更早、更快地作出决策。他们从不浪费时间而且能够认识到即便是错误的决定往往也比没有决定要好。Botelho 等人（2018）引用了 Greyhound 前首席执行官 Stephen Gorman 的话，这位 CEO 曾带领这家公共汽车公司完成了一次转折："决策错误总比没有方向要好。大多数决策都可以撤销，但你必须学会适时而动。"

其次，成功的 CEO 坚持不懈地推动业务成果并使周围的人协调一致，共同实现价值创造计划。这些 CEO 能够敏锐地觉察到公司主要利益相关群体优先考虑的事务并确保定期与他们交流。具备这些特质的 CEO 不求讨人喜欢，也不力保他们的团队免做艰难的决定。他们不回避冲突，只要冲突能推动业务取得成果。此外，虽然这些 CEO 也会听取团队成员的意见，但不一定会让他们投票表决。"达成共识是好的，但是太慢了，而且有时只能达成最低限度的共识。"武田药品公司（Takeda Pharmaceutical）的首席执行官 Christophe Weber 说（Botelho 等人，2018）。

高绩效 CEO 的第三种特质是能适应快速变化的商业环境。适应能力强的 CEO 们能捕捉到早期的信号：他们比别人更早感受到变化并且采取战略行动来加以应对。他们明白，某些情况没有写在战术手册中，甚至在某些情况下并不存在战术手册。成功的 CEO 们承认自己可能会犯错，会遭受挫折。然而，他们也会第一个承认错误并且提出改变前进的方向，以便下次取得更好的结果。

最后，高绩效 CEO 的第四种特质是为人可靠。Botelho 等人（2018）的研究表明，在成功的首席执行官中，有 94% 的人在持续履行承诺方面获得了非常高的分数，这个比例令人吃惊。这些 CEO 具有出色的组织和规划能力。虽然可能听起来有点沉闷，但他们是管理系统、数据图表、绩效指标和明确的问责制的忠实粉丝。他们监控团队交付的工作成果并在必要时迅速做出纠正。

优秀的私募股权 CEO 是怎样炼成的

从"CEO 基因组项目"的研究结果可以看出，要成为一名高绩效的 CEO 并不是一件容易的事。要在一家私募股权投资的公司里成为一名高绩效的 CEO 更是难上加难。事实上，一旦我们了解了其所需要的能力，你可能会同意我的观点，即在私募股权投资的企业中做一名成功的 CEO 是世界上要求超高的管理工作之一。私募股权投资者希望与他们合作的高级管理人员不仅能够将自己的最佳管理技能带入公司，同时能够承受在领导一家私募股权所有制公司的过程中每天都会面临的特殊挑战。除了遇事果断、能推动业务成果、适应能力强和为人可靠之外，私募股权投资者还希望在他们所投资的公司的 CEO 身上看到一些其他的特质。都有哪些特质？

我们来逐个介绍一下。在我看来，成功的私募股权 CEO 需要具备许多方面的能力。

- **相关的工作履历。**管理团队需要定位准确才能实现特定私募股权投资的价值创造计划。如果你不相信经理人能够执行你的要求，那么你在投资之后将难以安睡。确保你们在公司的战略蓝图和发展计划上看法一致，用这种正确的方式开启你与管理团队的关系。预先确定关键的价值创造杠杆，将管理技能和经验直接映射到投资周期内需要达到的具体目标上。

你需要仔细评估管理团队的业绩履历，让自己相信他们很有可能成功地执行商业计划。此外，你还应该考虑他们早期的职业生涯——特别是他们以前的财务责任、可用资源和组织结构。然后，仔细思考你在投资周期内想要达成的目标。你希望推动营收增长？实现产品领先？优化价值链并减少资本支出？还是推行积极的新品发布战略？那么你最好在管理团队的业绩履历中努力寻找具体的经验，证明他们确实曾在该领域取得过实际的成果——并且在有利和不利的经济环境中都能始终如一地取得良好的业绩。

- **与私募股权所有者密切沟通并公开透明。**初涉私募股权的管理团队难免会对与新的私募股权所有者的沟通频率感到惊讶，往往是大吃一惊（Damon，2016）。是的，私募股权投资者会全程参与，直到退出交易后才会消失。上市公司的董事会平均每年举行四次会议，而私募股权的董事会通常每个月都会开会。

此外，私募股权交易团队的高级成员通常每周都会与 CEO 联系，讨论机遇和挑战并为一些复杂的问题出谋划策。私募股权投资者要求管理团队完全公开透明，希望能迅速了解发生的一切。如果某个顽固的问题损害了财务绩效，私募股权投资者可是会进驻公司的办公室，直到问题被彻底解决为止。

一些私募股权公司喜欢亲力亲为，特别不善于向所投资的公司的 CEO 授权，还有微观管理的倾向。尽管一些 CEO 在汇报中表示，与私募股权基金的紧密合作使他们获益匪浅，因为投资人重视新鲜的视角，提供财务上的精明建议以及全天候、手把手的支持，但事实是，并不是每个人都适合在持续监督下工作。Michael Lorelli 曾担任百事可乐公司（Pepsi‑Co）两个部门的总经理，后来在一家私募股权投资的企业中担任 CEO。他表示："如果你要让我担任 CEO，雇用我来铲土，那就别挡我的路，让我完成铲土的工作。"（Prince，2018）这种方法可能对一些基金有效，但对另一些基金则不适用。作为私募股权投资者，你的工作是确保你即将支持的管理团队深刻地认识到，在私募股权环境中与股东的沟通方式和他们过去可能经历过的情况相比有很大的不同。

然而，并不全是消极的评价。一些 CEO 确实很喜欢和私募股权合作的经历并且很享受其中的乐趣。美国理赔管理公司 Sedgwick 的 CEO Dave North 就是这样一个例子。人们将他视为私募股权 CEO 中的传奇人物。在我写作本书之时，他已经经营这家公司 24 年了，期间带领公司经历了六批不同的所有者，涵盖 20 多个私募股权集团，[一] 例如 KKR、Hell-man & Friedman 和 Carlyle。当《金融时报》问及他与近一批新的私募股权所有者的交流时，Dave North 说："在交易达成之前，我们就像在谈恋爱……交易完成后，我们就结婚了。结婚后，我们会转换为某种程度的亲密关系，聊天更频繁，态度也更坦诚，和恋爱时是不同的。"（Ralph，2019）我认为这种说法再形象不过了。

- **在快节奏的环境中履行职责的能力。**私募股权投资基金往往行动非常迅速。为什么呢？他们的投资绩效指标不仅包括投资的货币倍数，还包括内部收益率和持有期——两者都涉及时间因素。私募股权基金的时间有限，作为投资人，你一直在与时间赛跑。如果行动不够迅速，你的持有期就会变长，内部收益率就会下降。这就是为什么你可能会遇到这样的私募股权投资人，他疯狂地想要兑现足够高的投资回报，让人不禁想起《爱丽丝梦游仙境》里的那只白兔和他的怀表："哦，天呐！哦，天呐！要迟到了。"（Carroll 和 Haughton，1998）

[一] 这里提到 20 多个私募股权所有者并不是一个笔误。私募股权集团的数量异常多是因为一些交易是联合交易。

接受投资的公司的 CEO 需要能够和他们的私募股权投资者保持同样的步伐：对价值创造计划的实际交付速度以及所有计划中的成本削减和收入增长目标怀抱很高的期望。2006 年，汤美费格（Tommy Hilfiger）的董事长 Fred Gehring 与安佰深私募股权投资集团（Apax Partners）一起主导了对这个时尚品牌的收购，这是一项复杂的公转私交易，使企业能够进行一次全面的重组。这项交易设想了一个令人吃惊的重组计划，试图通过收缩批发业务、将美国员工总数减少 40% 以及聚焦能够盈利的高端时装系列等措施来重振公司。Gehring 评论说，交易之后，当一些繁重的工作完成，人们在收购仅 18 个月后就开始计划新的 IPO 路演，他对此感到有些惊讶（Gehring，2015）。

众多对于私募股权管理实践的分析都指出了同样的问题：紧迫性高于同情心（《哈佛商业评论》，2016）。遗憾的是，当被投资公司的领导团队需要裁员时，私募股权所有者希望他们能迅速而果断地作出艰难的人事决策。没有时间去倾听。没有时间去感同身受。如果这是一项能为企业增值的措施，那就必须这样做。Michael Lorelli 这样描述自己在私募股权投资的公司担任 CEO 时裁员的经历："你感到非常痛苦，因为你有忠诚度，有私人感情，你喜欢这个人……但就算痛苦，每一次你回想起来都会说：'我怎么花了这么长时间?'"（Prince，2018）

- **灵活应对**。传统企业的 CEO 身边有大量支持人员，在豪华的办公室工作，还有无限的差旅预算，他们可能不适合私募股权投资公司这种精简的、以所有权为导向的文化（Damon，2016）。私募股权公司的 CEO 需要能够在有限的基础设施下推动工作取得成果。你要靠自己，没有其他员工来写战略评估报告，也没有人提醒你商业计划中的重要里程碑。私募股权投资人希望所投资公司的 CEO 具有明确的、亲力亲为的工作风格，以流程为导向的思维方式，并且对公司的福利待遇持低调的态度。他们还要能承担多种责任，平衡各优先事项并且在压力之下保持冷静。Michael Lorelli 认为，私募股权公司的首席执行官需要在某些方面表现得像一名首席运营官，"特别是由于对 EBITDA 的关注往往根本无法负担起 COO 这样的管理层"（Lorelli，2014）。

- **像投资者一样思考。**最成功的私募股权 CEO 们明白，投资人期待他们关注一套与以前所关注的完全不同的财务指标——而这种变化在企业转变为私募股权所有制的那一刻就发生了。"像投资者一样思考"究竟是什么意思？它意味着将企业环境中常用的财务指标抛出窗外：没有人再关心净收入、盈利增长、每股收益和市盈率。除了要确保 EBITDA 健康，使公司在退出时的价值最大化之外，私募股权所有者还要时刻监控其他两个财务指标：现金流产出和资本配置。

　　现金流产出主导着其他一切财务指标，尤其是在杠杆投资的情况下。管理团队需要认识到，现金才是王道。如果企业有多余的现金，就可以更快地偿还债务，或者将现金有效地部署在其他增长领域，从而带来收入和 EBITDA 的提升。另一方面，有效的资本配置可以确保公司投资的每一个资本项目都能增加企业的价值。如果你正在经营一家面向消费者的公司，你需要开一家旗舰店吗？计算一下这项投资的回报，然后再考虑一下。你的固定资产产出能否达到高效？如果不能的话就需要处置掉。Fred Gehring 指出，在私募股权控股期间，他的企业学会了很多财务制度。在安佰深收购汤美费格之前，他以为公司在现金管理和资本投资方面做得很好，现在回想起来，他却说："实际上我们是业余的，安佰深教会了我们很多东西。"（Gehring，2015）

管理评价

　　结合我自己与管理团队交流的经验和最新研究的实证结果，我对于应该在投资组合公司的 CEO 身上寻找哪些特质非常有信心。现在你也能做到。让我们再回顾一下这些特质并按照重要性重新排序：

1. 相关的工作履历；
2. 推动业务成果并使周围的人协调一致；
3. 遇事果断；

4. 灵活应对；

5. 为人可靠；

6. 适应快速变化的商业环境；

7. 在快节奏的环境中履行职责的能力；

8. 与私募股权所有者密切沟通并公开透明；

9. 像投资者一样思考。

在我看来，前六种特质是必须具备的，而后三种是可塑的，成功且具有合作精神的管理人员可以随着时间的推移培养这些特质。当你经历了管理评估过程——经常是漫长而枯燥的——你会希望这些特质在你评估的每个阶段都能出现。最终，你希望找到一种一致的叙述方式——并且需要有切实的结果和可验证的成就来支持它。

一个全面的管理评估通常包括进行合适的面试、执行能力评估以及和推荐人沟通。在寻找可靠管理人才的私募股权基金中，心理测评、计算机化的管理才智评估和综合能力计时测验等方式也正变得越来越普遍。Frank Partnoy 曾在《大西洋月刊》（*The Atlantic*）上发表了一篇内容丰富的文章，介绍了"人力分析"在私募股权基金中的普及（Partnoy，2018）。例如，Vista Equity Partners 将其令人印象深刻的投资业绩的很大一部分归功于他们雇用优秀管理人才的能力。他们声称能够通过一种专有的测试来评估工作和社交技能，从而判断分析能力和领导潜力，以此发现这些人才（Vardi，2018）。

虽然我重视结构化的面试方法，但我个人并不推崇通过电脑评估来衡量投资组合公司的 CEO 候选人。首先，我认为这与斯坦福大学著名心理学家 Carol Dweck 博士提出并推广的"成长型思维"概念相矛盾（Dweck，2007）。我相信，只要一个人把失败、挫折和错误与反思、努力和勤奋相结合，就可以改变并最终征服新的高峰，包括在管理的领导力方面。其次，我不确定有学习障碍的成功 CEO 会如何应对这种类型的评估。例如，Richard Branson 爵士曾公开谈论过自己深受阅读障碍的折磨并且难以像其他大多数人那样处理信息。我们是否因为 Richard Branson 爵士可能无法通过电脑评估，就把他排除在名单之外？

此外，我很难想象要如何向一位经验丰富的 CEO 介绍参加"人与能力倾向测试"这个概念。想象一下，我见到了 Fred Gehring 先生和 Tommy Hilfiger 先生——我确实在 2005 年见过他们——在他们企业公转私交易的背景下，而且我非常喜欢这个项目的投资论证。我说——我那时当然没有这样说——"Gehring 先生，在我们支持你在这次交易中担任执行主席一职之前，我的公司希望你能戴上这个测试设备，好让我们能够在标准化的条件下测量你的智商和情商。另外，我看到 Tommy Hilfiger 先生就在你的左边，我们也来测试一下他吧。"很明显，这感觉很可笑。遗憾的是，在 Tommy Hilfiger 的收购交易中我的基金最终输给了安佰深——幸好是因为一些与上述情况无关的原因。

每当我们的基金需要为所投资的公司聘请一位外部 CEO 或要改变整个高层管理团队时，我们都会对潜在的候选人进行评估。我通常将管理评估分为三个阶段，包括正式和非正式的交流、系统性评估和推荐人评估。我的典型方法可以描述如下：

- **内部会议和面试**。我非常喜欢管理评估的这一部分，这种方法可以使我和我的团队与我们已经有好感的管理团队花很多时间在一起。首先，我们仔细研究有关的私募股权投资并花大量时间讨论行业、公司和价值创造计划。尽管这感觉像是一场无组织的讨论，但我会在脑海中运行一张记分卡并记下我对这个职位所需的关键特质和行为的观察结果。我和我的团队还会与每位经理分别会面，了解他们个人的职业发展道路。他们是如何晋升到高层的？他们的业绩如何以及他们能提供哪些确凿的事实来证明自己的成就？他们如何制定决策？他们如何配置资本？他们和团队一起工作了多长时间？我还试图弄清楚是什么在激励着管理团队以及在团队中如何释放内部动力。

- **系统性评估**。评估过程中的这一工作流程通常外包给高质量的猎头公司或领导力咨询公司，他们利用系统性的方法来评估高级领导人。例如，Spencer Stuart 管理顾问公司采用他们专有的"六模块领导者能力框架"，通过一系列问题来确定高管们的核心优势，例如，交付卓越的成果、领导力、建立关系和影响力技巧、战略思维、推动变革的能力和构建组织能力（Spencer Stuart，2017）。其他公司也通常有自己特制的评估方法，可以提供类似的最终评估结果（Kaplan 等人，2012）。⊖你希望了解的不仅是猎头公司对 CEO 候选人过去的成就、目前的能力和未来的潜力的看法，你还想要深入了解与其他使用相同能力框架进行评估的领导人相比，这位候选人有哪些优势和劣势，其结果可能非常有参考价值。

- **推荐人评估**。这是管理评估过程中的一个关键部分。CEO 候选人会向你提供一份推荐人名单，供你电话联系。这些推荐人——通常本身也是顶级经理人和高级领导人——期待你和他们联系并且已经准备好了一份充满溢美之词的稿子。他们就是所谓"上榜"的推荐人。

我一直不知道如何应对这些预定好的推荐人电话，如何从这些事先准备好的对话中获取价值，直到听到成功的基金经理 Graham Duncan 给出的建议。他每天都在评估经理人，这是他日常工作的一部分，每年他都会亲自拨打数百个推荐人电话。Duncan 说，要想从这些电话中获取价值，最好的方法就是和每一位"上榜"的推荐人进行漫长而全面的讨论，直到他们的稿子用完为止。此时，评估才真正开始（Ferriss，2019）。Duncan 建议问一些可能会引发深刻交流的问题，比如，你可以描述一下工作内容，问问推荐人他们自己将使用哪些标准来寻找候选人。

Duncan 还建议与"落榜"的推荐人取得联系。如果这位高级管理人员在行业内很有名气，那么许多业内人士应该可以用保密的方式提供他们的非公

⊖　欲了解参与"CEO 基因组项目"的领导力咨询公司 ghSmart 评估的个人特征详细清单，请参考研究报告。

开意见。我通常会详细记录和推荐人的沟通过程，以便将谈话中的任何发现都纳入管理评估文件。在这个阶段，你可能会发现自己对于管理团队的看法开始坚定起来，你将确定在你的基金所追求的这笔私募股权交易中你是否想要支持这个团队。如果你已经做了这么多工作去了解他们，却仍然心存疑虑，那么我恐怕要告诉你，这个管理团队根本不合适，你最好去寻找能满足你所有条件的更合适的人。现在——既然你已经读完了本章——你应该知道这些条件是什么！

第 7 章

分析商业计划

重点内容：

- 为什么投资高手在钻研数字之前先研究商业基础
- 审查每份商业计划书时要立即发现的关键问题领域
- 如何戳穿过于乐观的预测并使你的投资方案更加完善
- 每份可靠的商业计划都需要解决的 10 个冰冷而棘手的问题
- 我信赖的商业计划工具：《最常见的价值创造驱动因素总清单》

商业计划分析介绍

在一个幸运的星期一，我开始了在私募股权行业的第一份全职工作，那是 2004 年 9 月 13 日。那一天风和日丽，不像伦敦九月中旬的天气。工商管理硕士毕业之后，我加入了最大的泛欧私募股权基金之一，该基金主要专注于大型收购项目。我对自己的第一个全职私募股权职位兴奋不已，尤其对成为该公司消费类团队的一员感到特别激动。那时对我来说，这似乎是私募股权投资中最有趣的领域。我简直迫不及待地想要评估和投资零售商、休闲集团和消费品公司了。"也许我甚至有机会投资奢侈品牌！"我心里想到。⊖几周以后，在一个阴雨绵绵的日子，我被指派去分析我的第一份消费类公司商业计划，这家公司已经通过了我的基金的初步交易筛选过程。我对接下来的工作很有信心，我的第一反应是立即去研究数字。"我可以做到的！只需要细细梳理一下过往和预测的财务数据，确保一切有理有据，保持一致，对吗？"然而，我后来才知道这根本不是最好的方法。

想一想吧，什么是商业计划？正如著名的哈佛商学院教授 William A. Sahlman 所说，商业计划只是你所支持的管理团队的一种想象（Sahlman, 1997）。这是他们的梦想，可能会实现，也可能不会实现。为了能够正确评估

⊖ 我后来从消费领域的专家转变为不分行业的投资者。很遗憾，我的这个梦想从未实现过，我也没有机会参与基金对奢侈品牌的投资。跨行业的投资经验使我相信，任何一个行业都没有什么特别之处。事实上，只要买入的估值有吸引力，所有行业都能够成为私募股权投资者的目标。随着时间的推移，我对消费类公司的热情有所降温，因为我认为这类公司受到人类非理性的影响，因此在长期范围内进行分析和预测尤为复杂。

他们提供给你的数字，你需要做大量的前置工作以提高对行业和公司现有业务的理解。如果没有这样充分的准备，就很难判断管理团队对现实的夸张程度。他们会这样做的。克杜瑞公司（Clayton, Dubilier & Rice）的创始人Joseph L. Rice III力劝投资者们不要只盯着数字，"电子表格和资产负债表并不能说明全部问题。在考虑一项投资时，要了解运营中的挑战和机遇，这很重要"（Finkel 和 Greising, 2010）。那么，你应该从哪里开始以及如何开始呢？

让我们来思考一个基本的问题：商业计划分析的实际含义是什么？要回答这个问题，最好把重点放在你和你的交易团队需要实现的产出上，以此推动交易的进展。我个人在这一阶段的工作结束时，希望能够达到一定的程度，即能够充满信心地陈述以下情况：

1. 我理解这家公司的愿景，认可它的战略意图并且确信无论是现在还是将来，它的业务都需要存在；

2. 某种程度上，我成了产业结构和竞争动态方面的桌面专家；

3. 我可以用自己的话解释公司的盈利方式并理解其商业模式的经济原理；

4. 我知道在我的基金的所有权下，在我的投资期限内将要推行和达成哪些业务改进和增长举措；

5. 我有一套可靠的经营模式和财务预测，并准备将其作为我的投资基本方案，为其提供财力支持。此外，我还进行了敏感性分析，把上行和下行的情况都纳入考虑；

6. 我列出了一份关键假设清单，假设交易继续进行，这些假设需要在尽职调查过程中去验证和确认。

分析商业计划的方法可能会因交易类型的不同而有很大区别。如果你是深度少数股权投资者，可想而知，你对企业几乎不会产生任何影响。因此，你的工作将与分析上市公司股票的投资者非常相似。相比之下，如果你在交易中可以购买多数股权，那么你将在所有权期间有权对公司进行重大改革。

事实上，如果你的私募股权基金特别重视改进业务或者拯救陷入困境的企业，那么这家公司在退出时可能与最初收购时相比只有一点相似之处。

在多数股权交易中，商业计划的工作也有很大差别，这要看你是支持现任管理团队，还是在交易完成后带来一组全新的管理人员。根据我个人的经验，在那些支持现有团队的交易中，公司现有的商业计划往往或多或少代表了我们基金的基本投资方案，其中有一些不可避免的调整，我们将在后面讨论。在与收购管理团队合作的交易中，情况则完全不是这样。例如，我最初的一笔公转私交易是对一家在全英国经营的高端酒店上市集团进行潜在收购。在我们发出第一封投标函之前，该公司并不知道我们的基金正在寻求收购其业务并将其私有化。我们与一个非常有经验的收购管理团队合作，在会议室里花了无数个小时研究数据，规划公司的未来。在我们的脑海中，我们卖掉了一些酒店，重新命名了一些酒店，投资并重新开发了一大块目前闲置但有价值的土地。虽然该公司当时的业务和财务指标对我们来说是一个有用的起点，但我们的商业计划与该公司为自己制订的计划截然不同。

商业计划中的典型问题

商业计划，即使是那些由世界上最有能力的管理团队制订的计划，也常常给投资者带来问题。为什么？我不太确定。在我看来，企业家和管理者似乎都戴着同样的玫瑰色眼镜，使他们对未来过于乐观。我承认，要想成为成功的企业家和管理者，需要锲而不舍的精神和永不言败的心态。也许只有那些天生的乐观主义者才有毅力克服重重障碍，在创业道路上取得成功。相比之下，投资者非常害怕损失资金，他们通常非常谨慎地对待商业计划，往往对提交给他们的几乎每一个数字都要打折扣。如果投资者能够听信管理层的预测并将其作为投资的基础方案提供资金支持，他们的工作就会减少一半！然而，我们谁也没有这么幸运。每一位私募股权投资者的工作就是通过仔细思考和冷静分析，为过于雄心勃勃所以不切实际的管理商业计划注入足够的清醒剂。

　　投资人兼商人 Guy Kawasaki 曾为《哈佛商业评论》撰写了一篇措辞有力的文章，介绍了他在几乎所有的商业计划中都看到过的企业家 10 大"谎言"。前两个言过其实的谎言是虚高的管理预测和对市场增长、市场规模的不切实际的假设（Kawasaki, 2001）。我同意。在我自己的交易中，我只遇到过一位被交易团队评价为过于保守的 CEO。[○]我更常见到的是过于乐观的管理团队，他们提出的商业计划包含了一大堆问题，这些问题立即会引起细心的投资者的注意。都有哪些问题？我可以和你们分享 5 大主要问题——不完全是"谎言"，但有明显的问题。

- **过度乐观**。我们在前面提到过这个问题。基本上，你很可能在遇到的几乎每一份管理经营计划中看到"曲棍球棍"式的预测图。通常情况下，这些过于乐观的数字是由假定的市场增长驱动的，而这种增长可能过于迅速且无法完全保证；受到市场占有率的驱动，而这种目标也许遥不可及，难以实现；或者受到价格上涨的驱动，而也许提价幅度太大，无法安全地实施，会使公司现有的大量客户失望。此外，管理经营计划一般很少考虑到预测期内可能会发生的宏观环境恶化和经济周期下行。如果交易的起点恰好遇到经济衰退，那么当然，管理团队会将希望寄托于一切经济复苏的迹象和消费支出的预期增长。然而，对于经济是否会在未来五年的某个时间点走向另一个方向——即由好转坏——他们通常不那么认真地思考。因此，管理经营计划往往没有包括来自外部力量的不利影响。

- **不切实际的时间表**。在大多数管理计划中，事情往往进展得太快。销售周期，尤其是新产品的销售周期，经常被低估并且被设想得过短了；产品上

　　○　支持一个保守的管理团队本身就给投资者提出了一个问题。在整个交易过程中，我和我的交易团队都在质疑这位 CEO 是否过于谨慎以至于不敢采取一些举措为投资者创造足够的收益。这项交易在最后阶段因为一个和管理无关的原因被终止了，因此我们一直不知道该如何解决这个困境。

市、品牌延伸和新的形式不会失败；产品推广策略似乎像钟表一样精确，不会遇到任何障碍；地域扩张发生在一夜之间。一般来说，在私募股权交易非常有限的时间期限内，管理团队希望实现太多计划，突破自己的极限，包括并购等完全不在他们控制范围内的计划，这是非常常见的。在电子表格中添加行数和制订过多的计划都是非常容易的；然而，我们需要牢记在现实中高标准地执行操作是多么困难。

- **对公司能力的理想化认识。** 有时，公司根本不具备商业计划中设想的能力、资源、技能或人才。当公司计划将业务拓展到远远超出自己核心能力的范围时，就经常会出现这种情况，这可能会导致公司意外地进入一个不适合自己的业务线。例如，我曾经遇到过一些工业企业，它们希望在短时间内转变为销售公司。正如你所想象的那样，我很难做到认知上的飞跃，也很难理解一家由习惯缓慢、稳定和精确工作的工程师经营的公司如何找到自己在销售和营销方面的优势。尽管如此巨大的文化和业务转变可能会让我对这笔交易望而却步，但我们姑且假设我会接受这种情况并坚持交易。毕竟，公司不时改变战略现状是完全合理的，尤其是在私人股本控股的情况下。

然而，我需要在商业计划中看到公司打算如何一步一步地进行这种转变。需要雇用多少人来支持新的业务能力？雇佣成本是多少？他们需要多长时间来提升水平，需要哪些额外的资源？工程师们怎么办，谁留下来，谁离开？最后，考虑到这一业务变化的激进性质，我希望看到实现这一转变的成本和时间预算都有足够的缓冲。

- **遗漏成本和投资。** 商业计划的另一个典型问题是完全忽略了某些成本和投资。公司是否计划进行业务重组，从而在未来节约可观的成本？这种重组需要资金。公司是否计划通过并购实现显著的增长和协同效应？争取收购目标，产生失败的交易成本以及实现协同效应都要花费资金。此外，所有的商业计划——即使是那些假设有很大程度的成本削减和业务改进的计划——都应该假设有一定的成本膨胀，以便与经济现实保持一致。

另一点与任何类型的信息技术升级有关。如果你曾经看到一个计划，假设通过数字化改革提高组织效率或者——打消这个念头吧——在全公司范围内采用新的企业资源系统（ERP），那么你可以放心地将管理层分配给完成这些商业计划的开支和时间增加一倍。大规模的信息技术改革很少完全按计划进行，因此，需要谨慎地编制额外的时间和金钱预算。遗漏的投资还可能包括很少或根本没有为产品持续创新和加强行业知识拨出研发（R&D）支出。另一个需要检查的方面是及时进行可能会发生的替换性资本支出，以保持公司的实物资产处于良好状态，特别是那些使用寿命即将结束的资产。换句话说，所有的成本、投资和现金支出都应该记账、量化并与管理层的口头陈述相符。

- **缺乏资本配置和现金流管理能力**。一些商业计划揭示了这样一个事实，即管理团队没有意识到，在私募控股中，他们的日常运作方式将有很大不同。具体来说，有时他们不明白自己需要像公司的所有者而不是员工那样行事。用金融专业人士的行话来说，投资者只要瞥一眼就会发现，管理层"在桌子上留下了一大笔钱"。有时他们把钱留在桌子的每个地方！即使在营收增长假设、收入预测甚至成本方面做了大量细致的工作，但如果公司的现金流产生预测不够详细，投资者会立即注意到。有时，管理团队对未来的营运资金需求的假设比较"懒惰"，简单地将其计算为销售额的百分比，或与其他一些通用数字联系起来。他们不分析资本支出的回报，也不检查以前的资本支出。此外，有时他们会继续自动投资那些不会被公司有效利用的资产，仅仅是因为这些资产已经出现在资产负债表上了！

当我发现上述任何一个问题时，我就知道是时候预订一个大会议室了，让交易团队与管理团队坐在一起，这样我们所有人都可以撸起袖子投入工作了。我们会仔细审查商业计划，共同对所有成本、现金支出和资本支出假设进行反向设计和质疑。我们会关注整个供应链中可能的成本改善，就潜在的资产处置进行头脑风暴，计算将要花费的每一美元资本支出的回报影响，讨论减少滞销的产品线以改善库存管理、计划与供应商重新谈判支付条款并研究改进营运成本的所有可能的方法。整个管理团队都需要明白——大多数团队都能很快跟上节奏——不仅要关注营收增长，还要关注现金管理、现金利润和现金创造的重要性。

商业计划分析框架

我不是天生的乐观主义者。这可能解释了为什么我现在不是企业家而且可能永远也不会成为企业家。我根本不是那种能提出战略愿景，让别人用自己的资金来购买和支持的人。

幸运的是，这并不是我的职业必须具备的技能。根据标杆资本（Benchmark Capital）的联合创始人 Andy Rachleff 的说法，投资者根本不需要有自己的愿景，他们只需要去认识那些有伟大愿景的人（Rose，2020）。然而，一旦投资者在交易中找到了他们愿意支持的团队，就会毫不犹豫地戳破企业团队愿景中的漏洞，让他们——有时是非常必要的——从自己的过度乐观中醒悟过来。锤炼别人的梦想听起来可能不是一个愉快的过程，不是吗？对我来说，这只是商业行为。就像他们说的，"现在恨我，以后会感谢我"。当公司要经历特别艰难的季度时，管理团队会非常感谢私募股权交易团队，因为他们不必达到过于雄心勃勃的目标，也不必向公司的贷款方解释为什么"曲棍球棍"预测图上的数字从未实现。作为一名投资者，我的工作是保护管理团队不受他们自身的影响，确保"曲棍球棍"预测图上的数字永远不代表我们的投资基础方案并且在第一次管理汇报之后永远不会出现在任何地方。

有没有一种优雅的方法可以在商业计划中挑刺，同时又不得罪制订计划的管理团队？毕竟，这种内在的不对称性需要通过礼貌、魅力和外交手段来克服。想想看，管理团队可能是行业专家——而你可能不是。他们可以进行真正的商业运作，为工厂车间增加价值并激励成千上万的工人——而你可能做不到。然而，通过以多种方式冷静地剖析目标公司，你依然可以为经验丰富的管理团队提供帮助，使他们能够从许多从未想过的新维度来分析这家看似很熟悉的公司。此外，你可以向他们开放你的职业社交网络，如果他们愿意，你可以向他们提供机会去接触更多的机构联系人和行业专家，还可以对他们进行资本市场方面的教育。最后，你会成为将私募股权所有权模式的资本配置和现金流管理的最佳实践融入他们公司业务的驱动力，这将有望帮助管理层在退出时获得一些可观的回报！

一旦各方都同意需要调整管理计划，我认为开始工作的最佳方式就是将公司的业务分解成小块并授权管理团队帮助你和你的交易团队从最基本的方面开始了解管理计划。保持耐心，开启你的反思的和非情绪化的系统 2 思维（Kahneman，2015）——我们已经在第 4 章讨论过——来避免出现有争议的情况，这很有帮助。一些不可避免的意见分歧可能会导致激烈的讨论：我会尽量诉诸独立事实、客观数据和第三方评估来避免局面失控。换句话说，我努力坚持我的任务——挑刺，但使用上述的礼节和外交手段。

为了从这一点开始推进我们的讨论，我将假设我们正在考虑一项多数股权交易，这将使投资者对企业产生重大影响并因此获得管理团队的必要重视。如果你主要从事的是深度少数股权交易，这些交易通常无法为你提供推动业务变革的机会，那么你可以补充阅读一些专门为和你处境相同的专业人士——即专注于公开上市股票的分析师——编写的书，这对你可能会有所帮助。我认为 Shearn（2012）、Cahill（2003）和 Valentine（2011）[⊖]的著作对深度少数私募股权交易特别有用和适用。

在多数股权交易中，我使用自己多年来建立的框架来分析每家公司的商业计划。这个框架当然很详细，而且——我得承认——有时也很乏味。我相信它对你也是有价值的。

在每次商业计划分析中，我都希望找到以下 10 个问题的详细答案：

⊖ 请参阅第 7 章参考文献，以获取完整的出版信息。

1. 这家公司是做什么的？ 它需要存在吗？ 它满足客户的什么需求？

2. 在我的投资期限内，哪些宏观因素可能会影响这家公司？

3. 要想将公司的商业计划与实际情况相结合，我需要了解该行业的哪些信息？

4. 这家公司的商业模式由哪些关键部分组成？

5. 与竞争对手相比，这家公司目前的定位如何？

6. 这家公司现在哪些方面做得好，哪些方面做得不好？

7. 这家公司的历史表现如何？

8. 我在建立一个什么样的五年规划作为投资的基础方案？ 在我的投资期限内，价值创造的主要来源是什么？

9. 会有什么风险？ 我的下行投资方案是什么？

10. 我的投资方案是否合理？

1. 这家公司是做什么的？它需要存在吗？它满足客户的什么需求？

在第 4 章和第 5 章中，我已经详细介绍了在初始交易筛选阶段需要做的工作和公司分析，那么你可能会奇怪为什么我要在这个阶段再次问自己这些看似多余的问题。我们不是已经喜欢上这家企业了吗？我的逻辑很简单。每一位投资者的工作不仅仅是对潜在的投资进行严谨、冷静的评估，而且要避免可能出现的判断失误。根据我的经验，如果我给自己一个机会，回到最基本的问题，问自己——有时反复问——关于企业基本优点的问题，才能达到最好的结果。我就是通过这种方式逐渐增强了对公司及其前景的信心，或者完全失去信心。因此，我个人认为，在这个分析阶段，有必要再次明确地问自己：这家公司到底是做什么的？它在整个价值链中处于什么位置？它的客户利益是否坚实可靠、显而易见（Sahlman，1997）？它所运营的市场是否对其产品有持续的兴趣（Osterwalder 和 Pigneur，2010）？公司的客户是否认同其战略叙事？他们对公司的产品或服务满意吗？公司今天是否有意义，更重要的是，在未来几年内是否有意义？

有些企业显得毫无存在的意义。它们看似能够满足某种客户需求，然而，随着时间的推移，很明显，它们给客户带来的好处逐渐减少，变得完全不重要了。以公开上市的英国零售商沃尔沃斯集团（Woolworths）为例，2008 年在伦敦证券交易所停牌之前，该集团经营着大约 800 家商店。该公司的商店在英国已经经营了 100 多年，售卖的商品种类有点奇怪，不仅包括儿童服装和玩具，还有自己的"买得值"（WorthIt!）实惠系列、酒类、香水、珠宝、电器、CD、DVD 以及具有相当规模的精选混合糖果。很多成长于 20 世纪 70 年代和 80 年代的英国人经常在放学后与朋友们聚在一起，用零花钱在沃尔沃斯商店购买糖果产品，所以他们把这家零售商和有趣、积极的体验紧密联系在一起。沃尔沃斯请了名人代言，英国的普通大众喜欢这家连锁商店，因为它价格实惠，经常亲切地称它为"Woolies"。

21 世纪初，沃尔沃斯的股价开始持续下跌，引起了大量私募股权投资者的注意。这会不会是一次切实可行的转机，一个有吸引力的公转私投资机会？顺便说一句，我当时在私募股权基金的消费类团队担任投资主管，也有机会与投资银行家和战略顾问坐在一起讨论沃尔沃斯的潜在私有化问题。我们试图了解这一知名品牌的优势，了解它为客户提供的服务并评估其房地产组合的价值。这些讨论揭示了一个可悲的事实：没人需要 Woolies。它不需要存在了。在英国经营了 100 多年后，这家公司已经不再有意义了。它没能跟上 21 世纪初零售业格局的快速变化，大多数产品类别无法在网上与新入行者竞争，顾客定位混乱——除了能勾起中年人群的怀旧情绪和甜蜜的童年回忆——几乎毫无价值。就连新一代的孩子们也不再去沃尔沃斯买糖果了，他们沉迷于家里的电脑和电子游戏。

你可能已经知道，一家没有意义的公司几乎没有生存的机会。尽管它努力与客户重新建立联系，也不可避免地走向没落。尽管沃尔沃斯拥有令人尊敬的传统和强大的品牌，但它未能吸引到认真的私人股本，也从未成为被私有化的目标。该公司的董事会一度拒绝了英国知名零售企业家 Malcolm Walker 提出的适度收购报价。在我的基金关注它之后，沃尔沃斯的股价持续下跌了好几年，这家公司最终缓慢而痛苦地"死亡"了。我学到的第一堂投资课是，如何不把基本面良好、经历短暂业绩波动的公司与持续衰退的、无存在意义的公司相混淆。

2. 在我的投资期限内，哪些宏观因素可能会影响这家公司？

这一分析是至关重要的。宏观因素的变化，尤其是突然的变化，能够使企业在一夜之间发生翻天覆地的变化。我在第 2 章介绍主题型交易采购 ICEBERG 路线图™时已经提到了解外部环境对所有企业的重要性。为了评估交易的宏观方面，我和我的交易团队通常会仔细检查一份清单并问自己："如果在我们基金的投资期限内，这些方面出现了问题，企业是否还能站稳脚跟，仍然能满足我们的投资基本方案？"如果你通过分析，认为投资方案将受到一个或多个你认为很有可能发生的事件的影响，那么我建议你在投资基础方案中预先加入足够的缓冲。我们要注意以下事项：

  a. 政治因素和事件；

  b. 影响公司所在行业的经济趋势和主要指标；

  c. 财务指标，如利率、外汇汇率和商品价格；

  d. 社会、人口和文化趋势；

  e. 法律和监管环境的潜在变化；

  f. 全球化或去全球化：对产品、客户和供应链的影响；

  g. 环境和可持续性问题；

  h. 颠覆性技术和商业创新速度的预期变化；

  i. 客户偏好及公司的产品或服务价值链的数字化趋势；

  j. 足够的商业保险，可以涵盖特定的意外事件，如自然灾害或诉讼风险（例如，与产品安全有关的问题）。

你是否感到迫切需要多了解交易的外部环境？如果是这样，你可以看一看 Narayanan 和 Fahey（2001）以及 Fleisher 和 Bensoussan（2007）[一]的著作，

 [一] 请参阅第 7 章参考文献，以获取完整的出版信息。

可能会有所帮助。

3. 要想将公司的商业计划与实际情况相结合，我需要了解该行业的哪些信息？

行业分析很复杂。为什么呢？我认为这是因为要想了解一个新行业，需要付出的努力有可能是无止境的。直到今天，每当我需要分析一个不熟悉的行业时，都会从书架上取下我的旧版 Porter（1985）和 Grant（2002）的著作，把它们放在我的桌子上，我发现这很有用。当我面对一家在我不熟悉的领域经营的公司，这两本书中的金玉良言永远是我信心和理智的源泉。在开始详尽的行业分析之前，我需要牢记，如果交易继续进行，交易团队一定会进行详细的商业尽职调查，而且——如果交易按预期进展——这将在短短几周内发生。到那个阶段，大多数基金都会聘请专业的战略或管理咨询公司来协助寻找和验证与公司行业和商业模式有关的最复杂问题的答案。因此，在商业计划阶段，我强迫自己在投入的行业工作上采取平衡的观点：我的目标是获得足够的知识，能够自称为"桌面专家"，但我反对过度投入行业研究工作。为什么？我只是想避免浪费自己的时间，因为交易可能随时会因为某些原因被终止。基本上，何时停止行业研究工作取决于我个人的判断。

在前面的章节中，你已经熟悉了我的行业分析方法。[⊖]虽然在初始阶段各行业的考虑因素会有很大的不同，但不论是什么行业，有五个重复出现的方面值得我们重点分析。

- **行业吸引力**。如果该行业的公司表现出理性的竞争行为并创造较高的投资回报率（ROIC），这通常是好消息。然而，在可观的经济回报的吸引下，是否有众多新的竞争对手加入该行业？相反，如果该行业的竞争已经相对激烈，投资回报率勉强合格，那么你可能得问问自己，为什么还在这个行

⊖ 如果你记不起在哪里看到过，请复习第 2 章。

业寻找交易。你确定要投资的不是一个无底洞吗？常见的危险信号包括非理性的竞争行为、过剩的行业产能、严重的周期性、过高的资本密集度、产品商品化和薄弱的定价能力。

- **市场规模**。尽管没有一个行业或市场的规模可以被非常精准地测量，但你必须对其进行两次估算：一次在进入时，一次在退出时。因为你已经从 Guy Kawasaki（2001）那里知道，管理团队中永远的乐观主义者很可能高估了市场的规模和增长情况，所以你的工作是保持脚踏实地。首先，考虑在你的投资期限内，哪些地域与公司有关，哪些地域公司可以进入。其次，花一些时间了解商业计划对市场究竟做了哪些假设。该公司的重点是已渗透的市场、目标市场、有效市场、潜在市场还是总体市场？[⊖]

- **行业的周期性**。我个人认为，投资周期性行业是完全可行的，只要你能意识到周期，量化潜在的需求波动并且已经为下行波动阶段做好了行动计划。确保你了解周期性的驱动因素：驱动周期的是消费者偏好的变化、季节性、商品价格还是资本投资？目前处于周期的哪个位置？在之前的周期中，行业从高峰到低谷表现如何？

- **需求因素**。谁购买公司的产品或服务？客户想要满足什么样的功能需求？对他们来说什么比较重要：价格、品牌、产品的专有特性、客户服务还是忠诚利益？他们的购买行为是随意的、高价值的、冲动的还是有计划的？同一客户是否经常重复购买？客户是否会货比三家并频繁更换产品？是否存在可能提高客户黏性的网络效应？决定需求变化的主要因素是什么：长期趋势、产品渗透水平、经济或收入水平的波动还是其他外部因素？

- **产品价格的制定**。谁决定产品的市场价格？客户和供应商的相对规模是多少？谁拥有更大的定价权？产品价格是否波动，你能否发现某种趋势？任

⊖ 我在商学院的营销课上学到了这些不同市场的定义。如果你想了解更多细节，我相信大多数入门级的市场营销教科书会是不错的资料来源，有助于进一步研究这一主题。

何可能扭曲自由市场价格形成力量的异常情况也值得注意：如监管限制、税收或关税。如果发生了价格战，你应该重新考虑这笔交易是否值得花费时间。我个人不会相信任何关于价格回归正常的乐观预测，因为确实很难预测非理性竞争行为可能会持续多久：可能会超出我的投资期限！

4. 这家公司的商业模式由哪些关键部分组成？

这个问题比较简单。一家表现良好的企业应该做什么？除了让客户满意之外，它还需要创造经济效益和有吸引力的现金回报。即使它现在还不赚钱，只要有成熟的商业模式，最终也可以达到这个目标。Osterwalder 和 Pigneur（2010）对商业模式给出了我所见过的最好的定义之一："商业模式是一个组织如何创造、交付和获取价值的基本原理。"作为一名投资多面手，我在职业生涯的不同阶段曾分析过在完全不同的领域中运营的各种各样的企业，如发电、资产管理、航运、零售、自然资源和消费品。虽然这些业务之间千差万别，但在我看来，大多数公司往往具有相同的基本结构，仅由 6 种基本要素组成。分别是什么呢？

- 要素 1：公司生产产品或提供服务以满足一个或多个客户群的需求。
- 要素 2：它采用某种定价机制来创造某种价值主张，以吸引其选定的细分市场中的客户并创造收入。
- 要素 3：公司拥有资产基础，构成其资源并支持其能力，例如：

  a. 品牌、声誉、许可证、专利或其他类型的知识产权；

  b. 实物、人力、技术和金融资产；

  c. 维持日常工作的运营基础设施；

  d. 可以支持其战略、获得市场准入或确保供应链关键环节的合作伙伴关系。

- 要素 4：公司为了生产产品或提供服务而产生的成本。这些费用包括：

  a. 制造产品或提供服务的直接投入成本；

b. 通过销售和营销渠道识别客户、获得客户、保留客户、与客户沟通以及建立客户关系的成本；

c. 为了把产品或服务送达客户而产生的物流和执行成本；

d. 公司的产品生效过程以及一般运营所产生的运营成本。这些成本包括内部活动和外包活动。

- 要素5：公司需要投入资金，以便：

a. 更新、更换和支持其现有的资产基础；

b. 创新和培养新的能力；

c. 拓展新的市场或产品种类。

- 要素6：一旦公司获得成功，它就会产生可持续的、不断增长的经济利润，并为投入的资本带来有吸引力的现金回报。一家拥有广阔的经济护城河的高质量企业——我在第5章中讲过这个概念——能够以高增量回报率对现金利润进行再投资，使公司的价值随着时间的推移而不断累积。

我在逐步分析这些基本要素的时候，希望它们在公司的商业计划中便于查找且可以量化。

5. 与竞争对手相比，这家公司目前的定位如何？

让我们看看这家公司的竞争环境。都有哪些竞争对手，他们在做什么？将你正在评估的目标公司与其同行从不同维度进行比较。

- **目标市场**。目前市场是如何划分的，每个细分市场中都有哪些公司在经营？谁抓住了最有吸引力和最赚钱的客户群？公司目前的客户是其产品的最佳客户吗（Osterwalder 和 Pigneur，2010）？

- **收入模式**。公司的竞争对手在创收方法上有什么不同？例如，一些公司可能预先销售他们的产品，还有一些公司可能采用订阅的方式，遵循"打印机和墨盒"模式，根据许可证或特许经营协议经营。是否有哪家公司在产生网络效应或对其客户群施加显著的转换成本方面特别成功？

- **价值主张**。再次思考客户想要购买什么，是什么促使他们作出购买的决定：是价格、特定的产品功能、客户体验、品牌还是专有技术？在你的竞争范围内，谁在提供最便宜的产品或服务？谁在收取溢价？比较一下你的目标公司和其他竞争对手的价值主张。

- **业务系统和供应链**。深入研究每个主要竞争对手的价值链，了解他们在开发和创新、采购、制造、营销、分销和客户支持方面的做法。你是否注意到任何不寻常的动力节点，如专有的流程、独特的分销途径、专利技术、规模带来的显著成本优势、秘密配方、特殊成分或原材料（de Kuijper，2009）？留意你的观察，因为上述任何竞争优势都可以作为有害的——甚至可能是致命的——竞争武器来对付你的目标公司。

- **成本结构和利润**。在同一竞争领域，公司之间的利润率如何比较？哪些活动是整合的，哪些通常是外包的？什么样的营运利润率被认为是一流的业绩？与竞争对手相比，你的目标公司目前创造的利润如何？盈利潜力如何？谁在创造有吸引力的回报，谁在容忍亏损，他们的财务口袋有多深？

- **战略目标**。到目前为止，你已经收集了很多信息，应该对行业现状和你的目标公司目前在同行中的定位有了充分的了解。然而，你还需要花一些时间来研究和思考未来可能发生的事情——特别是在你的投资期限内。你能读懂你的目标公司的主要竞争对手的战略计划吗？由于战略性变革需要资金，公司必须告知投资者他们的计划。通过阅读相关的新闻稿件和战略公告，或者研究每个主要竞争对手的资本支出计划，你应该能够找到一些这方面的信息。谁准备主导市场，谁又打算安守自己的领域？谁的目标是成为最可靠、最低价、最灵活的运营商？谁在投资品牌建设？谁在从事可能促进未来网络效应或对其客户群施加转换成本的活动？谁在计划进行重要的行业颠覆？哪些竞争策略会损害你的目标公司？鉴于你所了解的竞争情况，你的目标公司可以在哪些激烈的竞争中获胜（Christensen 和 Raynor，2003）？除了市场上已有的直接竞争对手之外，还要注意在你的投资期限内可能扰乱当前平衡的其他力量，比如新入行的公司、替代产品以及突然出现的颠覆者。

6. 这家公司现在哪些方面做得好，哪些方面做得不好？

既然你正在为潜在的私募股权交易对目标公司进行评估，那么它很有可能还没有完全发挥自己的潜力。因此，这家公司可能不仅有一些有吸引力的特点，还有不少的缺点。我依赖于 Osterwalder 和 Pigneur（2010）的商业模式评估工具来评估这些缺点。但是，为了适应私募股权的思维方式和交易过程，我对其进行了大幅度的修改。

- **客户**。公司的客户是否认可其品牌并接受其战略叙事？当前的价值主张是否符合客户的需求？公司是否为合适的客户群体服务，是否对市场进行了适当的细分？公司在净推荐值（NPS）指标方面表现如何？按照客户类型和地域划分，客户群是集中的还是多元化的？客户是否普遍具有黏性，还是经常流失？是否有机会进行交叉销售，满足同一客户群的更多需求？无利可图的客户占比有多大？对现有客户销售的可预测性如何？公司在获取新客户方面总体上是否成功？平均获客成本是多少？在整个行业中对比情况如何，与客户的平均终身价值相比如何？该公司的客户关系是否良好？

- **产品**。公司是否有适合其客户并符合其市场定位的产品类别？产品面向的市场是否相对饱和？与同类竞争产品相比，公司产品的质量如何？所有的产品系列都有吸引力吗？各个产品系列之间是否有协同作用？公司是否过度依赖单一产品？是否有客户可能愿意为之付费的额外的产品功能或附加服务？公司是否注重产品创新？它最近推出的新产品有多成功？

- **价格**。公司如何制定价格？目前的定价机制是否充分捕捉到了客户的支付意愿？公司是否有定价权？在公司最近的历史中，是否有过在通货膨胀或超过通货膨胀的水平下成功提价的记录？公司主要产品的平均销售价格的可预测性如何？

- **成本**。公司的成本结构是否与其商业模式一致？公司的经营杠杆高吗？公司是否从规模经济中受益？是什么在影响公司的主要成本因素：原材料、劳动力、营销还是分销？公司是否需要投入稀缺资源，比如独特的材料或高度专业化的劳动力技能？公司的主要成本项目通常是否可以预测？与同类最佳企业和行业平均水平相比，该企业的成本效率如何？

- **资本、实物和人力资源**。公司过去是否进行过重大的投资？它是否有适当的固定资产基础，或者是否需要为其制造、仓储或分销活动购买更多的设备或培养额外的能力？公司是否能充分预测其资源需求？是否所有的实物资产都得到了充分利用？公司是否有足够的人力资源、人才和技能来执行其战略？

- **运营**。公司是否对其供应链进行了良好的管理，是否有可证明的能力持续地做到供需匹配？它的业务是否可以扩展？它是否曾经采取过一些措施成功提高了生产力？该公司是否探索过外包协议或战略合作伙伴关系来提高运营效率？所有的高接触点都是全自动的吗？公司的信息技术基础设施是最新的吗？与一流的竞争对手相比，公司的运营是否得到了充分的优化？公司的总经理是否履行了高质量的运营执行职责？

7. 这家公司的历史表现如何？

罗马最伟大的哲学家之一 Seneca 写道："生命分为三个部分：过去、现在和未来。其中，现在是稍纵即逝的，未来是悬而未定的，只有过去是确定无疑的。"（Seneca，2004）这话同样适用于每家公司的财务状况。虽然投资者不应该把公司过去的表现作为未来的指南，但至少过去的事情是确定的，代表了公司已经"收入囊中"的财务业绩。所有的历史数据都同样可靠吗？不一定。如果数据经过审计，这是一个加分项。然而，公司管理层总有可能会采用一些激进的会计手段，比如耍花样操纵利润，甚至是赤裸裸的欺诈。尽管如此，我们现在还是假设公司过往的财务状况是真实的，把所有的担忧都留待交易的财务尽职调查阶段去考虑。

第一步是确定该公司所在行业的相关经营指标。例如，你需要知道基于订阅模式的消费类公司关注每用户平均收入（"ARPU"），酒店关注入住率和每日平均房价（"ADR"），医院关注住院天数、床位利用率和每次治疗的平均成本，而保险公司则关注赔付率、费用率和综合比率。确定正确的行业术语和运营指标的最快方法是研究适当的公开可比公司，注意卖方分析师是如何将收入和成本分解为相关的组成部分和运营指标的。

第二步是计算和分析历史收入增长、利润率、盈利能力和资本效率比率、投资回报率和现金转换率。在多数股权交易中，我只花很少的时间来研究公司目前的杠杆率。我一般比较想知道这家公司以目前的资本结构承担了多少风险，及其资产负债表上的主要债务工具的期限和货币是否存在令人担忧的错配问题。由于在私募股权交易完成后，该公司的所有债务都进行再融资，所以我不会花太多时间去研究基于旧资本结构的资产流动性和偿债能力比率。我需要看到的是，在我的交易完成之前，该公司能够支付账单并维持运营。我通常也会考虑再融资的成本和提前赎回的费用，这些费用与到期之前清偿公司的债务工具有关。如果我碰巧参与了一项少数股权交易，那么——很可能——我会接受现有的资本结构，因为我的基金的投资不会对公司的资产负债表进行全面再融资。在这种情况下，需要投入大量的工作来剖析目前资产负债表上的金融债务，了解契约和主要债务条款以及计算资产流动性和偿债能力比率。

下面是一个例子，说明我如何组织历史财务状况分析。我假设你已经知道如何计算主要的财务比率：如果你需要复习，我推荐你看看 Higgins（2009）和 Walsh（2008）撰写的财务分析书籍。⊖

- **收入**。这家公司的收入是稳定的、增长的、周期性的或者甚至可能是逆周期性的？它是否遵循某种可预测的模式？总收入的增长并不能提供多少有用的信息，因此，有必要将有机增长与收购或出售的影响区分开来。如果将收入按地域、客户类型、产品或业务线划分，增长指标看起来如何？每

⊖ 请参阅第 7 章参考文献，以获取完整的出版信息。

条业务线的增长是由定价还是销量驱动的？在过去的几年中，公司是否成功将通货膨胀转嫁给了客户，还是产品价格实际同比下降了？如果我能够访问客户数据，还会计算一下经常性销售的百分比、客户流失率和留存率，这很有用。

如果该公司的收入增长特别强劲，我可能会开始担心，并非所有的增长都是盈利的。我问自己，该公司目前的战略在未来是否真的能获得可持续的资金支持。过度增长会耗尽财务资源，所以在某种情况下，公司将只能通过增加杠杆或发行新股来筹集资金。此外，过快增长的收入和萎缩的利润可能会向我透露一个信息，即该公司已经放弃了定期提价，转而追求销量和市场份额。

- **成本**。我首先会关注固定成本和可变成本的比例，因为较高的经营杠杆使预测公司的最终利润变得更加困难。高经营杠杆，再加上需求的周期性，将使某些行业——如航空业——几乎无法被私募股权投资者所触及。此外，高经营杠杆通常和大量的资本支出需求以及高额库存现金支出密切相关——我们将在后面讨论这两点。最基本的成本分析会划分出成本类别并以销售额的百分比表示出来，这样我就可以把它们与行业平均水平相比较，查看同比趋势，还能判断通货膨胀对成本基数的影响。诸如研发和营销等可自由支配的成本是持续出现的，还是为了人为地平滑收益而突然出现的？另外，有时财务数据中会包含一些一次性的特殊项目，如果我承认这些项目确实是少见的一次性项目，就需要将其从分析中排除，而如果我怀疑它们实际上是经常性项目，就需要重新标记并计入成本基数。将公司的成本结构与竞争对手的成本结构进行比较，通常会使我对潜在的成本优化产生一些富有成效的想法，例如利用外包机会或采取一些成本削减措施。
- **利润率**。对于私募股权专业人士来说，最重要的盈利能力指标是毛利率和EBITDA 利润率。净利润率的重要性要小得多，因为它受到公司资本结构的影响。因此，在一家杠杆率不断变化的企业中，很难对净利润率进行同比分析，而这正是大多数私募股权交易的特点。在各个类似的企业中衡量净利润率也比较困难，因为只有花时间把每个企业的资本结构调整为相同的结构时，这种分析才有意义。因此，净利润率通常被私募股权专业人士完全忽略了。我们计算了这个指标，但很快就将其置诸脑后，因为——除了资本结构之外——这个指标还受到特殊成本和许多其他会计决策的影响，而这些因素在同一领域经营的公司之间可能都根本无法进行比较。

另一方面，毛利率可以提供一些有价值的信息。事实上，如果毛利率持续偏低，一些私募股权专业人士可能会在当时就放弃这笔交易，因为该公司很有可能很快就会陷入全面亏损的境地。如果把毛利率按产品线细分，投资者立刻就能看出哪些业务线是利润丰厚的，哪些产品充其量是边际产品，也许将来应该停产。EBITDA 利润率是私募股权投资者最好的朋友，特别是当它有增长空间的时候。私募股权专业人士最常将买入和退出估值视为 EBITDA 的倍数并且在交易的监测阶段每月检查 EBITDA。由于 EBITDA 是在考虑了核心成本后计算出来的，它是企业整体盈利能力的可靠指标。

当我审查一家企业的毛利率和 EBITDA 时，我希望了解这些指标在整个商业周期中的同比表现如何，它们与竞争对手的指标相比如何，以及是否存在一次性的影响——例如成本对冲——可能会暂时提高利润率。我发现，量化哪些业务线在 EBITDA 层面上最有利可图，以及产品组合或定价结构的潜在变化如何能够改善未来的 EBITDA 利润率是非常有用的。正如你所知道的，私募股权投资者希望能够确定一个可持续增长的利润率水平，尤其关注在销售快速增长的情况下利润率明显收缩的情况，因为在这种情况下，这种增长很可能会破坏价值。

- **营运资本**。公司在这方面的业绩可以通过很多比率来分析，例如营运资本天数、股票周转率、平均应收账款周期、现金转换周期等。许多财务分析书籍，如 Walsh（2008）的著作，都专门用几个章节的篇幅来计算和解释营运资本指标。哪些比率是最有用的？我个人认为所有比率都很有用！我自己的做法是尽可能多地使用不同的营运资本指标，原因在于：首先，营运资本是衡量公司短期流动性的重要指标；如果公司不能向供应商支付当前的债务，后果可能很严重，轻则导致业务暂时中断，重则导致公司全面破产。因此，尽可能多地使用不同比率是一个很好的方法，可以充分了解现金如何进出公司的收银台以及库存如何进出公司的仓库。其次，我的过往经验使我相信，管理团队需要有意识地努力优化营运资本。因此，除非营运资本之前已经得到了充分的优化，否则你很有可能在对历史营运资本比率进行详细和彻底的分析后，发现一些潜在的、可行的上升空间。管理层从营运资本中释放出的每一分钱都将改善公司的现金流。

　　在营运资本分析中，我到底需要了解什么？我首先会评估一家企业将库存转化为现金的速度。此外，我很想知道营运资本是消耗了公司的现金，还是说——如果企业预先从客户那里收取货款，并在很久之后才向供应商付款——营运资本实际上是公司现金的来源。投资者通常喜欢营运资本为负的企业，因为这些企业从客户和供应商那里获得了廉价的融资。只要公司的收入持续增长，情况就是如此：如果客户需求突然下降，情况发生逆转，那么公司可能会面临流动性缺口，将不得不直接用现金余额给供应商支付费用。

　　如果营运资本不足，公司将无法把握商业机会，而且可能要承受不小的压力，甚至到了无法支付某些账单的程度。另一方面，如果企业坐拥闲置资金，而这些资金又没能有效地用于为公司创造收益，那么过多的营运资本可能会降低公司的盈利能力。类似的逻辑也适用于资产负债表上的库存水平：如果库存较少，公司可能无法及时完成客户订单；而如果库存过多，公司则必须为多余的库存提供资金，不仅要承担安全储存的成本，还要承担可能的库存恶化风险。

　　换句话说，无论从哪方面看，营运资本安排往往有改进的余地，直到管理层能够取得微妙的平衡为止。如何知道改进的目标呢？你可以先分析一下一段时间内的营运资本趋势，同时考虑行业平均水平。Higgins（2009）对此提出了一个有趣的看法，他认为行业平均水平可能并不总是那么有帮助，因为有时整个行业都不知道自己在做什么。因此，在其他领域寻找最佳实践也是有意义的。例如，在 20 世纪 90 年代初，戴尔公司（Dell）完全违背了计算机行业广泛采用的惯例，决定在其资产负债表上完全不保留成品库存，而是根据具体的客户订单来生产所有个人计算机设备。戴尔没有考虑直接竞争对手，而是关注了服装或家具这类与之无关的定制产品行业的做法。然而，戴尔明智地决定不以过多的选择来迷惑消费者，而是促使他们在两三个关键方面的几个选项中进行选择，这样公司就能真正实现快速周转。

- **现金转换和回报**。由于我已经充分了解了这家公司的收入和营运资本的流动情况，现在是考察它过往的资本支出的好时机，这样我就可以对企业过往的现金产生情况有一个全面的了解。首先，该公司的资本需求是否符合其行业特点？这些年来，该公司是否定期维护和更换其固定资产？这一分析至关重要，因为大多数私募股权基金的投资目标往往在资产基础的某些方面投入不足。可惜的是，一些现金紧张的公司可能会选择推迟维护性资本支出，有时年年如此，这就导致它们贵重的财产或设备可能在不久的将来不得不进行昂贵的维修或彻底更换。

除了维护性资本支出，该公司过往有没有其他资本支出项目以及收购、出售和其他扩张项目？对于具体的资本计划，需要多久能收回投资成本，实现盈亏平衡？投入的现金资本获得了怎样的现金回报？是否能从过往的扩张性资本支出项目中了解管理团队的财务制度？在以往的并购交易中，公司是否实现了在削减成本、增加市场份额或扩张地域方面的战略理念？这些交易是否以有吸引力的独立估值进行？每笔交易的资本回报率是多少？

该公司现金流的整体可预测性如何？产生现金的主要来源是什么（理想情况下，大部分现金应该来自收益，而不是来自压缩营运资本或减少过往的资本支出）？

最后，该公司是否有足够的固定资产基础来支撑其未来的发展？其主要资产，如土地和房产，最后一次估值是什么时候？通过计算资产利用率以及关键资产和资本回报指标来考虑潜在的上升空间，以便能够将该公司与行业平均水平进行比较。怎样才能更有效地利用公司的资金？

- **财务尽职调查的危险信号。** 在这一环节，我将列出公司历史财务信息中的那些我认为反常的地方，希望专业会计顾问在财务尽职调查中关注这些问题。例如，如果我发现有一部分销售给了关联方或者怀疑部分收入在销售发生之前已经入账，那么是否说明公司过往的收入被人为操纵了？从税收和福利的角度来看，该公司是否向员工支付了合理的工资并进行了适当的分类？是否存在或有债务、不明确的准备金估算、可疑的销账、复杂的租赁安排、现有的社会责任、养老金赤字或未足额支付公司税等问题？公司采用的会计政策最近有什么变化？在分析过程中是否遇到了太多特殊项目，可能需要在会计尽职调查中进行核实？一些会计决策会不会被认为过于激进，比如选择将一些费用资本化（特别是软件开发或 IT 领域的客户获取成本或许可证支出），这可能会夸大公司的 EBITDA？不幸的是，我在本节中提到的这些潜在问题并不罕见，我在自己的交易中几乎全都遇到过。

8. 我在建立一个什么样的五年规划作为投资的基础方案？在我的投资期限内，价值创造的主要来源是什么？

建立一个投资基础方案不是一项艰巨的任务。现在我已经有了管理层的预测以及上述 1~7 点商业计划框架的详细分析，所以我有足够的信息可以开始这项工作。

让我们从一些非常简单的事情开始，假设我的预测期是 5 年。我的交易团队在我们自己的交易中通常就是这样预测的——显然，与私募股权行业的其他公司一样，在 Gompers 等人（2016）调查的 79 家私募股权基金中，有 96% 的基金将其基本投资方案的期限定为 5 年并且认为使用标准期限可以让投资者平等地比较不同的交易。然后，让我们考虑在预测期内，在相关的宏观假设方面可能会发生什么（框架的第 2 点）。此外，我们目前处于周期的什么位置，是否应该建立明确的周期性模型？是否有理由相信存在某些结构性因素可能会使周期更加明显（框架的第 3 点），比如迫在眉睫的产能过剩或消费支出减少？

接下来，让我们关注目标公司一旦被私募股权收购后的战略考虑。我希望确保该公司坚持自己的核心，继续解决特定的客户需求并提出令人信服的价值主张（框架的第 1 点）。然而，它可能需要提高自己战略定位，比如通过关注利润更高的目标市场或改进其收入模式等方式。我们已经在框架的第 5 点中调查过了，该公司将在竞争激烈的环境中运营，因此，我应该能将重点缩小到大约三个关键战略目标，来帮我精心制定一个战略叙事。我的目标是确保公司保持并捍卫自身的竞争优势，同时改善一些可以调整的弱点——我们在框架的第 6 点确定了这些弱点是什么。最后，公司将在私募股权所有权下制定财务政策，并努力在成本基础、运营效率和资本配置方面提高效率。这一战略视角是否与管理计划中所列的相匹配？可能不完全匹配。我很可能会看到，管理团队正乐观地计划在同一时期内实现 7～10 项战略举措。我需要与管理层商定哪些关键活动将作为优先事项进行，并在我的基本方案中只适当地反映这些活动。假如管理团队是正确的，而我是错误的，其余的活动则视为潜在的上升空间。

我需要改变管理层预测中的哪些数字？除了删除我们刚刚讨论过的大量影响深远且不太可能的举措之外，我还需要逐条审查商业计划，删除对宏观经济趋势过度乐观的假设以及有关价格、数量和成本的具体假设。此外，我还需要收紧任何影响现金产生的预测，以确保它们不仅代表现实，还能鼓励公司采用已知最好的、谨慎的现金管理方法。接下来，我需要考虑如何将这些预测与公司过往能够达到的目标进行比较，这样——在本章多次批评"曲棍球棍"商业计划预测图后——我自己就不会再有这样的计划了！根据 Gompers 等人（2016）的研究，有 44 家基金报告称，在一个典型的私募股权投资案例中，他们对管理层预测的 EBITDA 收紧了大约 20%。在我看来，这似乎是一个合理的估计。然而，我并没有明确地解决这个问题——我只是在勤奋地逐行阅读商业计划书时，把这个指标牢记在心里。

　　在预计的投资期限内，这家公司创造价值的主要来源是什么？乍看之下，每个私募股权目标都面临着一系列独特的挑战，因此可以通过各种方式提升运营效率和实现利润增长。然而，我在私募股权领域工作的时间越长，就越确信，在私募股权所有权下，潜在的价值创造来源是完全可以预测的，而且最重要的是，这些来源是有限的。事实上，它们可以被归结为一个清单。当我把每一笔交易与我的《最常见的价值创造驱动因素总清单》进行交叉核对时，通常可以清楚地了解在我的投资基础方案中可能会包含哪些相关的假设。我对价值创造的思考顺序如下：①实现运营和财务效率；②优化现有的客户主张；③通过新产品、新市场或新地域追求利润增长。我努力在商业计划中假设相关活动大致按照相同的顺序进行：首先关注低处的果实①和②，然后瞄准高处③。我们来看看这个总清单吧，内容如下。

最常见的价值创造驱动因素总清单

#1. 实现运营和财务效率。以下是对公司的最终利润和现金产生有直接积极影响的增值活动清单：

　　a. 改善治理和报告：在股东、管理层和董事会之间建立一个透明的决策过程。通过定期举行正式的董事会和制定正式的报告程序，引入强有力的治理纪律，确保所有需要的财务报表都符合行业最佳做法并及时地进行编制和审计；

　　b. 通过激励措施促进管理层的责任感：通过分配明确的责任，提拔高潜力的员工，吸引新鲜人才并引入奖励成功的激励措施，赋予高层和中层管理人员权力。为关键的管理角色建立管理继任机制，识别表现不佳者并在必要时自信地在重要职位上进行管理改革；

　　c. 降低运营的复杂性：评估核心业务和生产流程，分析现有的惯例并在必要时重新设计业务流程，以实现行业最佳实践；

d. 优化总部和中央职能：挑战经营管理成本的现状，消除冗余的流程，尽可能减少中央成本；

e. 削减运营成本：审查、逆向分析和质疑供应链上的所有成本——从开发和采购一直到分销渠道和客户支持——并通过自动化、运用信息技术、重新谈判关键合同、建立伙伴关系、外包或——若砍掉中间商更合理的话——整合外包流程，以合理调整成本基础；

f. 减少浪费和促进可持续的工作实践：重新设定公司的运营或生产流程，通过改善员工的安全和福利，提高资源效率以及减少浪费和对环境的负面影响，使公司能够在环境、社会和治理领域实现最佳实践；

g. 营运资本效率：减少滞销的库存种类，改善对客户和供应商的付款条件，以优化营运资本周期；

h. 资产处置：探索为固定资产筹资的其他办法（例如，通过售后回租或设备融资）并处置未充分利用的资本资产，如土地、房产、设备或生产设施；

i. 削减低效的资本支出：对所有资本支出项目实行明确的最低预期回报率并削减所有"最好具备"的支出；

j. 注重现金创造：通过定期测量和报告以现金利润为重点的关键绩效指标，强调慎重的现金管理和现金利润最大化的重要性。

#2. 优化现有的客户价值主张。以下活动的主要目标是专注于公司的核心竞争力，以最大限度地提高现有产品组合的可持续性和盈利能力。

a. 提高市场对产品的认知度：加强品牌的识别性，关注现有客户报价的清晰度；

b. 优化收入：评估现有的定价机制，考查目前的产品组合，基于价格与数量优化收入模式，以确定盈利增长的方法。分析销售驱动因素，通过更好的销售规划、销售激励、忠诚计划、附加服务或产品捆绑等手段来提高平均交易价格。通过增强现有产品的功能来抬高价格，并引入差别定价的策略；

c. 通过更好的服务减少客户流失：通过及时研究客户需求，用更好的产品和品牌知识、更快的"上市速度"、方便和优质的售后支持为客户赋能，以此改善客户的体验。了解客户流失的原因，找到留住客户的方法。降低客户集中度，使现有产品组合的收入来源多样化；

d. 取消与产品有关的不经济的活动：检验销售团队的效率和生产力，并在需要时进行改变。量化营销活动所取得的投资回报率，砍掉所有无效的开支。削减目前的产品组合中不盈利的产品系列，关闭亏损地区的业务并出售公司的非核心部门。

#3. 追求盈利增长。一旦公司的业务和现有的产品供应得到优化，公司自然要寻求额外的增长点以实现营利性扩张。这些增长活动包括以下内容：

a. 拓展目标市场：评估市场机会，将现有的产品扩展到其他目标客户群或新的地区；

b. 引进新产品：测试并推出新产品、新服务、新地点或新形式——但是，要通过试销和详细的销售分析以及投资回报率分析来继续完善产品。投资可以快速推出并获得成功的想法，同时不要冒险扩展核心能力以外的领域；

c. 通过收购实现增长：在考虑执行和整合风险的同时，以盈利的附加业务和增值型并购为目标。迅速停止任何未能成功和现金回报不佳的增长计划。

除了上述总清单上的内容外，我想不出私募股权交易中还有哪些创造价值的来源。每当我处理一项交易时，都会详细地回顾这份清单，以确保我的交易团队的投资方案能够体现那些可能与所审查的交易有关的盈利增长和业务改进方面的关键领域。然而，计划起来容易做起来难，任何私募股权交易都不应该假定所有可能创造价值的手段，这是不言而喻的。因此，我会根据5年投资期限内可能达到的一些切合实际的目标，从上面的清单中进行选择。

具体来说，我认为在私募股权所有权下的前6~18个月内，每一个投资基本方案都应该明确地假设所有旨在实现高标准的运营和财务效率的活动。此外，在最初的24个月内，公司应该从实际出发，专注于解决当前客户主张中的两个或三个可改善的弱点，最好是以优化收入模式和消除客户损失为目标。收入增长是迄今为止私募股权交易中最重要的价值创造来源：根据 Gompers 等人（2016）的调查，有 74 家基金报告称，在他们近 70% 的交易中，收入增长是主要的价值驱动因素。最后，我个人倾向于让公司通过拓展新市场或寻求附加型并购来大展宏图，这通常发生在大多数商业计划中的第三年伊始。到那时，公司应该已经明确了战略重点，优化了产品组合，停止了现金流失并采用了以现金利润为中心的思维模式——所有这些都会降低雄心勃勃的增长计划导致代价高昂的错误的可能性。

因此，需要对宏观经济环境作出更现实的假设，理解和模拟经济周期，将投资期限内的战略计划减少到切合实际的数量并且量化选定的价值创造活动所带来的收益，才能制订一个合理的管理计划，从而形成以五年为期限的投资方案预测。在我看来，如果交易团队认为一个投资基础方案有 60% ~ 70% 的概率实现，那么这个方案就可以视为是可靠的。管理计划中的所有其他假设——如果它们能够实现的话——都是潜在的有利因素。

9. 会有什么风险？我的下行投资方案是什么？

著名的不良资产投资者、橡树资本（Oaktree Capital）的创始人 Howard Marks 在他的书中对投资风险作出了一个恰当的评论："投资只关乎一件事：应对未来。由于我们无法确切地预知未来，所以风险是不可避免的。因此，处理风险是……投资的……基本要素。"（Marks，2011）我们如何能确切地知道私募股权投资中的风险呢？好吧，我们无法知道——至少无法准确地知道。在 Marks 看来，预期风险是"主观的、隐蔽的和无法量化的"。尽管这听起来很令人沮丧，并没有带来什么安慰，但投资者还是可以采取一些措施，以便在评估投资时识别风险、模拟风险并有可能控制某些风险。

第一步是要记住——除非你投资的是一个塞满现金的罐子——风险总是存在的，投资者实际上是通过承担各种投资结果的分布而获得回报的。在私募股权投资中，投资者选择聘请最好的经理人，他们——在面临商业挑战或低迷的宏观经济环境时——可能会使投资成功的概率变大。第二步是要了解企业过往经历过的关键风险领域。虽然历史可能不会完全重复，但交易团队肯定能从中了解到不利事件曾经对公司收入和最终利润造成的影响。第三步是从头到尾审查商业计划中的所有假设，并通过敏感性分析对它们进行仔细研究。

我个人是通过评估每次改变一个关键假设所产生的影响大小来开始我的下行分析的。在我的基金投资期限内，如果宏观经济环境变得更加糟糕怎么办？如果该公司无法改变其定价模式怎么办？如果计划的收入增长比预期要缓慢得多或者如果收入完全没有增长怎么办？如果利润率没有提高，保持在历史水平或下降怎么办？如果公司投资无法产生令人满意的回报怎么办？你可能明白了，我的目的是通过系统地测试每个关键假设来产生一系列可能出现的结果。我努力做到实事求是，弄清楚什么是可能发生的，什么是高概率或中等概率的风险。我不会花太多时间去关注低概率事件，比如公司的所有设施被烧毁。在我看来，基本敏感性分析的唯一目标是了解那些对预测影响最大的假设。

我把下行方案视为一种概率为 10% ~ 15% 的投资结果，并对基本投资方案中的几个关键假设采取惩罚性的观点。大体上，我选择将 4 ~ 5 个敏感因素结合到一个场景中，以评估该公司在 5 年内的表现。然而，我需要记住，各种假设是相互关联的，可能产生互相制约的影响：对经济或周期的更负面的预测将影响公司的营收，销售放缓将减少现金产生并增加营运资本需求——所有这些可能反过来限制计划的资本支出项目的财务资源。而如果公司不投资，它可能无法按计划增长——诸如此类。

另一方面，我可能也会找到一些可能有效的风险缓解措施：例如，如果资本支出没有回报，企业可以停止未来的扩张支出，等待更好的时机，而不是年复一年地破坏价值。类似的还有，公司可以选择取消昂贵的产品发布会，削减更多的固定成本或暂时减少可自由支配的支出。在我看来，如果一个下行投资方案描述了一个看似消极的经济情景，给企业带来了经营上的挑战并且提出了一套连贯的商业计划假设，在公司面临不利但并非灾难性的[⊖]情况时

⊖　在我看来，模拟灾难性的情况没有什么意义，因为答案很明确：这项投资将导致亏损。如果该企业以前反复经历这样的情况，那就考虑放弃这笔交易。

可能真实地描述了公司的现实情况，那么这个方案就是全面的。

10. 我的投资方案是否合理?

作为商业计划分析框架的最后一步，应该慎重检查以上形成的投资基本方案和下行方案是否真的有意义。已经投入了这么多努力，如果方案没有意义，那就太可惜了，对吧?

首先，我会进行一组相当直接的合理性检查。在投资方案的第五年，总体收入预测意味着多少市场份额? 在市场增长趋势和公司能力的背景下，这一市场份额预测的现实性如何? 假如市场份额有所增加，哪些竞争对手会被淘汰，他们会如何应对? 列入计划的所有管理举措是否在基本投资方案中都有相应的数字支持? 我对所有的成本和现金支出有多少信心? 如果我逐步分析投资方案中第五年的收入、成本结构和利润率预测情况，那么公司的运营比率和同比增长指标与如今一流的同行相比如何? 在目标公司的背景下，这种经营业绩是否合理? 以及，投资方案是否表现出了过度简化的情况，比如直线外推或乐观地相信"这一次会不同"?

其次，我将在管理团队之外寻找一位经验丰富的行业专家，对投资方案和下行方案中的预测提出意见。如果我的基金没有具备相关行业知识的运营合作伙伴，我可能不得不通过猎头公司或专家网络来寻找新的人选。从本质上讲，我需要一个在同行业有直接资深运营经验的人提供新的观点，他会诚实地评价财务预测，强调运营方面的挑战并且评判管理层和交易团队所做的假设。我会仔细记录行业专家提供的所有公正的意见，这些意见可能会引导我们进一步调整数字，使交易团队能够充满信心地确定投资基础方案和下行方案。

然后呢? 然后我们集体长舒一口气。工作完成了。当整个交易团队都信心满满地在可靠的预测基础上批准交易，自豪地在提交给投资委员会的备忘录上写下自己的名字时，这真是一种解脱!

第 8 章

价值评估

重点内容：

- 企业价值、整体价格和现金对价：为什么它们各不相同
- 为什么有经验的投资者使用有缺陷的估值方法仍能得到正确答案
- 我喜欢（也讨厌）使用的七个估值指标和六种估值方法
- 针对"难以估值"的公司的两种评估方法
- 估值完成：你愿意支付多少钱来赢得投资机会

随着不断地积累，关于估值的著作和在线资源已经汗牛充栋了。麦肯锡（McKinsey）最近为通过更新的方式评估公司价值这一话题贡献了近900页的内容（McKinsey，2020）。⊖可想而知，在这种情况下，想在估值方面写出一些独特的内容可并非易事。要想使这一章的内容尽可能对读者有价值，我应该讲些什么呢？也许我最好别再赘述那些已经被其他财经作家充分论述过的概念。相反，我将提供一些主观的，甚至在学术上并不完全准确但更加适合于私募股权项目的估值技巧。我将介绍一些我经常使用的估值指标和方法。最后，我将讨论我在公司估值到交易定价的过程中所运用的思维过程。

为了坚持我的目标，不浪费出版商的油墨去重复其他地方已经介绍过的资料，我需要假设你对金融和估值相关的话题已经有了一定的了解。若非如此，我建议你先读一下由纽约大学斯特恩商学院（Stern School of Business）的金融学教授 Aswath Damodaran 所撰写的估值方面的书籍，他的书非常通俗易懂。虽然很难从 Damodaran 的全部书目中选出最有用的一本，但我个人最喜欢的是他介绍确定资产价值的方法的书（Damodaran，2012）。其他有用的资源还包括投资银行从业者 Rosenbaum 和 Pearl 写的畅销书（2009）以及 Arzac 写的一本相当学术但非常受欢迎的书籍（2007）。⊜

并非所有人都天生地对私有资产估值的预期结果感到兴奋，本质上，估值经常是主观的且不精确的。Bruner（2004）指出，"实际上，你在估值中使用的每个数字都有问题，要么是因为过去的计算方法有缺陷，要么是因为对于未来没有把握"。Roberts（1992）也提出了他对私募股权交易中价值评估的

⊖ 想了解完整的引文，请参阅第 8 章参考文献。
⊜ 想了解完整的引文，请参阅第 8 章参考文献。

看法，"没有任何一个估值可以捕捉到公司的真正价值，然而，一家公司的价值源于你对其机会和风险的感知、融资方式、预期经营策略、分析时间的长短、在投入时间和金钱的情况下可用的替代方案以及潜在的收割方法"。虽然这话说得很好，但确实有些令人沮丧。

在学术圈和职业圈里一直存在着一种争论：估值是一门艺术还是一门科学？我们是应该使用人为估计还是量化工具？Fabozzi 等人（2018）发表了一篇论文，除了试图确定估值是一门艺术、科学还是手艺外，还将私募股权描述为一个棘手的金融领域，其中资产估值受到信息不对称、报价时机以及买卖双方的行为特征的影响。如果是这样的话，私募股权估值到底是一门艺术、一门科学还是一门手艺？我个人认为都不是。我认为估值是一种判断，最好是一种明智的判断。理想情况下，这种判断建立在对该公司详尽了解的基础上，并通过交易经验、行业知识、市场情绪和合理的逻辑来进一步校准。

有些企业比其他企业更难估值。如果一家公司具备盈利能力、现金生成能力、长期稳定的业绩记录、明确的战略和成功的管理团队，且没有财务违规行为，那么有很多工具可以帮助确定它的估值范围。遗憾的是，这种描述通常只适用于一小部分私募股权目标。大多数公司的情况要复杂得多，因此评估起来也更麻烦。具体而言，为什么某家公司一开始就被视为有吸引力的私募股权目标？很可能它正处在重大转型的边缘。它可能处于衰退或困境中；可能需要资产剥离和彻底的战略改革；或者——更乐观的情况是——它可能渴望获得新的投资来资助新的增长点。无论未来走向如何，所有这些假设下的历史数据都变得不那么重要了，所有驱动价值的关键参数都需要被重新评估。

价值、价格和现金

在参与私募股权交易的估值过程时，我个人会区分以下三个概念：①企业的价值；②解锁交易的整体价格；③投资者支付的现金对价。这三个概念虽然相关，但在同一笔私募股权交易中，有时会是三个完全不同的数字。

价值的来源多种多样，但归根结底，它是由企业的基本特征及其未来的前景所驱动的，这可以通过公司的收益增长和产生现金流的潜力来衡量。私募股权投资者可能会从以下几个方面来考察每一个投资目标：

1. 增长的价值；

2. 现有经营现金流的价值；

3. 现有资产基础的价值；

4. 竞争优势的价值（例如品牌、专利、客户转换成本、网络效应或规模经济）；

5. 经营改进潜力的价值，包括可能的协同效应；

6. 期权的价值，例如平台价值或有权使用独特的资产或接触某个人物；

7. 控制的价值和作出战略、经营和财务决策的能力。

有些人喜欢提出另一个衡量标准：公司的内在价值。虽然这是一个简洁的理论结构，但内在价值无法被可靠地评估，而且是完全无法观察到的。因为卖方、我和我的投资委员会都不了解它，所以似乎没有什么可讨论的。坦率地说，我选择完全不考虑私募股权中的内在价值这一概念。

交易的价格是有意愿的买方和卖方之间商定的一个整体数字。虽然从方向上看，它相当于投资目标的估值，但也受到买卖双方的具体动机、市场情绪、行业前景、交易相关人员的谈判技巧以及双方是否有其他选择等因素的影响。此外，相对于基础业务的价值，这一价格可能存在折让或溢价：例如，在行业中占主导地位的公司，由于拥有更多的市场份额和更多样化的收入来源，其价格可能高于合理的价值；少数股权的流动性不足且治理权较小，可能会被折价出售以补偿投资者；在大多数情况下，通过上市公司私有化交易收购的公司会以高于市场价格的溢价出售股票，以鼓励公众股东出售股票。

反过来，整体价格可能根本不等同于最终将从投资者口袋中拿出的现金对价。实际支付的现金取决于买卖双方商定的购买对价的形式，可能包括现金、非现金等价物和购买价格的递延支付部分。此外，整体价格可能受到各种结构化机制的影响，如盈利能力支付机制和"棘轮"机制，这些机制实际上是将购买对价分成了在交易结束时支付的预付部分和在未来支付的基于业绩的部分，视具体达到的业绩目标而定。最后，交易的整体价格通常假设收购的企业没有现金、借款为零且拥有正常水平的营运资本。这种惯例要求投资者与卖方协商交割后的各种调整机制，这可能导致对整体价格的进一步修正，以达到投资者支付的最终对价水平。

所以这项发现非常有趣：一家企业的价值、你同意的整体价格以及你的基金最终可能支付的价格，是三个截然不同的数字！

估值指标

坏消息是，如果孤立地考虑，几乎所有的指标都可能具有误导性。好消息是，尽管这些指标有其局限性，但如果将其结合到某项具体的估值工作中，就可能会很有用。我经常使用哪些估值指标？在回答这个问题之前，让我解释一下我每次参与私人资产评估时为自己设定的目标。由于估值高度主观且不精确，我会设法对尽可能多的估值指标进行详细研究，我通常会同时关注异常值和平均值。进一步而言，由于市场情绪和时机对公司估值有显著的影响，我认为，如果可能的话，在一个完整的周期内进行任何倍数和其他指标的分析都是有意义的，这样可以评估当前市场是否"热门"，同时可以估计在我的投资期限内公司可能的估值轨迹。此外，每一个指标在所有可能的基础上——例如过往、将来、最近 12 个月（"LTM"）和周转率——进行计算时才具有最大的启示性，而不仅仅是基于从事交易的人在即将到来的报告周期内预期的单一数字。

此外，我所处理的财务信息应该尽可能经过仔细检查和"净化"，以呈现一种正常化的状态。我的目标是了解一家公司的持续经营收入和持续经营收益，所以财务报表中不应当包含非经常性的事项，如非经常性销售、非经常性损益、一次性费用和其他随机或非经常性项目。在交易之前检查卖方是否有潜在的操纵行为，试图使公司看起来对潜在的买家更有吸引力，也是一种很好的做法。如果我看到在最近报告期内维护支出或修理支出急剧下降，或者某些可自由支配的成本——如研发或营销——缩减或突然完全取消，那么这些数据很有可能需要先调整到正常水平，然后才能进行连贯的分析。

在估值倍数和指标方面，我会考虑以下 7 个方面。

- EV/Sales（**企业价值/销售额**）。对于一家尚未实现可持续盈利的公司来说，这是一个很有帮助的计算指标，因为它要么正在快速增长，要么（不太幸运地）正在经历转变。对于那些以销售额的百分比表示的成本结构可能发生变化或不稳定的公司，例如周期性企业、初创企业或经营杠杆很低或过高的公司，销售倍数也具有一定的参考价值。在所有这些情况下，收益很可能是负的或不可靠的。由于 EV/Sales 是一个营收指标，与其他倍数相比，受会计政策的影响较小（尽管仍有可能存在操纵，特别是对那些以长期销售合同为特色的商业模式）。EV/Sales 倍数有一些限制，它既认可盈利的销售，也认可不盈利的销售，但是这忽略了一个事实，即并非所有的销售都能转化为自由现金流。实际上，它可能迫使买方为收入增长支付过高的价格，尤其是那些不惜一切代价追求市场份额的公司。最后，EV/Sales 倍数实际上并不适用于进行任何跨行业的基准评估，特别是那些资本需求、利润率和增长预期存在巨大差异的行业。

- EV/EBITDA（**企业价值/息税折旧摊销前利润**）。这个倍数是私募股权的行业标准，所有参与交易的各方都把这个倍数作为进入和退出时的估值标准。如果在整个周期中进行检查并以相关同类公司和交易为基准，它的信息量尤其丰富。这个指标主要适用于那些在稳定和成熟的行业中经营的公司，在这些行业中，EBITDA 可以作为适当的收益衡量标准。在可比性分析中，EV/EBITDA 可以用分布图来表示，与 EBITDA 增长相对应。这可能是一种很好的方法，可以让人对具有特定成长性的目标公司可能会有的估值溢价留下印象。尽管 EV/EBITDA 是个流行的指标，但 EBITDA 不包括折旧，而折旧是一项真实的商业成本。此外，EBITDA 忽略了公司的再投资需求，因此它不是现金流的适当近似值（现金流需要包括企业正常运营所需的维护性资本支出和营运资本）。这里应该特别提到另一个相关的倍数：EV/EBITDAR（企业价值/息税折旧摊销及租金前利润）。对于那些租金支出是其经营必要组成部分的公司，如餐馆、赌场、超市和其他零售运营商，用这个倍数来估值可能更合适。

- EV/EBIT（**企业价值/息税前利润**）。EV/EBIT 与 EV/EBITDA 在本质上类似，更常用于评估具有大额固定资产和大量投资资本的公司。这个倍数与我们已经讨论过的 EV/EBITDA 有类似的限制；然而，还有一个更复杂的问题：这个倍数包含了公司选择折旧和摊销政策所产生的影响。

- EV/OpFCF（**企业价值/经营自由现金流**）。这可能是所有倍数中的"圣杯"，这一指标包含了自由现金流，这是衡量私募股权交易价值的最佳指标之一。该指标的计算包含了实际资本支出，使得这个倍数非常有效力，特别是在与上年同期数字相比的情况下，因为资本密集度可能会随着时间的推移而变化。这个倍数的一个可能的缺点是：对于有不同资本需求（例如，由于技术的偶然变化）的企业，它们的经营现金流可能会有很大的波动，这将使 EV/OpFCF 非常不稳定。然而，通过计算分母中的经营自由现金流的正常化水平，这个倍数总是可以变得更加有用。

- **行业基准**。通过行业比率的视角来评估一家公司的价格或其企业价值可能是一个聪明的方法。下面是一些例子：单方价格（对房地产企业）；每用户价格或每次点击的价格（对以互联网为基础的企业）；以及单位床位的价格（对养老院和医院）。实际上，所有行业都有自己专属的比率和基准：你可以通过查阅同一行业内任何一家上市公司的分析师研究报告来了解该行业所使用的比率和基准。

- P/BV（**股价/账面价值**）。在大多数交易中，我通常会忽略账面价值数据，除非企业所在行业的账面价值与公司资产的市场价值密切相关。对于正常运营的企业来说，其账面价值可能在很长一段时间内不会在财务报表中更新，这使得账面价值成了一个无关紧要的会计信息。对于一家几年来不断亏损的公司来说，P/BV 跌至负值是很正常的——股票市场上有很多这样的例子。然而，P/BV 绝对是评估金融类企业的关键指标，在评估银行、保险和消费金融公司时，这是大家的首选倍数，因为 P/BV 这一比率清楚地表达了买方将支付的资产价值的溢价。为了使分析更有参考价值，可以在分布图上检查目标公司及其同行的 P/BV 和股本回报率之间的关系，结果可能很有趣。你通常会看到，股本回报率越高的公司越会以 P/BV 为基础提出更高的报价。

- P/E（**股价/每股收益**）。大多数私募股权专业人士对 P/E 倍数持怀疑态度，甚至是不屑一顾。对此不屑一顾是有一定道理的，对于债务净额、折旧和摊销政策以及税收结构各不相同的公司，P/E 倍数很难进行比较。净收入，作为最终利润，受到各种会计决策和潜在操纵的影响。静态 P/E 倍数也无法提供收入增长、现金产生或公司投资回报率方面的信息。尽管存在以上种种问题，但我还是把 P/E 纳入了我的分析体系。首先，我对美国私募交易估值的看法，肯定会受到交易时相关股票市场指数（如标普 500 指数）的远期 P/E 倍数的影响。是 15 倍，还是 30 倍？其次，如果我研究一笔外国的交易，那么检查该地区公共市场的交易倍数绝对是有意义的。在一些特别低迷的时期，我曾看到某些市场上的交易倍数低至 4 倍远期 P/E。

这就是我喜欢 P/E 倍数的原因。这些信息是即时可用的，可以随时告诉我市场参与者的当前行为。当我研究某项交易在可比范围内的 P/E 倍数时，我可能会把所有倍数重新转化为相同的资本结构；然而我可能不会做任何调整去使折旧、摊销和税收正常化。不幸的是，如果我的比较包括在不同司法管辖区经营的、具有不同会计规则的公司，那么这种方法将是非常错误的——但这就是现实。总而言之，我不愿放弃 P/E 估值法，我相信它可以帮助我了解市场现状，并为我的估值画布提供另一种虽不完美却色彩斑斓的笔触。

价值评估方法

我们都很庆幸有很多可供选择的方法来对私募标的进行估值。我个人的准则相当简单：用尽所有可能的方法，包括那些可能有缺陷的方法——只要我明白其中潜在的限制。我能生成的数据点越多，估值工作就越容易，一段时间之后，我就能逐渐了解一个能够合理反映公司价值的估值范围。

一个好的起点是确定市场对类似公司和交易的定价。

- **公开上市的类似公司**。在理想的情况下，用于分析的公开上市公司范围应该由与投资目标相似且相关的公司组成。如果可能的话，最好在同一地域和同一行业内进行比较，这样可以尽量减少会计差异、不对等的资本要求和不同增长前景可能造成的影响。一旦确定了比较范围，有很多工作可以做。这种估值方法最明显的优势在于，通常可以为上市企业找到大量的公开数据。分析者可以通过逐步引入额外的复杂性层次来为分析增加有用的维度。

例如，我可能会在历史和远期的基础上，从计算静态倍数开始，比如我们上面讨论的 EV/Sales、EV/EBITDA、EV/OpFCF 和行业基准。然而，鉴于未来我的基金将持有估值对象 4~6 年，考虑最相关倍数在更长的时间范围内的周期性也是有意义的，比如 5 年、7 年甚至 10 年。这一分析将直接让我实现两个目标。首先，对于我的交易在历史价值背景下的买入估值倍数的合理性，我将能够形成一个明智的观点。其次，我可以校准我的投资在退出时可能获得的合理的倍数范围。这种说法可能是显而易见的，但我还是要说，如果你在繁荣时期投资了一家企业，并且支付了创纪录的高倍数，那么在退出时假定一个较低的倍数可能是比较明智的做法——毫无疑问，每一个深思熟虑的投资委员会都会要求你这么做。

对公开上市的类似公司的任何分析都可以在许多其他方面增加价值，我可以选择查看平均值和平均数，或者选择更深入地审查特定的异常值。实际上，把任何倍数与最相关的增长或收益指标显示在分布图上时，都能够揭示出更多的信息：EV/Sales 与销售增长相比；EV/EBITDA 与 EBITDA 增长相比；P/BV 与净资产收益率相比等。这种方法能够直观地显示所有类似公司的信息，帮助你确定预期估值溢价的高低。

- **交易倍数**。考虑到财务信息失效的速度之快，我个人会选择一个相当短的数据集，其中不超过 10 ~ 15 笔近期（比如最近 2 ~ 3 年）完成的类似交易。为什么我只考虑这么少的交易？就我个人而言，我不相信交易倍数的平均值和平均数，而是更喜欢单独考虑每一笔类似交易，以便评估它与我正在进行的投资的相关性。我必须承认，一般来说，我对于可比交易分析所得出的任何信息都持怀疑态度。让我花点时间来解释一下我的观点。在风险投资和会计领域，最近一笔交易中确定的收购价格被认为代表公司的公允价值。我并不同意这种说法。交易价格可能是公允价值的一个指标，但它也可能是赢者诅咒的结果，与公允价值关系不大。而且，对于充斥着傲慢的热门市场来说，更有可能是后者。因此，我需要非常清楚一个事实，即可比交易表展示的不过是近期的交易活动，可以作为市场当前状态的晴雨表。

有人决定为一家公司支付一定的倍数，并不一定意味着我也应该效仿，以同样的倍数去收购一家类似的公司。我怎么知道这个买家是否理性呢？2015 年，微软（Microsoft）冲销了其手机业务 96% 的价值，而这些业务是它前一年以 79 亿美元从诺基亚（Nokia）手中收购的；2011 年，惠普（HP）收购了 Autonomy 并在一年后冲销了这笔 88 亿美元的收购（Martin，2016）。不幸的是，私募股权领域也有大量的例子，比如对哈拉斯（Harrah's）和得克萨斯公用设施公司（TXU）的收购，这些看似巧妙的交易最终失败，导致其发起人蒙受巨大损失（Indap，2017；Levine，2014）。毫无疑问，所有这些交易都曾一度列在某人的可比交易表上。

　　鉴于我强烈的怀疑态度，你可能想知道我实际上是如何使用与类似交易相关的信息的，我除了翻白眼之外，有没有使用这些信息？是的，我确实使用了。我的方法很直接：努力仔细审查可比交易案例，只找出那些与我正在处理的交易特别类似的。

　　首先，我更关注财务投资者所支付的倍数。战略投资者为并购交易提供了较低的回报门槛（最常见的情况是，公司的财务和并购部门获得批准，可以执行任何产生超过其自身资金成本的回报的交易）。企业还可以从实际或感知的协同效应中获益，有时可以更容易地摆脱令人尴尬的冲销，就像上面微软和惠普的例子那样。

　　其次，我倾向于比较有类似管理措施可供投资者使用的交易。多数股权交易可能包括控股权溢价，而少数股权交易更可能产生折扣，以弥补流动性和管理权方面的不足。最后，我努力遵守在公开上市的类似公司那一小节中所讨论过的原则，并专注于那些与我的目标公司在同一地域和同一行业的交易。你可能已经猜到了，通过这种保守的方法，我可能从一个包含 10～15 个条目的可比交易表中最多只能找到 2 个或 3 个类似的交易。这对我来说是好事。我更愿意详细研究这 2～3 个最相关的交易，发现有价值的交易信息并生成可应用于我的交易的最具操作性的参照。

　　上述两种基于市场途径的估值方法使我掌握了第一手资料，了解当前的市场情绪可能会如何影响我对价值的评估。那么其他估值方法呢？

- **清算价值**。这不是最令人满意的估值方法，但是，它可以帮助我评估一家企业的最低价值。清算价值方法不向持续经营的公司提供信用贷款，而只看公司在资产被处理和债务被清偿后能实现的净额。这里有一个隐含的假设，即清算业务面临时间压力（因为破产可能迫在眉睫），所以这种分析通常假设资产处置发生得较快。在这种情况下，应收账款、存货和硬资产的账面价值可能会有相当大的折扣。

　　在有序清算中，一些资产可能具有很强的流动性且相对容易变现，例如装满粮食或其他通用商品的仓库，有吸引力的房地产或硬资产，例如飞机、轮船或卡车队。对于更复杂的资产——例如专门的生产设备——如果没有专业评估师的参与，可能无法确定其清算价值，专业评估师可以就类似清算中获得的典型回收价值提供指导。这种估值方法可能主要适用于目标公司处于困境或衰退的投资情况。对于常规投资来说，这种方法过于严格，因为没有人会去清算一家持续经营的企业。然而，通过使用这种方法，计算购买价格和清算价值之间的差异，我可以量化最大下跌的幅度。这个指标有时可以让人对高于平均风险水平的交易感到放心。

- **重置价值**。在我看来，只有在公司较近期获得了有形资产的交易中，考虑重置价值才是有意义的。这是一种估算公司可以获得多少信贷的方法，用于为建造有价值的东西而产生的重大投资资本支出。在其他情况下，我很难看到这种估值方法的优点。假设我正在评估一家发电企业，该企业恰好经营着一家建于 20 世纪 70 年代末的燃气发电厂，有谁能告诉我该如何考虑它的重置价值？当然，与其他现代化的发电厂相比，这家工厂效率低下，也不够先进——所以，我认为这种资产是不可重置的。然而，如果用重置价值这种方法来评估一家刚刚花费数百万美元采购最先进的垃圾处理设施的企业，或者一家最近将网络全面升级到最新技术标准的宽带供应商，则是有意义的。

看了这么多种估值方法，是不是有些昏昏欲睡？现在我来讲一些可能会引起争议的内容，让你振作起来。

- **DCF**（**贴现现金流**）。说实话，DCF 通常被大部分私募股权专业人士所忽视，不被视为一种可靠的估值工具。投资专业人士不喜欢这个事实，即最终价值往往占 DCF 方法得出的企业价值的大部分，而且某些数字的微小变化，如预期增长率或加权平均资本成本（"WACC"）假设，可能会在估值结果中产生相当大的差异。有些人被问及 DCF 的用处时，讽刺地感叹道："无用输入，无用输出。"也许私募股权投资专业人士的这种看法解释了为什么在 Gompers 等人（2016）调查的 79 家私募股权基金中，只有不到 20% 的基金承认使用某种形式的 DCF 法来评估投资价值。

在这一点上，我坚定地站在少数派的一边。实际上，我相信 DCF——如果使用得当——在理论上是合理的，可以提供另一种有用的数据点，有助于了解一家公司的基本价值。为什么我对折现价值没有意见？这是因为，在我看来，折现价值等同于任何杠杆收购模型中的退出价值。为什么我不回避 DCF 模型的极端敏感性呢？这是因为我其实喜欢反思异常值，并且我发现，当某些假设反应敏感时，DCF 模型的信息量最大。我可以向你保证，任何杠杆收购模型对增长率和利润率预测的变化都同样敏感。

尽管如此，DCF 有一个方面让我觉得很困扰：在理论的严谨性和懒散的日常实践之间存在着一条鸿沟。出于某些我不知道的原因，大多数金融从业人员只计算一次加权平均资本成本，通常是在第一年，在整个建模期间使用这个不变的假设。这种懒散的做法显然忽视了学术指导，在私募股权的背景下，只能产生"无用输入，无用输出"。在多数情况下，私募股权的投资特点是迅速偿还债务。如果你手头有某家投资银行为某个私募股权目标准备的投资手册，花点时间检查一下 DCF 部分，我怀疑 10 个案例中有 9 个都使用了静态的加权平均资本成本。

这显然与学术方法相矛盾，因为学术方法警告 DCF 的使用者杠杆对加权平均资本成本的影响很大，要求为每个贴现期重新计算适当的加权平均资本成本。如果你不想在每个贴现期都重述加权平均资本成本，还有一种方便的 DCF 子类型，即 APV（调整现值法），这是专门为资本结构不断变化的公司设计的。调整现值法有利有弊。我在商学院的一位教授 Denis Gromb 目前在巴黎高等商学院（HEC Paris）担任金融学讲座教授，他曾经在我们的课堂上说："APV 的优势在于它是一个透明的估值工具。没有污染，更容易追踪价值的来源。它最大的缺点是：没有人使用。"

不过，至关重要的是，不要夸大我对 DCF 的依赖。它确实能够给估值者一种虚假的精确感。然而，DCF 和 APV——只要应用得当——都是非常好的估值工具，可以与其他估值方法一起使用。DCF 法特别适用于基础设施类企业或现金流和最终价值都比较有限的资产型公司，例如从事航运、卫星和药品特许权的公司。如果你下次遇到的交易目标具有这些特征，做一件与众不同的事吧：评估 APV。

现在让我们看看几乎每个私募股权投资者都使用的基本估值方法，即估值师明确计算将产生特定收益目标的收购价格，正如总股本内部收益率和投资资本的倍数（"MOIC"）所衡量的那样。在交易的早期阶段，它通常是一种很粗略的计算，一旦交易发展到定价阶段，就转换为更详细的回报模型，如杠杆收购。

- **私募股权法**。这种方法的重点是通过使用标准的私募股权逻辑来得出企业的价值：假设杠杆倍数是合理、可实现的，并且我对价格的最佳估计将使我能够赢得交易，那么我能否达到我所要求的 2.5 ~ 3 倍 MOIC 的回报？在这种情况下，最合适的运营模式是我在第 7 章中所提及的基本投资方案，描述这种情况的预测将产生临时现金流，在典型的杠杆收购中，这些现金流将被用于偿还债务。如果你花一点时间思考一下这种估值方法，就会发现它只不过是 DCF 模型的一个简化变体，其中股本成本是交易内部收益率，最终价值是企业的退出价值。

还有两种具体的估值例子——对周期性企业和新兴市场企业的估值，也应该介绍一下，因为它们通常会有一定程度的困难。不要害怕这两种估值！这些具有挑战性的交易限制了竞争，正因如此，我们也要对它们加以考虑。想知道有哪些具体的方法对我有用吗？

- **对周期性企业的估值**。你可能还记得我在前面的章节中说，我个人认为周期性在商业中并不是一种罕见或可怕的现象。我这么说，显然不是在鼓励你闭上眼睛，铤而走险，去投资一家周期性企业并希望获得丰厚的回报。恰恰相反，我希望你睁大眼睛，充分意识到周期的存在。尝试详细探讨周期性的驱动因素很有意义，驱动周期的是消费需求、商品价格还是资本投资的变化？此外，制订一个可靠的计划，让公司在下行周期中维持下去，这是绝对必要的。一定要清楚地知道，利润率作为一个历史需求波动的函数在多大程度上会随着时间的推移而压缩和扩大。你能评估企业从高峰到低谷，在整个周期内的盈利潜力吗？

一旦你掌握了足够多有关周期本身的信息，开始估值的一个好方法是获取尽可能多的历史数据，这样你就可以得出收入、利润和现金流的长期趋势线，也可以利用各种常规的估值指标和方法。然而，你可以把波动的数字建立在趋势线周围的标准化数据的基础上，而不是和这些数字较劲。在对收购杠杆进行假设时，比较谨慎的做法是考虑公司在周期最低点的财务表现，以确保偿付能力——换句话说，比较明智的做法是将杠杆率降至最低。公司需要大量的流动资金和站得住脚的资产负债表，才能应对下行周期。此外，收购周期性企业最具吸引力的投资论证要比其他竞争对手智高一筹：在协商收购价格时要考虑历史低位收益，并在进一步下行之前预先储备现金。在周期性低谷时期，当商品价格和其他资本投入比较便宜的时候，这一战略将使目标公司能够买断陷入困境的竞争对手或锁定资本项目。只要公司有足够的勇气接受这种逆向逻辑，能在整个周期中存活下来，它就能在退出时成为一家蓬勃发展、令人满意的企业。

- **对新兴市场企业的估值**。你曾经多少次拒绝了诱人的交易，仅仅是因为目标公司位于新兴市场？我非常能够理解，欠发达市场存在大量不可避免的风险，其中最大的风险是非系统性的，例如意外的政府干预、社会动荡或突然无法将利润汇回本国，以及骤变的宏观经济周期、高通货膨胀率、当地货币波动和缺乏流动性的资本市场。有人可能会问，最初是什么促使投资者在高风险地区进行收购？通常情况下，投资新兴市场最吸引人之处在于能够获得飞速增长，如果进展顺利，这种增长会用高得难以想象的投资回报回馈投资者。如果不是为了获得超额回报，没有人会热衷于此。

在评估一家位于新兴市场的公司时，我的第一直觉是去尽可能多地了解历史和预测的宏观经济环境：经济增长、通货膨胀率和外汇曲线。如果宏观预测不佳，那就没有什么可做的了。如果相比之下，它看起来相当有前景，那接下来我会对投资目标进行估值分析。不过，这里有一个关键的难题：目标公司的现金流是以一种风险较高的货币为单位的，与我的投资基金的货币不匹配。此外，考虑到更为明显的通货膨胀环境，其名义增长率与我们通常在发达市场遇到的情况相比可能显得异常高。我们该怎么办？

经济理论认为，按名义利率折算的名义现金流应完全等同于按相应实际利率折算的相应实际现金流。然而，这可能相当令人困惑。在评估一家新兴市场企业时，我遵循两条简单的规则：忽略实际利率，也忽略基金的货币。换句话说，我考虑所有的估值指标，并用当地货币的名义值来模拟经营现金流。如果企业有任何重大债务，最好以当地货币计价，避免灾难性的货币错配。[⊖]最后一步是以当地货币为单位计算投资回报，在这个阶段，我可以将其转换成我的基金的货币。

例如，假设我的基金以美元计价，正在考虑的这笔投资的股本回报包括第3年的股利支付和第5年的退出收益。我如何把以本地货币计价的回报变成以美元计价的回报？我使用交易结束日适用的外汇汇率，将初始股权投资转换为美元，然后按照第3年适用的外汇远期汇率将第3年的股利支付转换为美元，并对第5年的退出收益再次进行转换（请注意，在大多数情况下，你应该预期第5年的外汇远期汇率高于第3年）。美元收益可以进一步调整，以说明我所承担的主权风险，我可以查询交易地区的五年期信用违约互换（"CDS"）[⊖]成本并从美元回报中减去这部分成本。当然，在交易结束时，我可以让我的基金以五年期信用违约互换的形式购买保险，以此来明确地对冲主

⊖ 如果不是这样，我可能会放弃这笔交易，除非我的投资以偿还此债务工具或将其再融资成当地货币为条件。

⊖ 如果一个国家没有信用违约互换，主权风险成本可以用以美元计价的长期主权债券与相同存续期的美国国债基准之间的差额来粗略估计。

权风险，因为大多数私募股权基金被允许持有用于对冲的衍生工具。不必一定要持有信用违约互换至到期，如果该国因政治或宏观因素而出现问题，信用违约互换的价值将大幅上升，如果我届时单独卖出信用违约互换并获得可观的利润，就能获得部分胜利的结果。

从估值到定价

单纯谈论估值是没什么意义的，除非它能帮助你得出一个能赢得交易的价格。而这个价格本身可能有很高的风险：带来收益或导致损失。如何避免后一种结果呢？根据 Howard Marks 的说法，要想获得投资利润，最可靠的途径是"以低于投资对象价值的价格去购买"（Marks，2011）。这听起来确实是个不错的策略。然而，如果我严格遵循这句话，就只能完成很少的交易。大多数时候，私募股权行业的竞争非常激烈，不可能总做到"低买高卖"。

既然一直支付低于公司价值的价格在实践中很难实现，那么支付公允价值呢？对买方公平，对卖方也公平？在大多数情况下，这种方法将使买方只能获得合理的回报，可能不会达到私募股权基金所追求的 20% ~ 25% 的超额内部收益率。那么，答案是什么呢？在我看来，除非公司对买方的价值超过对卖方的价值，否则根本不值得为它进行投标。如果卖方迫切需要出售公司，就有可能发生这种情况。或者，买方可以提出一个独特的交易角度，来策划这种性质的情况，这个角度能够以卖方根本无法实现的方式改造企业。

在实践中，如何从估值过渡到定价？首先我会绘制出自己所知道的所有数据点。卖方对价格的期望是什么？他们的期望在多大程度上可以实现？交易顾问有什么指导意见？他们能在"球场估值图"⊖上展示通过各种估值方法得出的价值范围吗？根据我的估值工作和——更重要的是——回报模型，可

⊖　"估值足球场"是一种传统的方法，可以直观地展示通过所有可用的估值方法得出的估值范围。

承受的价格范围是什么？上述考虑使我能够通过三角测量得出一个谈判范围，在这个范围内的额外商议可能是有用的。可以考虑的内容包括以下几点：

1. 这笔交易之所以溢价，是因为它有特别吸引人的特点吗？比如可以获得一个优秀的管理团队或一笔独特的资产？

2. 这笔交易之所以有折扣，是因为该公司最近在业务上投资不足，总体上处于某种混乱状态吗？

3. 销售过程中竞争有多激烈？卖方是否有很多选择？

4. 这家企业在退出时能有多大吸引力？它会吸引很多买家吗？

5. 定价区间是否恰当地反映了经济现实和当前市场状态？

6. 价格是否需要根据所提供的股份进行调整？

7. 如果在交易中卖方保留股份，我的基金在战略和运营方面的洞察力能否为卖方增加差异化价值？如果是这样，是否已经对此进行了适当的沟通？

8. 我能不能出价低一点，并向卖方保证速度和交易的确定性？

9. 我是否能从这笔交易的执行风险中获得回报？我是否把太多的优势交给了卖家？

10. 我的基金是不是太急于达成交易了？卖方是否急于达成交易？

上述考虑代表了一种思维过程，可以帮助确定谈判范围，我通常在这个阶段就知道最终价格会是什么样的水平。有些时候，有可能达成一项双方都觉得公平的协议，而且交易价格也在可接受的范围内。还有些时候，买卖双方对公司价值的看法一直存在分歧。但还有一线希望，只要卖方仍然愿意进一步谈判，可以运用一些交易架构机制，帮助双方克服估值差距并调整交易经济因素。想了解都有哪些交易架构工具，请参阅下一章内容。

第 9 章

交易架构

重点内容：

- 资本结构考量：如何使用杠杆
- 设定管理层激励计划：目标高远，奖励丰厚，成果最优
- 通过或有对价、业绩补偿制度等来优化交易
- 少数股权交易：协商稳健的退出机制或不被大股东裹挟
- 少数股权投资的高级交易架构技巧

交易架构到底是什么呢？其中有很多可以讲的内容，比如从融资和治理的考量到交易的法律和税务方面等。本章会聚焦于三个我认为是交易架构中的重要话题：资本结构、管理层激励计划以及私募发起人在交易架构中可能选择的为了改善交易的风险和回报特征的措施。不同于估值，构建私募投资的主题在其他方面很少涉及，虽然有一些关于典型债务结构和管理层激励计划的内容，但很少有关于更复杂交易特征的文章，例如涉及基于业绩的利润分成或混合型股权融资。投资文献中的这种缺失让我有机会就各种交易架构工具说几句话，就个人经验而言，这些工具可以最大化投资者的回报，克服进入估值的难题，提高收益上限或作为业绩下滑的保护机制。在本章末尾，我将重点介绍这些更高级的交易特征。

资本结构

毫无疑问，你已经知道，私募股权投资者常常使用债务和股权混合的形式进行收购。典型的控制权交易需要全额兑付现有的融资工具，所以投资者需要从一个全新的阶段开始，作出与公司资本结构相关的决策。

杠杆收购的首要考虑因素通常是举债。使用杠杆与否也各有利弊。由于几次备受瞩目的杠杆收购惨遭滑铁卢，私募行业常常因使用过多杠杆而备受批评。虽然我认为这种说法并非适用于所有私募交易，但我们得承认过于依赖杠杆仍会让人提心吊胆，因为它显著地增加了目标公司陷入财务困境的风险，并有可能会放大私募权益投资人的损失。宽泛地讲，在一些社会中，债务这个概念带有一些耻辱感，因为借款可能仍然与入不敷出的生活和自我放纵有关。然而，几乎没有任何零杠杆的资本结构会被认为是最佳的，因此对于任何企业来说，无论是不是私募的标的，适当的杠杆水平通常都是一个好主意。

杠杆收购的好处是显而易见的，债务可以提高股权回报、激励管理团队精简冗余机构，并专注于最大化企业自由现金流。利息支出带来的税收减免还有一个额外的优势，我运营过的杠杆收购通常在前 4 ~ 5 年内很少或几乎不纳税。从结果上来讲，这其实意味着在使用杠杆的资本结构时创造的价值还包括来自政府的隐性转移。这听起来并不合理？也许确实如此，但是，任何使用债务资本结构的公司都可以享受同样的税收减免，所以我们还是保留着杠杆吧。

杠杆收购的典型资本结构是什么？股东可以选择多样化的融资工具。通常而言，一个杠杆收购包含好几种债务，随着相应的成本递增，每种债务的优先级递减。交易金额越大，你在一笔交易中看到的不同层级的债务也就越多。诸如银行和其他机构的债务投资者之类的放款人，会对借款人施加很多限制性条款，从而确保财务上的合规性，识别潜在的业绩恶化的早期预警信号，并最大限度地提高贷款偿付机会。

我们来简要介绍一下典型的 LBO 资本结构。[⊖]

- **优先担保债**。优先担保债的数量占资本结构的 50% ~ 55% 或最高为过去 12 个月 EBITDA 的 5 倍（尽管资产担保债的提供者可能愿意为现金流非常稳定的成熟公司提供高达 5.5 倍 ~ 6 倍 LTM EBITDA 的贷款）。优先债通常由几种固定期限的贷款组成：优先债 A 是一种 6 年到期，成本比基准利率高出 250 ~ 275 个基点（"bps"）的债务工具；优先债 B 和优先债

⊖ 如果你想看看典型 LBO 资本结构的详细示例，请参阅 Arzac（2007）中的第 13 章，来获取已经完成的 LBO；Ippolito（2020）中的第 9 章，典型的债务结构，"详略得当"的 LBO 模型；以及 Rosenbaum 和 Pearl（2009）中的第 5 章，一个手把手的 LBO 分析。请参阅第 9 章参考文献以获取完整的出版引用。

C 是"子弹式"的债务工具,其中优先债 B 的成本比优先债 A 高出约 50 个基点,期限更长,为 7 年,优先债 C 的成本比优先债 B 高出约 50 个基点,期限为 8 年。有的资本结构中根本就没有优先债 C,所以优先债务方案中仅包含分期支付的优先债 A 和到期还本的优先债 B。你现在应该已经明白了其中的逻辑,往后的每一笔债务,债权人会相应地收取 50 个基点的增量成本,用来弥补贷款期间的不足,期限越长,在资本结构中的优先级越低。

相较于其他债务工具的提供人而言,优先债的提供人需要最严苛的借款人义务。这些义务包括肯定契约(比如定期报告和贷款收益的具体用途)、否定契约(限制债务人额外举债或向股东支付股利)和财务契约[⊖](明确利率,确保有足够的空间来偿付利息和本金)。优先债提供人通常还会提供额外的债务安排,即允许多次支取(就像信用卡一样),例如循环信贷安排,为企业的季节性融资需求而提供的营运资本,为扩张性的资本性支出以及收购等提供便利。这些附加工具在资本结构中的排名通常与优先债相同,并且通常与优先债 A 的期限相同。

优先债融资通常由银行安排,然后银行会组建一个由多家机构投资者组成的"银团"来分散风险。负责融资安排的牵头行会在交易结束时收取 2%~3% 的承销费,而这一成本是在公司将在 LBO 中承担的债务成本之上的。组成银团后的优先债的持有人越多,对权益投资人就越有利。如果公司在将来经历了一段业绩低迷的时期,股东更有可能与贷款人达成有效的谈判,因为每个债权人都有可能会同情一下企业的困难。当然,如果银团中有一两个承担了过高风险且有话语权的债权人,他们可能会让企业强制偿还贷款或控制企业,如果发生了这种情形,前述的有效谈判就会变得比较困难。

⊖ 关于契约的详细讨论,请参见 Rosenbaum 和 Pearl(2009)的第 4 章以及 Darley(2009)。完整的引用请参见第 9 章参考文献。

由于优先债是成本最低的融资方式，私募股权基金的资本结构在考虑其他层级的更加昂贵融资方式之前，总是会想办法从优先债提供人那里获取更多的融资。此外，还有一个额外的好处就是，优先债通常可以按照票面价格预支（即在到期前再融资，没有罚金），这为股权投资者提供了额外的灵活性，以防未来目标公司发生变数。

第二留置权债务。在级次上它属于优先次级债务，期限长达 9.5 年，成本比基准利率上浮 450~650 个基点。然而，第二留置权债务可能并不总是"唾手可得"，因为它高度依赖于市场条件，并且在信贷紧缩的市场中，可能只会给贷款人眼中的优质公司提供。第二留置权债务市场在资本市场发达的地区比较活跃且竞争激烈，在资本市场缺乏流动性的地方几乎不存在。

这种债务的金额是可以协商的，而且是针对特定的借款方的。第二留置权的主要优势是，与其他融资渠道相比而言，它的成本更低。与我们将在下面讨论的其他形式的次级债务相比，它通常还具有一定提前还款罚金。第二留置权的一个主要缺点是，在不温不火的市场中，它可能只能从少数激进和投机的贷款人那里获得，作为回报，他们可能会要求以相对较少的投资换取一定的话语权。这就很可能会给企业增加很多限制，也会增加资本结构的复杂性和风险，所以我认为应该极力避免这种形式的债务，除非发起人构建了一个充分竞争的募资环境，并为这种融资方式争取到了合理的条款。

- **次级债**。数量占资本结构的 20%~30%，或约 1.5 倍~2.5 倍 LTM EBITDA。资本结构中的次级债主要有两个选项：高收益债券和夹层贷款。

  高收益债券通常是 8~10 年的"子弹式"债券，每年支付 7%~9% 的利息，支付方式可以是现金票据，也可以是随时间累积上浮 75 个基点的实物支付票据（"PIK"）。相对于优先债而言，高收益债券的限制少一些，并为借款人提供了更大的操作灵活性。但是高收益债券有两个需要注意的点。首先，由于非赎回条款的存在，借款人在前 3 ~ 5 年内只能强制地使用它。其次，高收益债券是需要在公开市场上发行和销售给投资者的融资方式，这使借款人面临市场规模、时间和流动性风险。这就意味着火烧眉毛的私募交易可能很难实施高收益债券融资，因为可能没有足够的时间来安排成功的路演并确保债券全面顺利发行。

夹层贷款也是一种典型的次级债务，因为和高收益债券比较相似，它通常也被设计成一种 8 ~ 10 年的子弹式债务工具。然而它的成本高达每年 8% ~ 12% 不等，甚至有可能更高。夹层贷款的年息票据可以是纯实物支付票据，也可以是每年 4% ~ 5% 的现金票据，余额通过 PIK 息票累积。夹层贷是出售给专业债务投资者的专属债务工具，这使得其实施相当迅速且直接。一些夹层贷款提供人可能会要求借款人以认股权证的形式提供所谓的"准权益条件"，以便夹层贷的借款人可以获得更高的总回报，这个回报的区间一般为 12% ~ 15%/年⊖。相对于高收益债券而言，夹层贷款的提前清偿罚金没那么高，在第 3 年之后提前偿还一般没有额外费用。适用于夹层贷款的条款一般也适用于和优先债相同的条款；然而，较为关键的利率为公司提供了更大的操作空间以及约 10% 的头寸。

- **其他债务**。除了我们上面提及的最常见的债务工具外，你有时还会遇到证券（排名上为优先债）；供应商贷款（排名为次级票据）或 PIK 票据（排名直接高于权益融资）。因为供应商贷款是完全可以协商的，所以它没有标准化的市场条款，尽管高级贷款人可能不允许支付现金利息。PIK，顾名思义，是由风险债务投资人提供的一小部分可以以非现金支付的债务，目标内部收益率约为 15%。PIK 票据的加入允许权益投资人将杠杆率提高到极限，但成本仍略低于权益融资。

- **股权融资**。在一般的杠杆交易中，全部股权融资大约能占到资本结构的

⊖ 请参阅 Arzac（2007）的第 13 章，了解带有"股权激励"的夹层贷款的实际案例。完整的引用请参见第 9 章参考文献。

20% ~30%。考量股权融资的适当成本有没有什么好方法？股权投资者会同时关注 IRR 和 MOIC，在考虑这两个指标时，会更多地关注资本收益总额。因此，可以坦白地说，合理的股权融资成本能使投资者能够在 4 ~5 年内产生 2.5 倍 ~3 倍于所投入资本的回报。股权融资部分一般也会更加复杂一些，结构为股东贷款票据或优先股，每年有 8% ~15% 的滚动 PIK 息票，以及较低级的类别普通股。股东贷款票据为股东提供了一种回报和清算优先权的形式，也使他们能够管理股权激励的有效架构。普通股票（也称为普通股）是资本结构的底层，其中一小部分会分配给管理股权，其余的则由发起人持有。因此，管理层股权代表了整个资本结构中杠杆率最高的头寸，它不仅从属于杠杆收购债务，还受到股东贷款及其不断累积的息票的进一步杠杆化。我们将在本章的后面更仔细地研究管理层股权激励的经济性质。

既然我们已经考虑了杠杆收购中的典型资本结构，让我们转向直接的实际问题。我们怎么知道要使用多高的杠杆？各种债务和权益工具之间的最佳分配是什么？

债务总额不仅取决于企业的具体信用状况，还取决于交易当时的信贷市场环境。在狂热的市场中，杠杆倍数通常会趋于上升，但仍低于并购倍数。就公司具体情况而言，您可能听说过两种主要的银行融资类型：基于资产总额的贷款和基于现金流的贷款。基于资产总额的贷款允许那些收入不佳的企业根据特定的贷款价值比率（类似于房屋抵押贷款）来借款。然而，典型杠杆收购中的银行借款通常基于企业的预期现金流。通常可以借入更多资金的是具有稳定和不断增长的现金流的公司，而不是产生不确定性或现金流波动幅度大的公司。由于优先定期贷款占资本结构的份额最大，负责优先债的牵头银行在确定特定私募股权交易最终可实现的杠杆倍数方面发挥着关键作用。跟大家的预期相反，这可不是一件小事，贷款银行使用大量的比率来估计违约的可能性，并确定在优先债务清偿期间无需再融资即可偿还债务的能力。

银行在实践中如何确定优先债务的最高金额？他们会全面检查公司的业务计划，模拟各种不利情况，并确定一个合适的杠杆倍数，使企业能够在绝大多数主要情况下承受下行，并确保即使在公司表现明显不佳的情况下也能获得足够的现金流空间。

一旦优先债融资被充分利用起来，权益投资人就会根据其最佳判断来确定根据交易的具体情况可以使用哪些其他的次级债务工具。关键考虑因素包括成本、运营灵活性和执行风险。例如，如果私募权益投资人面临满足特定期限的压力，他们可能更愿意走夹层贷款路线，而不是匆忙发行高收益债券。成熟的私募股权基金认为，作为交易的一部分，他们对公司数千名员工及其家人承担着责任。因此，他们应该谨慎地构建额外的债务层，特别是对于具有高杠杆的企业，并确保次级债务工具在私募股权基金的投资期限内满足企业的特定需求。许多人都会觉得，在交易开始时用过度的杠杆给目标公司戴上手铐，然后自己又失眠，这其实是没有意义的。相反，任何杠杆收购的股权投资者最好锚定一个合理的资本结构——使之能够抗住一定的风险，并使私募股权基金能够在整个经济周期中保持对业务的控制，不论情况是好是坏。

管理层激励计划

正如我们在第 6 章中已经探讨的那样，私募股权行业以其雇用、留任和激励优秀管理团队的能力而闻名。大多数私募股权投资者会告诉你，他们投资的公司的价值创造是由经理人的素质和奉献精神驱动的，这些经理人会负责任地实现（有时甚至超越）预期的商业计划。私募股权投资者正面解决了"委托—代理"的问题，他们让经理人成为目标公司的所有者，并确保他们的激励与股东的回报达成一致。这正是管理激励计划（"MIP"）存在的意义。

虽然 MIP 的细则取决于辖区和地方税则，[一]但大多数管理薪酬方案都遵循相同的逻辑。激励计划一般提供给一小群高级管理人员和其他一些关键员工，他们平时的主要责任就是推动财务绩效。管理奖励的总规模通常约占公司普通股的 15%~20%。大约一半的股权池全部分配给首席执行官也并不罕见，其目的是确保私募股权交易的成功与首席执行官的个人财富挂钩。

管理层股权激励通常是执行一个期权计划，以最大限度地保留股权，并使私募股权基金能够根据个人表现调整薪酬。当一家受到私募股权投资的公司走上了亏损的轨迹时，就需要考虑如何来激励新加入的人，因此，大多数私募股权基金都会留出约 3%~5% 的股权池用于未来的招聘。

参与到管理层股权激励中并不是免费的，需要管理层的前置投资。每位关键高管在交割时应该投资多少？这个敏感话题会出现在每一笔交易中，然而事实是没有标准答案。对于过去已经成功搭建并出售过企业的高薪首席执行官来说，合适的投资水平可能是数百万美元。事实上，对于已经成为公司的创始人或重要所有权人的首席执行官来说，会被期望将其 80%~100% 的自有股份转投资到本次交易中。对于管理团队中稍微年轻些的成员，比如对于新晋升的和刚组建了家庭的成员，适当的投资水平可能是首席执行官投资金额的一小部分，可能相当于一年的总工资。重要的是要记住，私募股权投资者并不是真的在寻找管理层来为交易提供很大一部分资金，他们想要的只是"同甘共苦"和 100% 可调整的激励措施。想实现的预期效果大致如下：高级管理人员应该投入一定比例的财富，作为他们实现商业计划和赚取改善生活的财富的动力；交易中的投资遭受滑铁卢肯定会让他们也觉得不好受，但也不至于到夜不能寐、食不果腹的程度。过度担心可能会导致不成比例的压力，使管理层过度规避风险。

○ 有关美国、欧洲和亚洲私募股权交易中管理层激励股权安排的比较，请参阅 Weil, Gotshal & Manges LLP（Weil, 2015）的一篇论文。完整的出版信息请参见第 9 章参考文献。

下面是一个简单的 MIP 结构的例子，它说明了管理团队在成功的私募股权交易中可以期望获得的收益的数量级。

a. 一家私募股权基金以 3 亿美元收购一家企业，其中 2 亿美元由债务提供资金。因此，总股本要求为 1 亿美元。

b. 一小部分高管有了购买 20% 的普通股的机会。然而有一个问题：他们相当年轻，还没有实现财务自由，所以他们实际上无法在这笔交易中投资合计超过 200 万美元。这是一个重要的架构考虑因素，因为现在你希望以 200 万美元的价格分配一家 3 亿美元的公司 20% 的股权，这意味着普通股总股本的规模需要为 1000 万美元。如您所见，在 200 万美元的投资限制下，获得 20% 股份的唯一方法是稀释普通股。

c. 现在我们知道，所需的 1 亿美元股权融资包括 1000 万美元的普通股（200 万美元除以 20%），剩余的 9000 万美元将使用股东贷款。

   ⅰ. 由此产生的股权结构将包括两部分，一部分是管理层持有的普通股（200 万美元），另一部分是私募股权基金筹集的机构贷款（800 万美元的普通股和 9000 万美元的股东贷款）。[⊖]

   ⅱ. 如本章前面所述，股东贷款一般都具有每年 8% ~ 15% 的高额利息，这为管理层创造绩效造成了很大的障碍，同时也为贷款机构提供了优先清算求偿权。[⊜]我们假设在这个例子中，股东贷款的利率是每年 10%。

d. 为简单起见，假设业务在 5 年后出售，公司退出时的股权价值为 3 亿美元。

⊖ 请注意，如果首席执行官在交易中持有大量股份，而管理团队的其他成员只能投入少量资金，那么这种简单的结构就行不通。在这种情况下，CEO 的份额就不得不算到机构中，私募股权基金也必须计算出所需的资本，也就是基于对其他团队成员适当的股权激励比例的普通股权。

⊜ 在某些司法管辖地区，股东贷款的全部或部分利息可以免税，这是一个额外的好处。

ⅰ. 私募股权投资者获得的总收益为 2.69 亿美元：股东贷款 9000 万美元；股东贷款应计利息约 5500 万美元；以及 80% 普通股约 1.24 亿美元的收益。

ⅱ. 管理层从普通股 20% 的股份中获得 3100 万美元的收益，这是他们 200 万美元投资的 15.5 倍回报。正如你了解的那样，就是这种回报水平使得那些私募股权投资公司如此受在高压环境下茁壮成长的高管的欢迎。

ⅲ. 您可能已经发现，如果退出不那么成功，管理层手上的股权也可能变得完全不值钱。由于股东贷款本金和应计利息排在普通股之前，任何 1.45 亿美元或更低的退出股权价值实际上意味着普通股权益的消失，管理层将一无所获。

关于管理层股权激励计划，还有两个重要方面需要记住。首先，管理层股权激励是一种长期激励手段，这使得收购方能够以相对较低的价格收购目标公司的股份。因此很自然的，这种安排会附带一些条件，比如严格的期权计划、没有投票权、以及若干对不利于私募股权基金行为的惩罚性条款。其次，股权激励计划通常以节税的方式构建，既定交易中实现的资本利得的税率会低于常规收入的税率。我们上面提到的这些限制性因素有助于解释为什么这些股票能以低廉的价格出售给管理层。随着交易的进行，管理层可能会被奖励或应邀购买更多的股票，因此他们最终的资本收益也会更大。

高级交易架构

几乎所有的私募股权交易中都有许多结构化机制，可以帮助重新归集风险，增强流动性选择，更通俗的来讲，就是满足买卖双方的不同需求。结构化机制是提供了便利还是制造了障碍，很大程度上取决于投资者最终是大股东还是小股东，让我们讨论一下这两种情况。

在对一家公司完成全面收购后，投资者可以控制这家公司，因为他们的投资几乎代表了全部股权，而且他们也有权享有绝大多数的增长收益。由于大股东的地位已经相当有利，可以进一步改善交易的结构性工具也相对较少。但仔细想一下，你就会发现具有控制权的投资者实际上不需要很多复杂的结构。因为他们已经拥有了这笔交易中最有价值的两个方面：大部分股权增值，以及对目标公司作出所有的战略安排、运营以及财务决策的能力。但尽管如此，考虑额外的交易特征从而改善交易潜在的风险和回报也总是值得的。我一般会考虑以下三个方法。

- **或有对价**。在我看来，这是帮助交易的买卖双方解决投前估值差异的最有效工具之一。它还有助于保护投资者尽量免于不利情况，因为或有对价有效地将企业业绩风险的一部分从买方转移到卖方。公司的所有者往往对其业务前景持乐观态度，并倾向于将海量的乐观因素纳入他们的估值预期中，而且有些看起来是很合理的。通过将收购对价分成在交易结束时应付的部分和在将来某个时候应付的或有部分（前提是达到某些特定目标），或有对价仍可以帮助实现卖方的底价。

  假设卖方确信该业务价值 10 亿美元，而买方的价格无法超过 8 亿美元。双方之间的交易仍然可以以 10 亿美元的底价来进行，其中 8 亿美元预先支付，2 亿美元作为或有对价，只有在企业达到特定的里程碑事件时才会触发支付。业绩触发调价有可能是财务目标，比如特定的收入水平、毛利率或 EBITDA；也有可能是经营目标，比如完成了特定项目、签署了大额订单或成功发布产品。最佳实践是避免将固定支付与复合财务目标挂钩，进而防止公司操纵利润以及降低买卖双方之间潜在诉讼的风险。有个更好的选择是使或有对价成为一个变量，并将其明确规定与一系列结果挂钩，这样的话，如果公司步入了正轨，即使无法在预先商定的时间范围内达到其全部目标，卖方仍然可以获得奖励。

  这种结构有一种相反的模式——业绩补偿制度，在上面的例子中，如果是业绩补偿制度，那就会是买方预付 10 亿美元，如果买方的特定业绩目标没有达成，那就返还给买方 2 亿美元。然而，业绩补偿制度远没有"对赌"常见，因为它的吸引力比较小，在这种制度下，买方将不得不承担卖方的信用风险，并预先做出了更大的投资——这可能完全没有必要。

- **通过托管来提供价值下跌保护。** 当买方非常有兴趣与卖方交易，但又担心业务面临特定的、明确定义的和可量化的风险时，这种方法通常可以作为一种优雅的解决方案。比如说，假设目标公司面临诉讼索赔，该索赔要到交易完成后才能解决。从对案件所做的法律工作来看，买卖双方都知道，企业潜在赔偿金额从零到 1000 万美元不等。买方仍然可以继续交易，条件是卖方为托管账户的注资金额要相当于索赔上限的最佳估计数（在本例中是 1000 万美元）。一旦诉讼结束，索赔问题已经解决，托管账户中的资金将会解冻并支付给买方或返回给卖方，具体取决于诉讼结果。为了使这种机制能够良好地运作，关键的一点是买方要承担的风险是已知并且是可以量化的，而且很有可能在近期完全实现或得到解决。没有哪个供应商会想要锁定一大笔资金，只是为了弥补买家对未来可能出现的极小概率、未知或无法量化的风险的担忧。

- **卖方贷款票据。** 该机制有许多有吸引力的功能，适用于整个投资范围。卖方贷款票据本质上是允许买方通过要求卖方为部分交易提供资金来推迟部分购买对价。因此，企业的买方能够借此来减少前期投入。由于卖方贷款票据通常具有与它自身条件相符的定价，所以也没有合同性质以及极其有限的消极控制权，因此它是股权交易中进一步扩展次级债务的安全有效的方式。此外，它还有一个额外的优势：卖方贷款票据可以以类似于我们上面提到的托管账户安排的方式来运作。未来对企业提出的任何索赔都可能被卖方贷款票据抵消，换句话说就是，票据的本金减去相当于未来实现的任何索赔价值的金额。这种方法确保了卖方和目标公司之间持续一致的形式，最重要的是，它使买方能够管理各种风险，这些风险在交易过程中难以量化，但在交易完成后仍然存在于公司中。

虽然对交易架构只有部分潜在的调节措施在具有控制权的交易中有效，但少数股权交易的架构下的选择会多很多。这是为什么呢？首先，中小投资者发现自己处于一个固有的弱势地位，放弃了宝贵的治理权，让大股东掌握了自己的命运。因此，中小投资者（默认情况下）需要预先考虑交易中的一些结构性特征，以保护他们的投资，避免成为控股投资者潜在不合理行为的牺牲品，并确保最终以公平的市场价值退出交易。其次，少数股权投资仅占股权资本结构的一部分，这一事实为如何在交易参与者之间共享交易经济利益开辟了许多替代方案。最后，在同一笔交易中，中小投资者和多数投资者可能受到完全不同的优先事项和动机的驱动，因此，避免未来出现分歧，并通过特殊的结构化安排机制预先调整激励措施，在每笔涉及多个股东具有不同程度影响力的交易中尤为重要。

中小投资者究竟可以做些什么来保护自己，并更多地与其他股东达成一致呢？第一步是协商一份强有力的消极控制权清单，使少数投资者能够对影响目标公司的关键决策产生影响，例如董事会或高级管理团队组成的变更、重大收购或处置、重大资本性支出的产生以及公司资本结构的变化。⊖下一步是确保少数股东能够在特定时间范围内以公平市场价值退出投资。

少数股权的"除权"在私募股权交易中的重要性怎么强调都不为过。少数股东的投资，即使是那些在蓬勃发展的企业中进行的投资，如果少数股东不能将其货币化，也注定要失败。如果不预先构建一系列流动性选择，少数投资者在私募股权交易中的退场最终就有可能会被大大推迟，或者只能以极其没有吸引力的条款来达到目的。毕竟，大多数私募股权投资者经营的投资工具——基金的寿命有限，因此，他们需要极力避免这种不利情形，即仅仅因为他们的基金无法再持有投资而被迫抛售。Boston Consulting Group 对 2003年至 2014 年间发生的超过 1 亿美元的少数股权交易进行了一项有趣的研究，

⊖ 请注意，这个列表是说明性的，因此是不完整的。您的交易律师最擅长就可能适用于特定交易的消极控制权的更详细清单向您提供建议。

发现在所有退出中，近60%的少数投资者是唯一的出售方（Boston Consulting Group，2015）。我们从这些信息中能得出什么结论？如果您是少数投资者，永远不要轻信可能承诺你们"共同进退"的大股东；相反，在交易开始时就筹划自己的退出安排。否则，您最终可能会陷入大股东挖的"坑"里，并且您有可能会被迫以低于公允市场价值的"白菜价"出售投资。

以下是私募股权交易中少数股权投资者的"退出路线图"。它通常被设计为一种分阶段的方法，从大股东最容易接受和控制的流动性机制开始。如果这些都失败了，这种安排就会转向对大股东来说更加麻烦的解决方案。这种阶段性方案为大股东阻止小股东以合理价格退场提供了动因，可能包括以下步骤。

a. 首先，大股东拥有优先认购权（"ROFO"），[⊖]这意味着大股东有权以他们提议的价格购买少数投资者的股份。小股东有权拒绝，也可以同意。如果大股东的收购要约被拒绝，小股东可以自由地将其在公司中持有的股份出售给一个信誉良好的第三方，但价格不得超过大股东的报价。这样，大股东大概率从一开始就会提出一个合理的报价，因为小股东肯定更愿意将其持有的股份卖个好价钱。

b. 如果上面的机制没有起到作用（比如，如果大股东决定不行使其ROFO，或者少数投资者谢绝了大股东的收购要约，但无法找到其他买家），双方将同意在一段时间内"精诚合作"，通过筹集足够的债务（再融资）或成功实现IPO，从而达成小股东退出的目的。IPO的好处是，小股东可以选择退出，同时大股东也可以继续保留其控制权。

⊖ 对少数股东来说，给予另一个股东ROFO要比给予优先否决权（"ROFR"）好得多，因为优先否决权可能不太能吸引到买家。实际上，该少数股东同意与第三方达成交易，ROFR将使一个其他的股东参与到交易中，前提是第三方股东同意购买该少数股东持有的股权。你可以想象，任何第三方如果知道交易可能在最后一刻被现有股东叫停，估计都不会有很强的意愿来参与尽职调查和交易谈判。

c. 如果前述机制均没有实现，双方将继续"精诚合作"，来为小股东寻找买家。

d. 如果上述情况都没能达成小股东退出的目的，少数投资者可以要求一个认沽权：即以公允价值（"FMV"）将其所持股份出售给大股东。如果双方未能就公允价值的数额达成一致，他们会指定一个独立的第三方来确定企业的估值。

e. 如果大股东没有在预先约定的时间范围内履约，那么小股东最终将拥有"强制拖售权"，从而出售企业的全部股权。

您应该也不希望在小股东行使退出权的时候出现以上这些令人头疼的谈判吧？所以您可以考虑通过另辟蹊径的方式来构建您的少数股权投资。

- **可转换票据**。以这种形式对标的公司进行少数股权投资没有特别要求。你完全可以选择这种方式，作为一种赚取利息的债务投资工具，它可以在退出时转换为股权。不论哪种方式回报更高，可转换票据使投资者有权获得债务回报或股权回报。换句话说，如果你投资的公司业绩表现良好，你可以将债务工具转换为股权；如果公司业绩表现不及预期，那就还是继续维持现有债务投资方式不变，老老实实地赚取利息。可转换票据在这种情形下有一个直接的好处就是它有一个到期日，这就使得退出会变得简单很多。

  然而，有些大股东可能不愿意接受这种可转换票据形式的少数股权投资，因为很明显，这种形式的投资对于持票人有着强力的业绩下行保护，大股东也不想把这种保护施加到其他投资者身上（除非收取令其满意的估值溢价）。当然也有其他的备选方案，所有的这些方案都旨在减少交易的相关风险或提高投资回报。

- **保底承诺**。在这种架构下，你的投资开始时是普通股股权，但可以通过协商在退出时有承诺的最低投资回报。这种约定可以被定义为简单的优先清算，你可以优先于其他投资者来收回自己的投资成本，然后超额收益由所有投资者共享。另一种选择是为你的投资约定一个具体的最低回报门槛。

这可以通过调整你持有的股权份额来实现，这样你会有权获得更大份额的退出收益，从而可以实现你的最低回报要求。或者换种思路，你也可以通过在投资期间不断地累计优先息票来复制相同的收益，这种投资工具的运行原理和可转换票据类似。

再简单说一下其他两种方案吧：

- **利润分成协议**。如果你想降低少数股权投资的初始投资成本，那么可以试试另一种方案，即放弃部分高于特定水平的投资回报。举个例子，一旦你的投资产生了 2X 的 MOIC，你就可以与大股东协商超过这个特定水平后剩余上涨空间的利润分成。
- **潜在膨胀机制**。有时候，你可能会发现自己的处境是"长跑中的最后一段"，这是一种有利情形，即你的投资可能是整个交易中的最后一部分，这会产生一定的额外回报。在这种情形下，你可以试着利用自己处于优势的议价能力来协商一个折扣，或者是一个价外认股权证，如果投资标的业绩表现出色，这将提高你的回报。

本章描述了我在自己的工作经历中遇到的一些主要交易架构特征。我也意识到我们在本章中提到的内容非常浓缩。希望本章的枯燥内容能成为您将来在遇到形形色色的交易时的良方。即便您在日后的工作中不一定会遇到我所介绍到的那些情形，我也希望您能够"物尽其用"地向您的团队和交易律师来展示您关于交易架构的知识。

第 10 章

交易执行：交易流程与
尽职调查

重点内容：

- 典型的私募股权交易流程包括哪些
- 不要好高骛远：管理完善的尽职调查工作需要遵循的十项原则
- 剖析尽职调查关键工作流程

交易执行的过程非常扣人心弦。几乎每个小时都有电话会议、常规会议或者专门讨论各个交易细节的内部会议。当我发现自己沉浸在交易执行过程中时，我会获益良多，我可以三餐以肾上腺素为食，也可以熬夜工作，但前提是交易会有条不紊地一步一步向前推进，直到冲过终点线。我喜欢在关键的几周内对投资目标进行深入分析。当然，当筋疲力尽的交易各方完全陷入交易白热化的过程中时，我也会观察到一些颇为戏剧化的行为。最有意思的地方是举行会谈的会议室。虽然会议刚开始的时候通常是平静且文明的，但如果快进到买卖双方之间的第三次会议，你会不出意外地看到一些焦虑的人在敲桌子并与交易对方激烈地争辩，他们敦促对方修改交易条款。当睡眠只是一个遥远的记忆，大家的情绪都特别高涨时，你可能会发现有人失去了最后一点耐心，冲出了谈判会议室。

据我所知的大多数交易，即使是那些成功完成的交易，往往在交易执行过程中也至少会"流产"一次。任何交易都可能因为出资人改变主意而暂时或永久终止，或者是管理团队不习惯在私募股权治理环境下的公司工作，或者可能是由于尽职调查中发现了一些特殊的情况导致投资方犹豫不决，或者突然爆发一场突如其来的全球危机使所有市场活动停摆。考虑到有很多事情可能会出错，而且几乎随时都可能出错，所以我总是需要提醒自己，要去平衡交易团队为了推进交易所做的努力与这些工作可能带来的回报的最佳效果，而且这么做也是值得的。但有时候，恰当的决定反而是停止在那些看起来希望渺茫的交易上花费不必要的时间和金钱，交易团队和顾问需要做的就是"随它去"。至于说是"中止"还是"终止"？这是个好问题，如果交易不能在接下来的几周内恢复，通常情况下与卖方的宝贵交易就失之交臂了，交易也会彻底终止。虽然这很痛苦，但很可能是正确的决定。

交易流程

并非所有交易都会自然地走到交易执行那一步。事实上大多数都走不到执行阶段。成功完成的交易有一些重要的前提，这些先决条件共同构成了一个合理的交易流程。让我们回顾一下典型的私募股权交易的各个阶段。

- **前期会谈**。在竞争激烈的过程中，私募股权基金在初始阶段可获得的关于投资目标的唯一信息可能是交易提示。这是一份简短的、2 ~ 10 页的关于交易的概括文件，能够提供一些关于目标公司的信息。目标公司聘请的卖方顾问可能会与潜在投资者举行一个简短的会谈，但通常没机会与管理层直接接触，当然也不会与交易提示中已经提供的信息有太大偏差。如果交易是私有的，这个过程不会那么模式化，很可能是投资者和目标公司之间的几次会谈。

- **审查高级机密资料及首轮投标**。如果投资者有兴趣继续进行并进一步了解公司的摘要信息，他们将被要求签署一份保密协议（"NDA"），以便他们可以收到有关目标公司的机密信息。最常见的是，卖方顾问与签署保密协议的投资者共享一份正式的交易文件，即保密信息备忘录（"CIM"）。每个潜在的投标人都知道 CIM 实际上是一份营销文件。这份报告使用了溢美之词对该公司及其前景进行描述，这份报告是由卖方顾问编写的，他们会努力将目标公司描绘成一项极具吸引力的资产，并通过竞争性拍卖来激起人们的兴趣。

  尽管投资者会意识到 CIM 文件可能低估了公司可能面临的一些挑战，并夸大了公司的质量和未来的前景，但他们仍会利用这些信息来更多地了解目标公司及其所处行业、运营环境和商业模式，以及最重要的当下和未来预计的财务状况。如果你有幸参与了一笔没有由公司顾问作为中介的交易，当你需要向目标公司提交自己的资料和数据需求时，在签署保密协议后，你通常可以获得一份公司介绍和一份带有财务预测的商业计划。

这也是投资者有限地接触管理层的阶段，他们将被邀请参加与现有管理团队的电话会议或线下会议。对于潜在竞标者来说，这是一个很好的机会，可以拓展他们对目标公司及其商业模式的了解，提出问题并评估首席执行官的战略思维和管理风格。许多投资者选择不对现有管理层提太多尖锐的问题，因为潜在的投标人彼此之间存在着激烈的竞争，因此，在这个"求爱示好"的阶段，他们会尽力表现得友善一些。

在管理层陈述后，潜在的买方会开始提交他们对目标公司的第一轮投标。大多数的意向投资者将在有限的时间内尽量收集完善 CIM 文件和管理层会议中获取到的关键信息，以资分析。除了筛选公共领域的相关数据、阅读中介机构的报告、做市场研究外，最具竞争力的竞标者还将花时间聘请行业专家并委任交易顾问，如顾问、会计师、律师和买方并购银行家。各方在短促的时间内开展紧张的工作来制定妥当的投资理念，从不同的角度提出第一轮投标的估值范围。

在交易流程的这个阶段，通常不会有充足的时间与融资银行进行有效的沟通，进而校准报价所需的杠杆假设参数。有的投资者可能会转而使用最近其他可比交易案例使用的杠杆倍数。然而，想要胜出的竞标人会尽量在第一轮报价的附件中附上一到两家和他们关系不错的银行的背书。尽管时间紧张，但大多数参与首轮竞争的私募股权基金通常会为投资委员会准备一份初步的投资提案，作为交易的概述，同时也是为了获取使用资金的许可，并得到相关的建议。

- **第二轮投标以及最后一轮**。通过第一轮招标的潜在投资者会有权限访问公司的数据中心，其中包含各个领域的广泛信息，例如销售、运营、财务、会计、法律、税务、财产、知识产权、人力资源、风险和保险。

  在竞争性拍卖的过程中，3 ~ 6 名竞标人参加第二轮竞标的情况很常见。鉴于涉及的各方相当多，卖方在数据中心中披露有关目标公司的敏感信息可能会让他们倍感紧张，毕竟，其中一个投标人有可能是与买方存在竞争关系的另一家公司的股东或经营者。因此，任何可能使目标公司蒙受损失的文档都不得在数据中心中披露。不会披露出来的敏感信息一般包括：客户名单、与重要供应商的合同、重要业务合作伙伴的合作协议或高级管理人员的特定薪酬安排。如果潜在投资者需要的信息在数据中心中没有，他们通常会向公司的顾问提交单独的信息请求。

除了获得有关目标公司的更机密信息外，潜在投资者通常还可以进行实地考察并安排与管理层的进一步会议。参观总部，会见其他管理层成员，参观公司的设施并了解运营流程，为投资者及其顾问在下一轮招标之前提供有关目标公司的更多见解。根据交易流程这一阶段感兴趣的参与方的数量，公司的顾问会进行一到两轮额外的招标，以便将名单缩小到只有一两个潜在投资者。

对于交易团队来说，这是一个繁忙的时期。他们必须与顾问、会计师、律师和行业专家一起确定前期的公司尽职调查优先领域，以发掘并验证他们所投资的标的公司的基础情况。这也是让多家贷款银行参与进来的好时机，同时可以利用竞争机制来与最优的融资团队商定一到两份融资方案。在后续几轮竞标之前，交易团队需要为其投资委员会准备一份更新的投资提案。准备投资提案工作应该被重视起来，它是一份详细的文件，内容包含关于投资标的最新的观点、投资理念和交易角度、初步的估值和交易架构、初步尽职调查的概要、投资案例中的关键假设和退出投资时的分析、投资回报和敏感性分析。交易团队还需要讨论竞标的策略和完成收购的可能性。投资委员会的批准使交易团队能够承担额外的尽职调查成本，并参与到随后的几轮投标的竞争当中。

对于卖方和公司顾问来说，这也是一个忙碌的时期。在花费大量时间组织实地考察、提供额外的权限来组织管理层访谈以及满足其余投标人的资料需求后，他们将开始着手准备接收来自投资者的最后一轮投标。一旦确定好最终的买方，卖方就会准备审查投资提案，然后选择其中的一方组织进一步的交易谈判。中标人通常被授予一段时间的排他性，以完成所有的尽职调查、敲定融资安排，并与卖方商定最终交易文件。

如果交易是专有的话，在交易流程的这个阶段会发生什么呢？好吧，感觉生活如此简单！交易团队负责向标的公司发送详细资料需求，并自行组织现场访谈和额外的管理层会议。目的都是获取相同的结果——尽管可以不必再忍受竞争过程给人带来沮丧的分心，交易团队提交给公司可靠的报价也有一定的前提条件，即要完成初步的尽职调查，同时希望与卖方协商一段期间的排他性权利。

- **交易执行和成交**。交易执行对任何投资者来说都是一个特殊的时刻。这也是为什么交易如此令人着迷，包括我自己在内，正因如此才选择了这样的生活。尽管走到交易的这一步会让人感到有成就感和兴奋，但总归还是要平复一下自己的情绪并保持必要的清醒，毕竟，交易还远未完成。在进一步的尽职调查中总是存在发现意外污点问题的风险，或者在最终谈判中与卖方陷入僵局。换句话说，在交易完成之前，有很多始料未及的情况可能会使买方和卖方"分手"。

一旦卖方确定了首选买家并授予了一段时间的排他性权利，交易双方将着手起草最终的交易文件。投资者每次收购中需要协商的法律文件有一个广泛的清单：买方需要与卖方商定购买协议、商定所有关于权益的条款（包括投资协议和管理层激励计划）以及与借款人商定最终的融资条款并形成一系列的借款协议。我们将在第 11 章中讨论主要交易协议。

结合正在进行的拟定最终交易协议的工作，交易团队及其顾问会尽量完善对标的公司的尽职调查。在交易流程的这个阶段，卖方应该会不吝于分享其在前几轮招标时没有分享的敏感信息。当成交触手可及时，买方将开始着手建立一种法律和税务结构来帮助完成收购。一旦尽职调查完成，债务融资到位，买卖双方全部谈妥，交易团队就会向私募股权基金的投资委员会提交最终投资提案，在获得投资委员会批准执行交易后，投资者就拿到了与卖方签署具有约束力的购买协议的绿灯。在完成签约后，直到交易完成之前，还会有一段时间，交易各方可以就各种交割前的条款达成一致。最终，交割日会如期而至，那是买方向卖方支付收购对价的时候了。

尽职调查简介

每个交易都离不开对目标公司进行有效和彻底的尽职调查。在我刚开始投资生涯的时候，我其实也没有真正地理解一个有效且执行良好的尽职调查的意义所在。我简单地认为，好的尽职调查就是要事无巨细、不遗余力地去执行。对目标公司高质量的"体检"，只能通过交易团队准备全面的关于公司的财务状况和运营状况的问卷清单，以及派遣大量的顾问团队到数据中心进行类似于"有就打钩，没有就画叉"的合规性检查等方式来实现，直到关于交易的问题全都浮出水面。

然而，根据我职业生涯中带领过的几十笔交易的经验而言，我现在可以很自信地告诉你，上面描述到的尽职调查方式其实是很糟糕的，它会浪费时间和金钱，而且很有可能只能给你带来一些片面的关于投资案例的价值见解，让你对你的投资案例只有很少一些有价值的见解。但转而选择浅层的尽职调查也不是一个很好的选择，甚至可以说这是危险的。毕竟，我们作为受托人和有限合伙人的使命就是对我们投资的每家公司进行翔实尽责的分析。当我就职于一家专注于大型 LBO 的私募股权基金时，我们的一位投资委员会成员曾对负责尽职调查工作的团队说，"在交易完成之前去找到所有的问题，否则它们会在交易完成后找到你"。这是一句发人深省的话，可以说是"像胡萝卜又像大棒"——既鞭策着尽调团队勤勉尽责，也激励鼓舞着他们的工作。现在你应该已经发现了我觉得两种方法（一种是过于详尽的方法，另一种是囫囵吞枣的方法）都有缺陷，你可能会想，那到底什么才是真正有效的方法？在我看来，一个执行良好的尽职调查流程要先制定明确的规划和深思熟虑的战术。

良好尽职调查流程的十项原则

1. 运筹帷幄：要用策略去选择顾问

事实上，交易团队不仅要竞争收购标的公司，还要抢夺有助于执行交易的优秀顾问团队。目标公司的卖方向 8～10 名认真参与的投标人授予数据中心的访问权限并不少见，这些投标人被要求进行初步尽职调查并在其初始报价上"削铅笔"。由于只有少数信誉良好、有着丰富经验的战略咨询公司、会计师和律师事务所，所以您可能会发现自己经常聘用的顾问团队在为您提供服务时存在一定的冲突，或者压根就无法为您提供服务，因为他们可能已经被其他的投标人聘用。虽然在理想情况下，我们的有限合伙人会期望我们在每次组织尽职调查工作时考虑两到三个顾问团队，从而拿到对己方最有利的条款，但是这个理念在现实世界中可能很难实现，尤其是在一个高度市场化的环境中。因此，还是"早起的鸟儿有虫吃"策略为上，我们最好在交易过程中尽早开始着手招募关键的顾问团队。当您选择拟聘用的顾问团队时，最好是优先关注一下顾问团队的个人从业经历，而非他们所就职的公司。换句话说，您得确定您的顾问是否在当前这个交易中有特定的行业经验，进一步来讲，您需要确保您所聘用的顾问真的会负责目标公司的尽职调查工作，并且不会将此任务委托给其他同事。

2. 掌握先机：提前花时间向您的顾问介绍交易情况

您的顾问对交易了解得越多，他们就越能有效地帮助您的交易团队。当他们签署了相关的保密协议时，您应该可以坦诚地与他们讨论为什么您的基金钟情于这个交易。顾问也应清晰地了解到您的基金的投资理念、特定的交易角度和商业计划中的关键价值创造驱动因素。尽管您可能会想着把这个交易的某些特定方面作为"秘密武器"并将一些关键的信息埋藏在心底，不向您的顾问团队公开，但对您的顾问有所保留其实是没有意义的，因为从他们参与到您的交易那一刻起，他们就已经成了交易团队不可分割的一部分，是交易团队的"左膀右臂"。所以，提前花点时间全面地向您的顾问团队介绍关于这个交易的情况十分有必要。

3. 直抒己见：明确您对顾问的需求

归根结底，您的顾问应该是致力于提供专业的意见，并帮助您的交易团队与其他投标人进行竞争。他们必须要像一个投资者一样去思考（而不是作为一个服务提供商那样去思考），同时需要将尽职调查的过程视为一项高度战略化的工作，尽职调查旨在优先地识别并分析出关于目标公司的最有用信息的关键部分。您的顾问的专业意见应当能够帮助您的基金探索创造性的交易角度、让您的报价在交易流程的前期与众不同。向您的顾问提出一个明确的需求：他们的工作应当得出具体且可操作的有利于交易的建议。不要与顾问陷入没有意义的讨论中，"一方面……另一方面……"每个投身于交易中的人都应当理解私募股权并不会期望找到一家"纯白无瑕"的公司，因为它们本质上就是利用资本来进行风险投资，并从中获利。因此尽职调查的过程应该能为交易团队在核心问题方面提供一个清晰的视角，帮助交易团队识别出潜在的风险，量化出潜在的负面因素，并且在可行的情况下，提供相关的建议来减轻这些风险。您的顾问也应该理解与您的基金进行开诚布公、不遗余力的沟通的重要性：尽职调查的早期阶段绝对至关重要，因为它们可以产生出有价值的见解，帮助交易团队成员确定他们对交易的磨合程度。如果最初几周的尽职调查工作结果不尽如人意，您的交易团队可能会决定提前退出，以尽量减少交易成本，节省大家的时间并维持在市场上的信誉。但无论如何都要记住，交易顾问只是为了协助、提供资源和见解，负责作出决定的是交易团队。当到了最终的拍板时间，您在与投资委员会或者有限合伙人沟通汇报时，"我们的顾问说怎么怎么样……"可不是一个好的借口。

4. 心存疑虑：审查交易顾问的尽职调查（"VDD"）报告时持有审慎怀疑的态度

对于从第三方收集到的任何市场数据、公司信息或财务分析都要持有审慎的态度，尤其是当他们坐在谈判桌对面的时候。有必要记住的是，出售方及其顾问只有一个目标：那就是以尽可能高的价格出售公司。因此，可以合理地假设您从卖方那里获得的所有信息通常都有点"王婆卖瓜，自卖自夸"，即放大了积极向好的因素，同时弱化了不利的因素。不要曲解我的意思，出售方的尽职调查成果不太可能包含完全不正确或欺诈性的事实和数据。但是，大多数 VDD 报告都可能存在一定的偏见以及一些明显的缺陷。根据我的经验，最常见的问题包括：a）简单地用历史业绩表现来推断未来，而没有严谨的思考过程来支持这些假设；b）在分析历史业绩时，恰好选择一个业绩最佳的时期，即以偏概全；c）夸大预测并作出没有确凿事实和数字充分支持的定性陈述；d）依赖了源自第三方的不太可靠或不具代表性的市场研究或客户分析数据；e）为了使特定的陈述更有说服力而对相关市场使用不一致的定义，例如：许多公司喜欢在一个非常狭义的行业或产品类别中展示他们的主导市场份额，而在一个更广泛的市场中描述未来的增长机会。总的来说，虽然VDD 报告通常可以帮助感兴趣的投标人非常快速地了解交易，但并不能作为挑剔的买方组织专有尽职调查的可靠的替代品。

5. 有的放矢，而非面面俱到：尽职调查工作要有重点

尽职调查过程能让投资者获得更多的关于目标公司的信息，并减轻交易关键领域中的不确定性。如果私募股权交易专业人士的交易都不需要竞争，可以获得无限的预算，并且可以在每笔交易中投入无限的时间，那么每个私募股权交易专业人士都可以"面面俱到"并优雅地搞出一份尽职调查报告。我们假设即便是这种做法能够完全地消除交易的不确定性，并使投资者信服，但在我看来，百分之百的确定性是根本无法实现的。伏尔泰有句话应当时刻

铭记于心，"不确定是一个不舒适的位置，但确定是个荒谬的位置"。在竞争激烈的交易情况下，从来不会有足够的资源和时间来进行事无巨细的尽职调查，不确定性也无法彻底消除。所以，在我看来，更有效的方法是将尽职调查程序分为初步阶段（第一阶段）和确认阶段（第二阶段）。为了使第一阶段富有成效，尽职调查应该侧重于几个明确的目标，比如验证投资主题，检查投资标的中的主要假设和关键价值创造驱动因素，评估出关键的价值组成部分并与交易对价进行比较，调查主要的利空风险，并确定公司通常是一个可投资的实体，没有明显的交易污点因素。通过执行第一阶段中最重要的这几个程序，交易团队可以部署有效的资源来进一步论证交易是否值得。除非交易团队将交易推进到了一个实质性的阶段，并且出售方同意授予一定时间内的排他性权利，否则我个人会尽量拒绝参与更详细和昂贵的第二阶段尽职调查。尽管第二阶段通常被称为"确认性"尽职调查，但我发现该过程仍然能够揭示一些新的见解，无论是积极的还是消极的。换句话说，"确认性"尽职调查不仅仅是"打钩"，它可能会给你足够的理由放弃这笔交易，我会将任何令人担忧的尽职调查结果纳入投资过程，与交易团队一起分析这些结果，并共同决定我们是否认为它们构成了彻底的交易破坏因素，或者它们是否可以通过调整价格、赚取利润或法律文件中的特定条款来解决。

6. 炳炳凿凿：明确尽职调查工作成果的交付形式

对于您而言，这个话题听起来是不是一个不太重要的内部事务？我觉得与您的所有顾问事先就尽职调查报告的确切格式达成一致十分重要，再怎么强调也不为过。最有帮助的尽职调查报告会提供清晰而简洁的建议，并得到事实和相关分析的充分支持。顾问的专业见解需要站在一个更高的视角，来审视当下的交易，同时需要敏锐地捕捉任何可能影响投资者最终退出交易的问题。由于大多数交易往往进展得相当快，顾问需要跟上客户的步伐，并在预先商定的（通常是非常紧张的）时间内发布尽职调查结果。这在现实中意味着什么？根据我的经验，尽职调查报告往往需要在周五 23 点或周末的某个时间提交，同时交易团队通常也只有几天的时间来仔细地研究调查结果，相应地提一些问题，做一些额外的分析，调整投资基础情况，向投资委员会更新尽职调查结果，同时就尽职调查结果如何影响最终的协议、交易架构、法律文件等方面达成一致。在这种充满挑战的背景下，以难以理解的格式收到尽职调查结果总是非常令人失望，这使得交易团队很难继续快速推进交易。有谁会需要一份700多页的臃肿而无法突出重点和优先级的法律尽职调查报告呢？前车之鉴，以前的尽职调查报告确实让人头疼，现在我不得不就尽职调查报告的格式向所有顾问提出相当严格的要求。此外，如果我与一家新公司合作，我可能会提前与他们分享一个相似的模板，从而避免在交易关键时刻产生任何潜在的误解。作为一名交易负责人，我希望与我的交易团队合作的顾问能够提供高质量、易于理解的最终产品，方法是详细而系统地查看可用的公司信息，进行深思熟虑的分析，提出明确的意见，总结关键问题，并提供足够的背景来支持任何关键发现。

7. 克勤克俭：控制尽职调查成本

我们都知道，买卖双方随时可能会因为各种原因而终止交易。您最后还是需要为此做好充分的准备，同时，正因如此，您也需要谨慎提防很容易超过百万美元的尽职调查成本。由于交易流产的成本由基金来承担，所以这种成本会对基金的内部收益率产生直接的负面影响，而内部收益率是有限合伙人最为关注的指标。如果有那么几次不太明智地在顾问成本上挥霍，您的基金的业绩可能就要承压了！所以在聘请顾问时，最好分别为不同阶段的工作定价，并尽早商定具体的预算和费用上限。如果您不同意就特定部分的工作支付固定的费用，并且必须采取随用随付的方式来支付，那么每周获取并更新一下顾问产生的成本就非常重要。您的顾问在交易流程的早期阶段谨慎行事，并避免在交易的头几周就大量地安排人马，尤其是在交易团队仍在犹豫是否继续推进交易的情况下。关于终止服务的成本也应当有一个明确的安排：如果交易没能成功，那么预先要求你的顾问分担一定程度上的风险以及服务费减免可能会比较好。

8. 人非圣贤，孰能无过——交易顾问不是万能的

随着交易时间的压缩以及与交易相关的问题愈加复杂，有必要认识到一点：您的顾问可能无法解答所有的问题。交易团队有责任管理其聘用的交易顾问，并经常与其进行沟通，同时了解他们对自己的尽职调查成果的信心程度。如果您发现交易顾问的某些工作成果不合乎逻辑，那就要针对这些问题与交易顾问进行沟通，试着理解他们的内在逻辑，寻求事实依据和数据支撑。要"审慎度量"，而非轻信交易顾问的结论。由于您是甲方，所以完全可以提出这种要求。同等重要的是，要记住顾问不是神，他们偶尔也会在工作中犯错误，尤其是在时间紧张的压力下撰写尽职调查报告时。每个交易团队成员都应该审慎地对待交易顾问的工作成果，并确保尽快发现以及纠正任何潜在的错误。如果您根本无法深入了解某个重要问题或开始怀疑交易顾问的专业胜任能力，那么较为谨慎的做法是"找外援"，比如寻找相关的行业专家，甚至是更换当前的尽职调查顾问。

9. 人非圣贤，孰能无过——投资人也不是完美的

投资者没有理由不喜欢交易，因为他们完成交易时会拿到基金的奖励。相应的，每个交易狂热的大脑都很难冷静地分析尽职调查结果。当沉浸在一项潜在的投资中时，主观上可能会过于依赖管理团队，这就导致我们几乎不可能进行全面且冷静的分析。就像任何其他已经沉浸在交易中有一段时间的人一样，您可能会发现自己逐渐沦陷到了各种认知偏见中。除了过于情绪化地参与到投资标的公司的交易中，您在所有的尽职调查过程中都可能遇到另外两个常见的陷阱。首先是审查偏见：在审查尽职调查结果时，您可能会发现您是在专门寻找所有可以支持您的投资论点的事实和数据，同时选择淡化或忽略那些消极不利的信息；第二种是沉没成本的误区：即在漫长的尽职调查过程中花费了相当多的时间和金钱，即便有了足够的证据表明目标公司出

现了负面趋势，你也可能会觉得有必要继续进行交易。为了避免成为自己头脑发热的牺牲品，我会试着通过增加自我意识来保持客观的观点，我会记录下做决定的过程，同时将与潜在投资有关的积极因素和消极因素列成清单。此外，兼听则明，偏听则暗，我也会尽量听取他人的观点，避免独断。最后，我可能会向不参与到交易中的同事征求建议，有时候让您信任的人来辩证地审视当下的交易并向交易团队提供一些建设性的意见很有帮助。

10. 抓大放小：要把握大局，避免掉进细枝末节中

由于一般的尽职调查工作成果可能洋洋洒洒上百页，因此大家都很容易陷入细枝末节中。尽职调查成果有一些很重要，有一些则不然。所以要抓大放小。尽管对于投资者而言，每个投资标的千差万别会导致每个尽职调查的流程都有所不同，但还是要保持头脑清晰，不必惊慌，每笔交易中需要重点关注的问题也不见得是五花八门。我个人的观点是：全面翔实的尽职调查过程只需要为一小部分关键问题提供可靠的答案。

1. 我们初期对目标公司商业模式的理解准确吗？ 有没有哪些因素会在未来对其形成冲击？ 是否成熟稳固？

2. 结合我们对市场的理解以及经过尽职调查后的目标公司，我们的投资理念是否仍经得起考验？

3. 在投资期限内，我们的投资标的商业计划是否可以实现？ 如果可以的话，我们是否对有关的预期收入增长率、利润增长率、成本缩减空间、现金转换能力和再投资需求等因素的假设足够放心？ 此外，我们是否有一个可靠的管理团队来执行这个商业计划？

4. 我们是否有任何理由怀疑目标公司未能公允地编制财务报表？ 例如激进的会计政策或者会计估计，是否存在操纵财务报表甚至欺诈的行为？ 宽泛地讲，我们是否充分地关注了目标公司潜在的信誉风险？

5. 我们是否完全清楚交易范围内包括哪些资产（比如品牌、商标、专

利、专有技术、有形资产和人力资源）？ 这些资产是否权属清晰无异议，不影响所有权的顺利转让？

6. 我们在为公司的哪些存量负债和预计负债买单？ 其中可能包含了很多因素，比如由于各种原因而产生的任何潜在赔偿义务，如涉诉事项和社会责任等。 我们是否了解这些负债对目标公司商业计划中的预计现金流量的影响？

7. 控制权变更将如何影响目标公司及其商业模式？ 哪些重大协议可能需要重新谈判？ 我们是否能够确定控制权的变更不会导致目标公司的商业模式无法正常运作（比如由于大客户流失或失去关键供应商导致的潜在损失）？

8. 当退出投资时，目标公司是否仍然炙手可热？

尽职调查关键工作流程

每个刚接触尽职调查的人可能都会问一个很基础的问题：如何开展尽职调查工作？我很幸运，在自己职业生涯的早期被介绍到了一家大型的私募股权基金工作，那家基金公司已经开发了较为系统的尽职调查方法，因此我可以从那些标准的问卷和清单库中受益。此外，我有权限查阅我所在基金以前的交易文件，从中查看一些相关的交易先例，研究过去投资项目的尽职调查报告，并与参与这些交易的同事访谈。久而久之，我觉得有必要将自己的知识与其他外部资源进行交叉检查，过程中偶然地发现了几本关于尽职调查的有用的工具书。

如果您有兴趣进一步了解交易尽职调查，我会衷心推荐 Rosenbloom（2002）的选集，⊖这本书中对每个尽职调查工作流程都有着翔实的解释。我觉得本书特别好的一点就是：书中的每个章节都是由业内具有相关专业知识且资深的专家汇编而成，比如商业尽职调查章节由顶级公司的战略顾问撰写，

⊖　完整的引用请参见第 10 章参考文献。

财务尽职调查由全球会计师事务所的一部分人撰写，法律尽职调查事宜由具有丰富跨境交易经验的执业律师深入讨论而成。尽管这本书是以前出版的，但我认为它的大部分内容都是常青树，可以对如今的交易起到很好的参考作用。我认为有用的其他书籍包括 Gole 和 Hilger（2009）的并购尽职调查指南和 Howson（2008）的精简版的交易尽职调查问题清单合集[○]。

您可能已经知道，每个完整的尽职调查过程都由交易的特定领域相应部分组成。让我们讲解一下尽职调查中关键的工作流程，并讨论一下投资者一般都需要从中获得哪些关键信息。

商业尽职调查（"CDD"）

商业尽职调查的团队来源包括：内部交易团队、内部运营合作伙伴、外部战略咨询公司、外部行业专家及买方管理团队（如果可以确定在并购完成后，买方团队将替换现在的管理层）。

完整的工作流程包括：分析外部环境（包括对宏观经济进行分析），市场规模和增长空间，行业趋势，市场结构和竞争环境，公司战略和商业模式，对目标公司的品牌、产品、服务质量等因素的分析，客户价值主张，核心竞争力，竞争定位和标杆，利润空间分析，关键的销售和盈利能力驱动因素，定价调节策略，成本结构和供应链，获客模式和分销渠道，营销和市场的有效性，公司主要市场的竞争风险，破产风险及退出分析。

第一阶段要优先解决的事项：投资理论的验证、关键价值驱动杠杆、商业计划中关键收入预测增长率假设的验证、利润增长空间、成本优化再投资需求、目标公司商业计划落地的风险及目标公司脱手时它的吸引力。

其他注意事项：如果投资标的是消费品公司或经营电子商务的公司，那就应该一同进行"数据尽职调查"，否则您的商业尽职调查（CDD）将是不完

○ 完整的出版信息请参阅第 10 章参考文献。

整的。"数据尽职调查"的调查对象包括公司线上数据记录，调查分析内容包括在线分析客户情绪、社交媒体比率分析、影响因素和搜索趋势。

财务和税务尽职调查（"FDD"）

负责财务和税务尽职调查的主体：外部会计师事务所和内部交易团队。

完整的工作范围包括：会计政策审查、财务报表可靠性和完整性评估、激进的会计政策和会计估计的潜在风险、操纵收益和"粉饰财务报表"的潜在风险；对现有交易和历史财务业绩的检查、预算和实际执行情况的比对分析、经过审计的财务数据和未经审计的财务数据的比较；收入质量和可实现性分析，将销售额细分为有机和非有机增长，按产品、客户账户、分销渠道和地理位置等因素对销售收入和盈利能力进行分解；对单位利润以及固定成本和变动成本的分析、收入和盈利与经济周期的相关性分析、非经常性项目分析、汇兑损益影响分析；资产负债表审查，包括净负债、应付账款、预提费用和盈余现金；或有负债、员工福利条款和表外项目的详细审查；正常情况下的收入水平，理想状态下的营运资本需求和可持续发展状况下的维护性及扩张资本支出；对商业计划的预测和关键参数的敏感性分析；详细检查历史和预计的现金流状况；分析历史和当前的税收状况，制定税收模式和交易架构。

第一阶段要优先解决的问题：财务报表的可靠性验证；评估历史预算执行的准确性；历史财务业绩的走势好坏；历史收入、盈利能力和现金流的主要驱动因素；相关 KPI 和单位利润分析；成本分析；收益质量分析；重大非经常性项目的审查；计算常规化、模拟以及 LTM 的 EBITDA（或其他与盈利最息息相关的指标）；资本性支出、营运资本和净债务的详细分析；根据历史财务业绩走势来验证商业计划中的主要假设；EBITDA 与历史业绩和预测业绩之间的关系。

其他考虑因素：如果关于财务尽职调查有一件事需要记住，我会选择硅谷传奇人物、英特尔联合创始人安迪·格鲁夫（Andy Grove）的一句话，"只有偏执狂才能生存"（Grove，2002）。倘若您希望您的交易成功，那么也有必要做一个"偏执狂"，尤其是在分析目标公司的财务报表时。但令人沮丧的是，根据我的经验，激进的财务政策、操纵收入甚至是欺诈都不罕见。或者不管我所说的话，环顾一下四周，有没有发现到处都是会计丑闻？通用电气曾经是卓越管理的典范，今天仍然是家喻户晓的名字，但它因为存在特定的成本和利润欺诈行为，在 2020 年被罚了 2 亿美元（Michaels and Gryta，2020）。美国著名金融机构富国银行（Wells Fargo）最近也上了新闻，顺便提一下，我大一时还在这家银行开设了第一个支票账户。该公司在 2020 年初被指控罚款 30 亿美元，以解决针对该银行使用流氓销售人员开设虚构客户账户的民事和刑事调查——这都是为了提高收入（Kelly，2020）。

诸如此类的财务造假案例不胜枚举，有英国超市巨头乐购（Tesco）、英国电信的意大利子公司……如果大品牌行业冠军都敢于操纵它们的财务报表，而且还经常这样做，那么我们怎么能信任一个可能在我投资视野范围内的小得多的企业呢？虽然我还没有完全失去对人性的信心，但我确实认为在进行财务尽职调查时要格外警惕，打起十二分精神来。下次您处理交易时，请您的 FDD 顾问详细检查财务报表中任何您可能觉得异常的问题，[一]例如：不适当或模糊的收入确认；由于加速折旧而导致资产价值过低；通过操纵资本支出、延期向供应商付款或延期入库等方式来做出平滑的现金流；重大资产或负债的减值迹象或者计提坏账；有疑点的低有效税率；突然的会计估计变更或更换公司的审计师；最为重要的是：财务报表中的任何不连续性，特别是由于收购、出售或业务重组而导致的特殊费用和报表重述。

[一] 在财务报表中发现奇怪的分录需要一定的经验。我发现阅读几本有用的关于会计的书籍会很有帮助：特别是 Mulford 和 Comiskey（2005）、Shilit 等人（2018）以及 Fisher 和 Hoffmans（2010）的作品。完整的出版信息请参阅第 10 章参考文献。

运营尽职调查（"ODD"）

负责运营尽职调查的主体：内部交易团队、内部运营合作伙伴、外部管理咨询或专业公司（例如专门做运营周转或 IT 系统的公司）、外部行业专家和买方管理团队（如果可以确定在并购完成后，买方团队将替换现在的管理层）。

完整的工作范围包括：分析组织架构、产品或服务交付协议和内部操作程序；维持公司运营的核心资产和基础设施；详细审查当前资产的运营效率、产能利用率、使用年限、制造设施和设备、房地产和数据资产（包括软件和 IT 系统）的性能和质量；对企业文化、道德观念、企业行为及员工满意度进行评估；分析主要部门经理的管理风格、经验和业绩记录、招聘和留任计划、员工流失和工会问题；详细分析当下的不足以及确定潜在的降本增效措施；根据实施商业计划可能需要的条件，来评估公司当前的业绩、资源、资产。

第一阶段的优先问题：验证商业计划中与资金周转效率、产能利用率、人力资源、所需的资本支出、降本增效的改进空间相关的关键假设；过滤出与公司声誉、不道德的商业行为、不当对待员工或不可持续的运营实践有关的严重问题。

法律尽职调查（"LDD"）

负责法律尽职调查的主体：内部交易团队、内部法律顾问和外部的律师事务所。

完整的工作范围包括：审查公司历史沿革，集团架构，历史上的收购、处置、重组和任何当下的过渡性问题；股权架构、公司治理和主要利益相关者之间的法律协议；对当前的所有者进行背景调查；是否遵守法律法规；所有的犯罪、商业方面或财务方面的不良记录；分析已知和潜在的责任、诉讼和纠纷；所有权变更条款；主要合同；知识产权；保护环境和遵守社会义务；量化潜在风险和责任曝光。

第一阶段的优先问题：通过汇总从数据中心获取的信息，来确定重要的信息披露方向；控制权变更条款；主要合同；识别所有的可能对声誉产生影响或导致重大现金流出的问题；所有可能会导致卖方调整价格或赔偿的重要项目的摘要。

其他尽职调查

还有一些其他的尽职调查工作流程可以帮助发现一些问题。比如，保险尽职调查包括对历史和未来保险成本的分析，以及对重大索赔、损害赔偿和债务的审查。由于投资者在交易结束时需要足够的保险覆盖范围，因此，在公司未来可能面临的风险背景下，量化那些强有力的保险是很重要的。别忘了这个尽职调查项目！但更有可能的情况是，由于所有权发生了变更，目标公司与保险公司的现有协议将自动失效，而在交易结束当天，如果没有适当的保险范围就会违反与贷款银行的融资协议。

一些投资者更喜欢将人力资源尽职调查作为一个独立的工作流程，而不是将这部分工作纳入到运营尽职调查或法律尽职调查中。在这种情况下，人力资源尽职调查的工作范围会包含与薪酬、福利、员工培训、留任计划以及劳动合同（包括与管理团队关键成员的合同）等有关的任何问题。在法律尽职调查尚未涵盖到这部分工作的情况下，人力资源尽职调查工作可能会涉及对高级管理人员进行背景调查，核实他们先前的工作经历和受教育的证书。

最近这些年，环境尽职调查变得越来越重要，随着可持续发展问题在私募股权投资者及其有限合伙人心目中越来越突出，投资者倾向于在交易的尽职调查期间提前对 ESG 问题作出更广泛的调查。除了确认公司没有完全违反适用的环境法律法规外，许多投资者还会花一些时间了解公司在碳排放、废物管理、员工多元化和包容性计划、工作场所健康和安全性以及合规和治理协议等关键的 ESG 事务中的现状和立场。

其他潜在的尽职调查工作流程高度依赖于公司业务的特性。某些情况下，你可能会发现委托的顾问提供额外的报告是有用的，他们可以在高度专业化的问题上提供专业知识，这些问题可能在你的交易中发挥关键作用，例如专有技术的评估、网络安全风险的审查或复杂的知识产权的评估。

一旦所有尽职调查工作流程完成，投资者会发现自己的处境不错，因为他们和卖方之间的信息不对称终于减少了，所以他们可以松一口气。对投资标的的执行良好的尽职调查工作至关重要，因为它可以让交易团队完善他们的投资基础情况，然后就适当的价格和交易条款作出明智的决定。而且，一些尽职调查过程不可避免地暴露出一些问题，比如有关该公司的某些调查结果可能会让投资者发现根本不应该收购这家公司，不管花多少钱都是。如果是这样的话，也不必绝望，因为避免损失和做交易一样重要。我在第 5 章已有提及，这里再重复一遍：有时候你职业生涯中最好的交易，恰恰是你从未争取过的。

第 11 章

交易执行：法律文件

重点内容：

- 为什么你不需要成为律师也能在交易的法律条款谈判中提供有价值的意见
- 如何将尽职调查成果转化为交易文件中的法律条款
- 我总结的一些关键交易协议中的常见问题

我用上边这几句话来作为本章的开头。这几句话应该都理所应当且无一例外的重要，我非常笃定这一点。首先，交易协议这个话题是一个相当枯燥的法律问题，它不可避免地会涉及使用一些法律专业表述，这些表述看起来可能十分晦涩。我也希望我能让这一章更有趣，但我所描述的这个话题本身根本没有给我足够的施展空间。我只能同情孜孜不倦地读完本书此章节的勇敢的读者。其次，我想预先声明一下，我并不是律师。但我将用一整章来讨论一般的私募股权交易中频繁出现的交易法律问题。即便如此，您可以因此而完全依赖我在本书这一章节中所说的一切内容吗？显然不能。每个交易的情况都有所不同，每当遇到类似的问题时，您都应该向您团队中具有丰富经验的律师来寻求专业建议，这些律师更为熟悉适用于您的交易的司法管辖区的法律框架。我接下来介绍的一些领域可能与您的交易不那么相关，有些法律规定甚至不适用于您所在的国家。我在本章的唯一目的是提供一些方向上的指引，告诉大家在哪些方面可以找到潜在的问题和陷阱。我在法律文件方面的个人经验和观点源于我的交易执行经历——以一个投资专业人士的身份，而非律师。所以让我们先达成一致，本书中的任何内容都不能取代经验丰富的律师的专业建议。

在我们讨论每个交易协议的关键条款之前，先说几句我在先前交易执行工作中学到的一些经验教训。

- **交易团队所扮演的角色**。虽然投资专业人士不是律师，但他们很大程度上会参与到交易协议的起草和谈判过程中。为什么会这样呢？首先，因为投资团队的成员与交易的接触最为密切，他们可以为他们的律师团队提供相关的商业建议。其次，投资专业人员也最能理解交易执行过程中尽职调查的主要风险领域，进而可以促使律师进行更有意义的谈判，由此来抵消未来可能存在的潜在不利情形。此外，交易团队还需要负责检查交易协议中的每个数字，因为律师更多地是专注于复杂的法律条款，他们对交易文件中的数字并不敏感。[⊖]

- **先发优势**。律师们非常清楚这一点，谁先来负责撰写法律协议的初稿，谁就会获得先发优势。因为初稿设定了最基本的规则，所以请确保抓住每一个帮您的法律团队撰写法律协议初稿的机会。

- **非约束性协议与具有约束力的协议**。这听起来很简单，签署具有约束力的协议就代表了协议对交易各方都有确定性的承诺。不具约束力的协议则意味着积极推进交易的意图。然而还有另一个因素：信任度。所以，对于那些在乎自己声誉的投资者而言，在正式签署前几个小时选择退出交易可不是一个明智的选择，即使从法律角度来讲他们可以这么做。关键交易文件的初稿可以很好地反映出交易各方距离达成协议还有多远。如果协议达成看起来遥遥无期，那么在起草过程中尽早退出可能是最好的选择。

- **风险管理**。当您遇到交易中的风险时，有许多法律工具可以帮助您减少一部分风险。比如，赔偿条款使受赔偿方能够在发生损失时从对手方获得相应的赔偿金；声明和承诺会要求提供本承诺的各方陈述具体事实并承诺真实性；契约是针对将来特定行为的承诺，限制各方做出令彼此不愉快的事情。

- **狭义与广义**。在起草一项权利时，请确保它适用于最宽泛的情况。同样的，在起草一项义务时，您希望尽可能缩小其适用范围。您的交易对手可能也会使用相同的策略，但是，始终有必要关注法律协议中特定定义的权利义务范围。

⊖ Ludex non calculat 是一个拉丁语表达：它起源于罗马时代，可以粗略地翻译为"律师不能计数"。因此，如果您在法律顾问起草的法律协议草案中发现财务比率、契约、收益和棘轮机制的计算中存在明显错误，不要感到惊讶。

- **做最好的打算、最坏的准备。** 理想情况下，当交易团队参与起草最终交易文件时，他们应该对自己期望的风险水平、投资时间跨度和首选的退出路线有了明确的看法。精心起草的法律协议应反映交易团队在当前交易背景下最基本的期望，同时协调交易各方的利益，并保留一定的灵活性来应对公司未来发展的不确定性。但交易协议也应该是稳健的，它需要涵盖各种不利情形，不管可能性有多小，都应该最大限度地减少未来交易各方之间潜在的纠纷。除了为预期的基本情况下的投资提供坚实的法律框架外，交易协议还需要明确说明在某些极端情况下将采取何种措施，比如破产或关键高管突然死亡。

让我们跳过这个令人沮丧的篇章，直接来看看交易协议吧。在典型的私募股权交易中，交易专业人员会遇到以下法律文件：⊖

1. 保密协议；
2. 业务约定书；
3. 报价单；
4. 买卖协议；
5. 公司章程；
6. 股东协议；
7. 债务文件。

我们来梳理一遍这些法律文件中的关键问题。⊜

⊖ 交易协议要求因司法管辖区不同而不同：请参阅贝克·麦坚时律师事务所（Baker McKenzie, 2015）发布的《全球杠杆收购指南》（*Global LBO Guide*），了解 34 个地区杠杆收购交易的主要法律考虑因素的高级概述。完整的引用请参见第 11 章参考文献。

⊜ 有关私募股权交易文件中关键问题的其他观点，请参见 Zeisberger 等人（2017）的第 10 章和 Ippolito（2020）的第 12 章。完整的出版信息请参阅第 11 章参考文献。

1. 保密协议（NDA）

保密协议的作用：NDA 是一项具有法律约束力的协议，该协议会约束私募股权基金及其交易顾问对投资标的公司的机密信息进行保密。

我对关键问题的看法：一些私募股权基金对他们签署的每一份保密协议的立场都比较坚定，另一些则不然，因为他们觉得没有人会因为未遵守保密协议而被起诉。我的观点介于这二者之间。虽然我还没有听说过任何与私募股权相关的因违反保密协议而被起诉的案例，但我个人不想成为第一个"吃螃蟹的人"而上新闻头条。由于 NDA 一般是在交易的早期阶段签署的，我认为重要的是不要过度谈判，同时不要越过交易对方，当那个给交易对方添麻烦的人。因此，我倾向于只关注以下列出的几个关键项目。

- **谁受保密协议的保护**。如果协议要求私募股权基金对第三方（如交易顾问和贷款人）违反保密义务承担责任，那就非常有必要搞清楚谁被纳入保密协议所涵盖的主体中，并从这些主体获得背靠背的承诺。

- **机密信息的定义**。最好检查一下 NDA 里关于机密信息的定义中没有任何非标条款，并明确 NDA 中典型的排除条款，例如私募股权基金在进入 NDA 之前已经拥有（显然是合法的）公司的任何信息，通过公开渠道已经可以获取的任何信息，或者私募股权基金或其顾问可以独立得出的任何信息。

- **赔偿**。如果 NDA 要求私募股权基金因为违反协议而赔偿目标公司可能遭受的一切损失，我一般会先删除这一条款，因为交易各方之间的所有分歧都可以在法庭上解决。但是有时卖方无法接受我们删除这一条款，在这种情况下，一个好的折中方案可能就是同意赔偿，它的定义非常狭窄，并且仅限于法院确定的公司遭受的实际损害。

- **协议期限**。一般的保密协议要么在双方之间的交易完成时到期，要么在标准期限（例如 1 年或 2 年）后到期。如果 NDA 中没有关于协议期限的相关描述，那就有必要关注一下这个协议是否永远都对私募股权基金及其顾问起到约束效力。但显然这是不合理的，所以就有必要加入一个限制性条款，比如将协议期限限制在 1 年或 2 年内。有时候卖方对其分享关于自身的机密信息特别敏感，并坚持认为 NDA 的约束效力应该持续很长时间，例如 5 年。但根据我的经验来讲，一般也可以做一个折中，比如 3 年，理由是超出此时间范围的任何关于公司的信息都已经没用了，自然而然的，这些信息也就没那么敏感了。

2. 业务约定书

业务约定书的作用：业务约定书是投资人与专业顾问（如咨询公司、会计师、律师和投资银行）之间的保留协议。

我对关键问题的看法如下。每份与中介机构的业务约定书都应该涵盖以下领域：工作范围；费用和开支；赔偿条款；工作成果的交付时间以及服务持续时间。

其中，工作范围应当反映出顾问工作所需涵盖的领域，但是如果工作范围的定义比较宽泛，则对交易团队的帮助不大，所以工作范围最好明确一下，这样就不必在每次出现新的尽职调查问题时都进行修改。几乎所有的顾问都会要求赔偿，虽然这是个标准的市场惯例，但仍有必要检查一下赔偿的定义是过于宽泛或存在不合理之处，相反的，如果您疏忽这点，您的基金可能就会被要求进行赔偿。在第 10 章中，我们已经讨论过了在协议中约定好服务费的重要性，投资者热衷于控制交易成本，也会就总体费用以及可能适用于商定尽职调查工作流程的费用预算及上限进行激烈的谈判。一些顾问，特别是那些同意在成功的基础上工作或每周都聘用的顾问，会希望投资人能支付他们的相关费用，在这种情况下，重要的是就任何允许的费用商定具体的预算和通知期。最后，必须有一个明确的顾问补偿框架，以防交易流产或未能完成。

3. 报价单

报价单的作用：这是一种私募股权基金向卖方提交的意思表示文件。交易开始时的第一份报价是一份不具约束力的法律文件，私募股权基金用它来表达其对投资目标的热情，同时将其第一轮出价传达给卖方，但不会描述过于具体的交易关键条款。而竞价环节结束时的报价单则会包括最终的报价以及主要的交易条款。该文件也不具有约束力，并受制于许多条件，因为私募股权基金仍需完成其余未完成的尽职调查，与卖方商定最终交易文件并确认杠杆融资的最终条款。

我对关键问题的看法：陈述得当的报价单对于每个竞价交易来讲都是必不可少的，除了告知卖方意向性的报价，买方还可以借此机会来巧妙地推销自己，从而与其他竞争者区分开来。我相信投入必要的精力来制作高质量的报价单总是值得的，因为持有这种态度的交易团队可以立即将自己与其他认为精心准备不重要的竞争对手区分开来（主要是相对于那些在第一轮报价中使用通用模板的竞争对手而言）。报价单应该写什么？除了明确价格、关键假设、交易架构和主要的达成交易所需的条件外，我还会尽量去遵循以下原则。

首先，我觉得比较重要的是要在报价单中对收购的公司乐观一点，同时向卖方发出信号，提及一些目标公司的独特之处，也表明我们的基金是一个可靠的竞标者，而且交易团队已经在这次收购上做了大量的工作。其次，我需要确保这份报价单阐述了我们的基金将会如何为标的公司赋能，帮助其增加价值，同时提及一下我们过往的业绩、交易记录以及相关的行业知识。最后，我觉得提前传达我们的基金迅速采取行动的意愿也至关重要，这点通过描述我们的交易团队已经在前期完成的对目标公司的初步分析来实现，比如委任了交易顾问，并收到了贷款银行的不具约束性融资提议等（附件中包含一两封指示性融资信函）。最终，大多数竞标人都会追逐三个目标：价格、可交付性和交易能否及时完成。

当交易进入到最后一轮时，剩下的一些竞标者被要求提交最终报价，我不得不承认魅力和吸引力变得不那么有用了。最终报价单的起草通常会让人联想到法律协议的起草方式，比如意向书（"LOI"）或条款清单：[一]这些文件描述了交易的主要定价假设和条款。最好提交一份清晰、全面且不具误导性的提案，交易团队在其中需要给出最终的报价，写明要求的排他性权利，并概述完成交易的时间表和条件。

4. 买卖协议

买卖协议的作用：买卖协议（SPA）是每个收购过程中最重要的法律协议，一旦签署，它就约束买卖双方执行交易。SPA明确地规定了所购买的内容，列出了报价和所有相关的调整项目，并描述了交易各方在交易完成日期遵循的退出机制。买方和卖方使用SPA来记录交易的详细条款，反映其商业谈判的具体结果，同时约定任何未来的风险和责任。

我对关键问题的看法：鉴于SPA的重要性和影响，一般都是交易双方的律师团队来起草和谈判这份重要的交易文件。然而，该协议远不只是严格意义上的法律问题，交易团队应当在谈判过程中就商业条款方面全权负责，并向律师提供支持。在我看来，对于交易团队的所有成员，即使是那些没有法律文件经验的成员，通读一遍SPA，同时对交易的最关键方面形成良好的理解都是一种很好的实践。虽然该文件整体上都很重要，但我认为有几个具体的领域尤为重要。

- **交易范围**。买卖协议将根据交易的实质明确地定义所购买的内容，买方可能会购买公司的全部或部分股权，也有可能是全部或部分资产。在公司"剥离"中，买方可能只从更大的公司集团收购特定的业务线或特定部门。在每笔交易中，交易团队都需要确保在SPA中适当地阐明交易所涉及的法人实体、资产等交易范围。明确解决所有的过渡问题都很重要，进而使公司能够在交易完成后的过程中继续运营（换句话说，公司不会丢失它的关

[一] 投资意向书在少数股权交易和混合融资中更为常见。有关股权投资意向书的示例，请参见 Ippolito（2020）的第 12 章。完整的引用请参见第 11 章参考文献。

键职能、服务、IT 系统和软件、品牌、许可证和其他关键资产）。一个臭名昭著的交易出错的例子是大众汽车集团（"大众"）在 1998 年收购劳斯莱斯。大众为这家豪华汽车制造商支付了超过 7 亿美元，然而，收购者在交易完成后发现劳斯莱斯的商标和标志实际上并未包含在交易中（Buerkle，1998）。

- **购买对价和交易架构**。这个听起来可能会比较复杂。可以说，正确定义购买对价是 SPA 最重要的方面。SPA 会列明交易的总体价格，同时也会详细地说明如何通过交易架构中的各种融资工具为购买对价提供资金。由于基础价格是在无债务、无现金、免税的基础上表示的，基于标准化的营运资本水平以及不过度缩减的资本性支出，因此该基础价格需要进行一些调整，买方和卖方需要明确记录这些调整，以便得出在交割时应付的适当现金对价。这些调整不可避免地需要交易各方之间的详尽谈判，因为没有市场标准可以客观地界定此类负债项目和常态化营运资本的概念。此外，买卖双方必须商定具体的价格调整机制：一种选择是确定初步购买价格，该价格将在完成时通过"结算账户"方法进行修改；另一种选择是通过"锁箱"机制商定固定的购买价格。

- **退出机制**。为了在解决以上难题的同时避免交易完成后的潜在争议，买卖双方会记录从交易签署到交割时点可能发生的所有必要的调整项目。在"结算账户"模式下，初步购买价格是根据结算前的资产负债表确定的。由于公司在签署买卖协议和完成交易之间的持续经营，其现金、库存、应收账款、应付账款和其他项目的水平每天都在变化。为了解决这些变化，买卖双方会根据交易完成日当时的资产负债表对初步购买价格进行调整。在这种情况下，买方在交割时才能享有公司的经济利益。在"锁箱"模式下，买卖双方会根据交割前的资产负债表来商定一个确定的购买价格，然后从"锁箱"日期开始，企业的所有权就会逐步地转移给买方。但有趣的是，卖方仍会负责经营公司，直到交易结束日。因此，买方需要确保卖方在这期间会正常地开展业务，并且在"锁箱"日和交易完成日之间不会产

生公司的现金或价值的流失。[⊖]

- **保护机制**。在每笔交易中，买方都会尽可能地涵盖所有潜在的风险点，而这些风险点也正是卖方想要避免的可能导致降低购买对价的地方以及潜在的报销要求。买方的保护机制包括让卖方提供陈述和保证、赔偿和契约，如果卖方违反了这些规定，买方可能有权获得各种补救措施，包括从终止交易的权利到获得特定货币补偿的权利。卖方的保证条款包括了一系列描述投资目标整体状况的陈述，包括其法定所有权、资产、知识产权、债务、财务报表、员工、税务、诉讼和破产等。赔偿则用于解决尽职调查中发现的所有已知和近期的风险和责任：如果将来出现任何赔偿问题，买方通常有权获得卖方"实打实"的补偿。契约旨在对卖方在交易完成前后的行为施加具体限制。在实务中，这些限制会帮助买方来防范卖方采取可能损害买方的不道德行为。例如，交割前契约有助于限制卖方对业务进行重大变更，例如向自己支付股息、新借债务、更换审计师、修改重大合同或更换高级管理人员。交割后，契约可以阻止卖方做任何可能被视为对投资目标具有价值破坏性的事情，例如，卖方通常会被限制挖走公司的关键员工或建立与目标公司存在直接竞争关系的新公司。由于卖方可能对未来的债务负责，买方通常需要向代管账户支付一定数额的购买价款，以确保有足够的资金在今后的债权发生时偿付。

- **交易条件**。SPA列出了交易前后所需事项的清单。先决条件（"CP"）是在交易结束之前需要完成的特定行为和事件。比如，CP通常会包括贷款银行对债务融资的最终批准，收到必要的监管批准以及关键客户的确认，这些先决条件不会引起控制权条款的变更，也不会取消买卖双方签署的合同。后续条件（"CS"）包括的是不太关键的行为和事件，这些条件也不足以

⊖ 买方将使卖方受到一系列限制性契约的约束，这些契约将适用于"锁箱"日期和交易结束之间，以防止卖方"掏空公司"。如果在交易完成之前有明显的延迟，卖方可能会要求买方支付利息，以反映销售收益的货币时间价值。

证明交易延迟完成是合理的。但它们对于买方也无一例外地重要，买方坚持要求从卖方那里获取正式的书面承诺，以便在预先商定的时间到交易完成前的这段时间内满足所有的先决条件。

- **终止权。**SPA 的各方会明确一些关于终止条款的规定，这些条款可能允许双方在交易结束之前终止协议。买方通常希望在发生重大不利变化（"MAC"）时选择退出交易。可能构成 MAC 的确切定义取决于买卖双方之间的漫长谈判，典型事件包括关键管理人员的死亡或丧失行为能力、公司主要资产的突然灭失、不可抗力和恐怖袭击。值得注意的是，不同司法管辖区在买卖协议中使用 MAC 语言存在显著差异，因此谨慎的做法是就适用的当地规则寻求法律意见。除 MAC 条款外，可能允许双方终止买卖协议的其他条款包括严重违反了陈述和保证或未能满足某些先决条件。除非买方和卖方共同决定不再进行交易，否则签署的 SPA 是具有约束力的合同。尽管如此，有时 SPA 可能会包括提出终止合同那一方应该支付的违约金，这个违约金是为了防止买方或卖方在签署完文件到成交的这段时间内"脚底抹油"。

5. 公司章程（细则）

章程的作用：章程是公司的法定文件，这个法定文件代表了公司与其股东之间的合同。该文件明确了公司的架构、股份类别、关键问题和财务问题的处理方式。根据投资标的所处地理位置的不同，章程的叫法可能会有所区别，例如公司注册证书或法律章程。不同于私募股权交易中的其他法律文件，章程一般都会提交给相关的政府机构，同时对公开渠道开放。

我对关键问题的看法：由于章程是公开文件，公司和股东通常会选择将需要披露的信息限制在当地法律的要求范围内。附加的权利、义务以及交易各方特定的协议安排通常会在股东协议中详细披露，这是一份管理股东和公司关系的非公开文件。在我看来，章程中需要关注的关键领域如下。

- **股权的类别和相关的权益**。章程按股权的类型、数量、价格及排名列明了公司的股权结构。由于管理层和投资者通常持有不同类别的股份，因此他们所享有的权益在投票权、优先清算权、股息等方面会有所不同。正如我们在第 9 章中所讨论的，大多数私募股权基金会将其资本投入高级权益的类别中，只有一小部分投资于普通股。根据合同，管理团队通常将其全部或大部分资本投资于普通股。章程规定了在流动性事件⊖后如何在各种股份类别之间分配收益，此外，优先股的收益分配权高于普通股。这使得私募股权投资者能够在剩余收益分配给普通股所有者之前获得最低的投资回报。

- **优先认购权、转让条款和退出**。大多数的股权都拥有优先购买权：当新股发行时，现有的投资者会有权按其持股比例认购增发部分的股份，这样可以维持其在新股发行后持有的股权比例不变。章程规定了股东之间的股权交易规则，包括转让顺序、转让机制以及定价机制。此外，除任何前期商定的锁定期以外，拖售权使大股东有权出售整个公司，并在出售给第三方或上市时"拖拽着"其他股东。相反，少数股东（包括管理层）只有随售权，即有权与大股东一起按比例出售其持有的股份。通常来讲，除非章程中"拖售权"和"随售权"允许，管理层股份是不可转让的。章程也会详细地描述针对现有股东可能会发生的任何其他的退出安排，正如我们在第 9 章中讨论的 ROFO 或 ROFR。

- **公司治理**。公司治理条款概述了公司的治理框架，例如董事会成员的任命、会议频率和关键决策所需的投票数量。该文件还规定了需要股东和董事会批准的主要事项，包括批准预算、重大业务调整变更、审计师的任命或解雇、批准关键员工的雇佣合同、重大收购或股权转让、资本结构的调整或主要法律协议的修订。

⊖ 常指股权交易事件。——译者注

6. 股东协议（SHA）

股东协议的作用：股东协议是一种非公开的文件，它是对章程的补充，同时详细地说明了公司全体股东的义务。这是一项需要由公司全体股东签署的关键交易协议，包括高级管理层（如果他们拥有股份的话）。

我对关键问题的看法：虽然股东协议的格式比章程更灵活，其内容也更加具体，但这两个文件有着许多重叠的地方。例如，股东协议的内容中也包含着关于股份类别、清算条款和股利优先分配权、股份转让规则（包括 ROFO 和 ROFR）、优先认购权、拖售权和随售权等的规定。股东协议中关于公司治理的部分比章程更详细，其对董事会会议的举办、关键决策所需的投票数量以及各种董事会（如审计委员会和薪酬委员会）成员的任命等方面提供了更加具体的说明。股东协议还涵盖了许多其他领域，列举如下。

- **管理层的公平**。股东协议明确了管理激励计划的具体构成（例如普通股、棘轮、共同投资的优先股），同时也概述了释放管理层股份的时间计划。此外，股东协议也明确了持股管理层离职的情形。"自然离职"通常指的是那些因死亡、重病或丧失行为能力、在适当年龄退休或董事会认为应当离职的情况。在自然离职人员离职后，他们通常会以市场价值来出售股份。"非自然离职"指的是因上述原因以外的任何其他原因离职或因故被解雇。"非自然离职"人员所持有的股份只能以成本价和市场价值中更低一方来出售。请注意，股东协议中包含的与管理层有关的规定，仅针对那些兼具股东身份的高管，具体的服务条款、福利和遣散费等权益会在管理层的雇佣合同中另行明确。

- **限制性条款**。股东协议会包括许多限制性的内容，例如"竞业限制"和"非招揽限制"条款，这些条款旨在防止关键的高管加入与公司存在直接竞争关系的公司，以及防止他们离职后挖走公司的员工和客户。如果管理团队的关键成员以企业股东的身份（而不是以公司雇员的身份）同意了这些条款,那么违背条款就更会致使持股管理层和公司"对簿公堂"。

- **保护少数群体**。股东协议包含了许多旨在为少数股东提供保护的条款。除了优先认购权和随售权等条款外,其他的保护性措施通常包括董事会席位或董事会旁听权、获取信息权以及某些关键决策(例如退出)的绝对多数投票门槛要求。有时候,法定的董事会中可能包括少数股东的董事,因此大股东在没有少数股东在场的情况下无法作出决定。
- **限制事项**。股东协议规定了许多需要绝对多数股东批准的决定。通常这些事项包括出售或清算公司、大额举债、进行重大资本性支出或并购、任命或解雇高级管理人员以及参与诉讼。

7. 债务文件

债务文件的作用:与债务融资有关的主要法律协议代表了一系列的文件,其中包括任命主要承销商的授权书;资本结构中每种债务融资的贷款协议(例如,优先债,第二留置权,夹层贷⊖和其他部分);创建适当的贷款担保的交易担保文件;管理各贷方之间的等级和担保从属关系的债权人间协议;对冲函(以防股票投资者选择对冲浮动利率风险);以及——如果交易包括发行高收益债券——指定债券承销商的"高度自信"信函和初步高收益债券发行备忘录。

我对关键问题的看法如下。

坏消息是,债务法律协议不仅专业性强,而且篇幅很长。好消息是,在最终文件阶段,交易团队可以从与经验丰富的律师一起工作中受益。如果您与一家活跃于信贷市场的律师事务所合作,您的法律顾问将能够相对容易地剖析核心债务文件,并迅速就融资条款是否适合交易发表意见。在开始处理

⊖ Nijs(2014)的第 10 章对夹层融资相关的主要问题进行了不错的讨论,包括关键条款、契约和信贷协议,完整的引用请参见第 11 章参考文献。Bagaria(2016)的第 6 章提供了高收益债券文件的全面概述,完整的引用请参见第 11 章参考文献。

完整的债务文件之前，交易团队的大多数成员都非常了解融资的主要条款也
很有帮助：在交易的早期阶段，贷款银行通常会提供承诺文件——包括承诺
函和条款清单——概述债务方案的关键条款。值得注意的是，不同司法管辖
区的标准贷款条款可能存在明显差异，因此从熟悉当地法律框架的律师那里
获得适当的法律建议非常重要。交易团队应审查债务文件的以下关键方面并
提供意见。

- **债务条款**。重点关注领域包括贷款金额、利率、贷款期限和偿还时间表、
  费用和提前还款罚金。是否存在"市场弹性"？如果银团贷款没有像预期
  的那样顺利，债务的主承销商可能有权更改银行债务的条款。"弹性"条
  款可能包括增加保证金、增加次级债的提前偿付溢价或在不同债务部分之
  间重新分配金额的权利。相反，如果银团受到好评，贷款被超额认购，贷
  款人可能能够通过应用"反向弹性"来改善融资方案的条款。

- **契约和补偿**。我们已经在第 9 章讨论过契约。每种债务安排的贷款协议将
  列出适用的肯定、否定和财务契约。尽管契约的方法因具体的债务工具和
  司法管辖区而异，但您会遇到的最常见的财务契约是：杠杆率；利息覆盖
  率；固定费用覆盖率和最低现金余额的流动性。了解（和协商）在违反契
  约的情况下会发生什么也很重要：在某些情况下，股东可能会被提供一个
  宽限期来提供逾期的可交付成果，或者被允许注入额外的股权以提供"补
  救措施"。最后，契约依赖于对"正常化"EBITDA 和金融债务的高度精准
  计算，交易团队（以及公司的首席财务官）需要确保他们理解并同意贷款
  协议中给出的定义。

- **默认事件**。当借款人触发违约事件时，贷款人有权加速行权，即要求借款
  人立即偿还贷款，并可能强制执行其担保。虽然贷款协议具有构成常见违
  约事件的相当典型的情况列表，但在补救期限和重要性阈值方面仍有一定
  的谈判空间。另一个棘手的领域是 MAC 条款：虽然这一特征在美国交易
  中不太常见，但许多欧洲贷款协议包括违约事件，因为大多数贷款人认

为，这种不利变化使借款人不太可能履行其清偿义务。

- **允许的操作**。债务融资的某些条款对公司的运营及其向股权投资者支付股息股利的能力有直接影响。特别是，交易团队应仔细研究与最低现金保有量、允许向股东分红的金额、最高的资本性支出、允许的资本性支出以及允许的收购和处置有关的任何限制。

- **融资的条款和条件**。了解买卖协议中的陈述和保证、先决条件和后续条件如何与债务文件中的相关条款相互作用至关重要。除了卖方在交易开始时提供的陈述和保证外，借款人还必须在贷款协议期限内的特定未来日期提供自己的陈述和保证，由此来重申公司报告的准确性以及重新确认公司的整体状态。除了 SPA 中已经阐明的先决条件和后续条件以外，贷款人通常会要求各方满足其他条件，例如，涉及按时给出尽职调查报告和财务模型，以及确认交易结束时没有违约事件。有一个很好的理由可以确保所有的先决条件都在约定的时间内完成：任何先决条件在截止日期前没有完成都可能构成违约事件。

第 12 章

通过行使积极的所有权增加价值

重点内容：

- 通过价值创造计划制定自己的成功模式
- 每个投资组合公司都需要考虑的四项增值行动
- 通过百日计划创造强大的业绩提升动力
- 治理和报告：运作良好的私募股权董事会的战略重点
- 当交易出现问题时：发现公司陷入困境的初始迹象并采取果断的行动

当签署的交易文件上的墨迹干涸时，交易团队很容易进入狂欢模式，交易终于完成了！虽然对于交易团队、交易顾问和新收购的投资组合公司而言，闭幕晚宴（或许两次）是纪念交易完成这一重要里程碑不错的方式，但任何庆祝过头的活动都可能为时尚早。如果你刚刚收购了一家正在苦苦挣扎的公司，尽管它有很大的改善潜力，在你拥有这家公司的第一天，它的表现依然不佳，而且它可能会继续流失价值，除非你撸起袖子做点什么。KKR 的 Henry Kravis 有句名言："当我们收购一家公司时，不要祝贺我们。任何傻瓜都能买下一家公司。你只要付足够的钱，这是最简单的部分。最难的部分是，一旦你做了投资，你该对这家公司做点什么？你如何创造价值？你怎么做才能让公司更有效率？"（高盛，2017）。

私募股权投资者在完成收购后，介入到投资组合公司运营中的方式往往有所不同。某些参与者选择将他们管理投资的方法标准化，然后在完成收购后部署标准化的价值创造公式。例如，Vista Equity Partners 遵循了一个相当规范的剧本，包括应用 50 多个专有的操作规程，旨在对每个投资组合公司在产品开发、销售和营销、客户支持、专业服务和一般管理等领域进行基准测试和改进（MacArthur 等人，2017）。Platinum Equity 实施其标志性的 M&A&O® 战略，将运营业务的好转与一系列博尔顿收购带来的稳定增长结合起来。另一个例子是 KKR，该公司从其内部咨询集团 KKR Capstone 招募了一批勤勉尽责的专业运营人员，协助交易团队在 KKR 拥有的投资组合公司的整个生命周期内管理它们。对这些投资者来说，采用专有的价值创造方法似乎是一种有效的策略，因为它们都能够产生稳固的投资业绩记录。

尽管投资者在收购完成后的投资组合的日常运营执行方面存在显著的差异，但私募股权模式大致遵循相同的逻辑。新的所有者会致力于达到收入增

长、提高利润率、削减管理费用和提升资金效率等具体目标，进而在他们的
投资期限内创造可持续的价值，同时将他们的投资组合公司打造成茁壮成长
的企业。我在第 7 章中主张私募股权投资背景下的公司创造价值的潜在来源
是有限的，而且可以提炼为一个清单，⊖ 典型的投资理论依赖于几个关键价值
驱动因素的成功执行。然而，有一个宽泛的行动清单是不够的。为了加速
收购后的实施，每个价值创造杠杆需要转化为一系列有针对性的步骤，这
些步骤代表了每个公司收购后战略中的独特价值路径。由于价值创造计划
被设计为在 5 年投资期限内完成，公司需要设定明确的优先事项，解决其
战略议程中最紧迫的需求，并将大部分精力投入到可以快速获取收益的
领域。

因此，一些企业可能会选择专注于改善有机的收入增长，另一些企业则
可能更适合完全通过额外的并购来增加其销售上限，也有的企业会致力于通
过更好的供应链实践和消除采购中的浪费来创造广阔的价值，而另一些企业
甚至都不会关注这一领域——仅仅是因为他们可能更迫切地需要解决客户流
失问题，提高销售效率，打造平均交易价值和占领邻近的细分市场。尽管私
募股权所有者希望达到同样的广泛目标，如通过创造价值和投资组合企业的
增长实现高现金回报，但每家公司都会采取不同的路线，并遵循自己定制的
价值创造计划。

1. 行使积极的所有权：价值创造战略

价值创造计划是一个公司未来的路线图。它描绘了投资公司为实现其战
略议程和发挥其在私募股权所有权下的潜力而需要采取的一系列举措。一个
典型的价值创造计划鼓励公司采取有条不紊的方法，在 5 年的时间里开展以
下行动。

⊖　请参阅我在本书第 7 章中详细论述过的《最常见的价值创造驱动因素总清单》。

1. 建立一种绩效和问责制的文化，以挑战现状。

2. 在入主的前 100 天，在早期取得胜利的时候加大投资。

3. 巩固现有能力，实现卓越运营。

4. 通过新产品或新市场追求营利性增长。

5. 巩固成功，为企业的退出做准备。

如何在实践工作中设计一个价值创造计划？也许我可以分享一下自己的经验。在我工作过的基金中，无一能有一个"预制好的"价值创造战略或可复制的公式，能够应用于每一笔交易。相反，每笔交易中，交易团队都有责任与公司管理层坐下来一起制定公司的战略方向，包括关键的里程碑、关键绩效指标以及与投资基础案例的明确联系。由于交易团队的大多数成员都有财务方面的技能，所以我们经常从外部行业专家或内部运营伙伴那里寻求具体的运营意见，他们对采购、销售和营销、营运资本管理、技术和国际扩张方面的最佳实践有第一手的了解。他们的经验在检查管理团队所做的假设以及设定强有力且可实现的目标并推动其实施等方面是非常宝贵的。

设计价值创造计划的最佳时机是在签约之后，在交易结束之前通常会有数周的延迟，交易团队可以有效地利用这段时间来进行全面的规划，以期在交易完成后的当天就能开始运作。在这个阶段，您有了投资的基础案例，对持有期间的计划成本节约和收入提高进行了严格的量化。此外，您可以结合最终的尽职调查报告中的发现，重点关注公司目前的流程效率低下和价值流失的关键领域。如果不催促管理团队对收购后的最佳运营结构和所需资源进行大量思考，就很难将投资理论转化为正式计划。该公司是否有足够的能力和资产来实现价值创造计划？谁将负责每项价值创造活动，是否存在明显的人才缺口？掌握了这些知识，交易专家和管理团队应该能够对关键的优先事项建立一个共同的期许，制定实施步骤并就里程碑和关键绩效指标达成一致。

围绕价值创造计划的规划会议通常是一个很好的机会，从而让投资者与管理层建立更深的联系，并在未来令人兴奋的冒险之前澄清彼此的期望。如果管理团队对私募股权所有制模式下的经营是陌生的，那么交易团队应该重申一些对财务投资者来说很重要的原则，比如对现金管理的不懈关注，以及谨慎和有纪律的资本分配。特别是在杠杆收购中，价值创造计划应该倾向于在交易结束后尽快消除风险：管理团队应该优先考虑任何能够快速变现的价值创造杠杆，以便为应对意外的衰退建立缓冲，或提前偿还债务，从而为业务增长部署更多资本。

虽然价值创造蓝图的具体内容取决于收购目标的具体情况，但我认为私募所有权下，有一些行动是每个投资组合公司在 5 年内都应该考虑的。

- **数据化**。21 世纪，任何公司都不需要给自己找一些利用最新技术来提高其运营的灵活性的理由。对于任何投资组合公司而言，进入私募股权投资是一个完美的机会，从而可以使其评估自身的数据化水平，审查传统的 IT 系统，确定既有的差距，并投资于最先进的技术基础设施。精明的私募股权投资者在他们的价值创造"游戏指南"⊖中越来越多地转向数字工具，并通过有针对性地采用帮助企业在整个价值链中产生可量化效益的系统来指导他们的投资组合公司。先进的技术、数据和分析能力提高了公司在跟踪客户足迹和参与度、提供一致的购买体验、从众多地点的业务部门获取经营业绩数据、自动化供应链和优化物流网络等方面的熟练程度。被一流的数字专业知识和实时数据分析能力武装起来的公司，可以通过快速应对客户偏好的转变和在不断变化的市场中管理它们的价值链来更好地竞争。

- **优化产品定价**。直接提价可能并不合适，甚至不太可能适用于每家公司。毕竟，公司高管们有理由担心扰乱他们的长期客户，导致客户流失，从而在市场竞争中遭受不利。然而，对于那些历来价格不稳定的企业来说，价格优化是一个有效的价值创造杠杆。通过优化定价赚到的每一分钱都会直

⊖　关于私募支持的公司通过数据化途径创造价值的案例，请参考波士顿咨询公司的文章（2017）。请参考第 12 章参考文献了解完整的引文。

接影响到边际收益：对于收入不超过 10 亿美元的典型中等规模的美国公司来说，定价提高 1%，利润平均提高 6%，而可变成本降低 1%，利润就会增加 3.8%（麦肯锡，2019）。除非企业能够证明它已经建立了超强的商业能力，使其能够精确且一致地执行定价，否则可能就会有机会来实施价格优化计划。有时，拥有复杂的商业模式和可观的产品组合的公司——特别是那些服务于 B2B 客户的公司——可能会因为依赖过时的价格表、对客户账户的区分不够以及由销售人员酌情应用可变的折扣和回扣而造成价值的流失。在利润率因客户群和产品类型而有很大差异的情况下，新的私募股权所有者合适的收购后战略之一可能就是引入更为严格的定价政策，以最大限度地提高投资组合公司的利润潜力。如何做到这一点呢？可能的举措包括：根据客户的支付意愿，对产品价值进行彻底的数据驱动评估；加强客户细分，以确定每个客户群的正确价格；通过提升产品功能，实现更大的差异化；改进产品组合，使利润最大化；引入一致的回扣和折扣政策。

- **壮大护城河**。每一个良好的私募股权尽职调查过程都会揭示一家公司的优势和劣势。虽然新的私募股权所有者的第一直觉可能是在交易结束后推出一系列旨在解决所投资公司的缺点的举措，但另一个选择是让企业在其优势上加倍努力。大多数私募股权专业人士都熟悉"鲸鱼图"——一种简单的视觉分析，将公司的指标分解成不同的绩效部分。当您把公司的客户、产品或地点按其盈利能力进行排名时，"鲸鱼图"是什么样子的呢？我们不难发现，一个比例不大的客户或产品占了公司利润的主要份额。最优秀的四分位数是什么样子的，什么属性使它与众不同？这个四分位数显示了公司的客户价值主张中哪些方面运作良好。这是公司拥有经济护城河的领域。在您完成收购之后的战略中，您应该优先考虑什么？是把底部四分位数带到平均水平，还是专注于顶部四分位数，使其在你的投资期限内业绩飙升？这是个好问题。也许值得思考的是，私募股权所有者在退出时可能会发现什么更容易出售：一家在五个方面都很平均的企业，还是一家只在两个方面很出色的企业？在我看来，专注于公司优势的前四分之一，提高其在该目标领域的客户价值主张，并强化其现有的护城河，似乎是一个更安全的策略。

- **提高公司的 ESG 地位**。产生并衡量积极的 ESG 结果不再是有明确可持续发展任务的公司的专利。一个公司范围的 ESG 项目也不需要被看作是一个纯粹的慈善活动：可持续的商业行为能够吸引和保留客户，提高运营效率，提高回报，⊖限制风险，并使公司在退出时更有价值。⊖虽然没有"放之四海而皆准"的 ESG 战略，但投资组合公司往往能发现创造价值的具体方法，如对具有可持续性特征的产品收取溢价、通过生态效率降低成本、消除浪费和建立可持续的供应链（WWF 和 Doughty Hanson，2011）。最精明的私募股权投资者已经将 ESG 价值创造杠杆明确地嵌入他们的交易计算中，并使他们的投资组合公司在产生积极的社会或环境影响的同时提供有吸引力的财务回报。

2. 从纸上谈兵到付诸行动：百日计划

正如托马斯·爱迪生的一句话所说，"没有执行的愿景是一种幻觉"。百日计划是使价值创造计划成为现实的第一步。收购后的头 100 天有什么特别之处？那是交易达到最大动力的时候，也是公司最容易接受变革的时候。最有效的百日计划的重点是通过一套有限的行动在 EBITDA 方面产生可量化的

⊖ Friede 等人（2015 年）对调查 ESG 因素和企业财务业绩（"CFP"）之间联系的 2200 多项单独研究进行了分析。研究人员在 63% 的元分析中发现了 ESG – CFP 的正向关系，在 8% 的元分析中发现了 ESG – CFP 的反向关系。请参阅第 12 章参考文献了解完整的引用情况。

⊖ 麦肯锡公司于 2019 年 7 月就 ESG 项目的价值对 558 名投资专业人士和首席高管进行了调查：83% 的受访者表示，他们愿意支付约 10% 的中位数溢价来收购在 ESG 问题上有积极记录的公司，而不是有消极记录的公司（即使对于那些怀疑 ESG 项目对股东价值没有影响的高管，这一结果也成立）。麦肯锡公司（2020）发表了一篇文章，描述了"ESG 溢价"的详细发现。请参考第 12 章参考文献了解完整的引文。

改善，这些行动旨在通过有选择地优化和重新设计被投资公司来获取近期价值。虽然在私募股权领域没有行业标准来规范百日计划背后的概念框架，但我所看到的大多数计划通常涉及以下几个方面。

- **沟通**。没有人喜欢不确定性。交易一经宣布，就必须建立对交易的支持，并与企业的主要利益相关者保持良好关系。首席执行官与高级管理团队的其他成员一起，应该准备一系列正式和非正式的沟通脚本，以应对员工、主要客户和供应商。一个有效的沟通计划将以令人信服的语言描述商业机会，发出变革的信号，并提出未来的期望。它将明确收购后企业的战略方向，并确定利益相关者在成功实施计划中的作用。首席执行官需要传达同理心、诚实和信任，同时不制造不切实际的期望。如果企业陷入困境，需要进行痛苦的重组，以恢复稳定和增长，员工需要从领导团队那里听到第一手信息，诸如战略愿景和公司文化等软性问题需要讨论，以便整个组织的人们获得共同的目标感，并感到围绕共同目标的一致性。首席执行官需要密切关注整个企业对这一消息的反应，及时采取行动以减少不确定性，并致力于保护公司最宝贵的资产，如人力资本和关键客户。

- **雇员**。对公司的员工来说，所有权的改变往往是一种情绪化的经历。他们发现，在充分了解交易对他们意味着什么之前，很难参与到财务投资者和高级管理团队对交易的兴奋中。他们会留下来吗？他们会离开吗？不确定性带来的过度担忧可能会导致生产力下降和士气低落。在管理员工的期望方面的任何延误都可能导致组织中最有才华的贡献者的叛逃，这无疑会破坏公司的业绩。首席执行官需要在头 100 天内果断地进行计划内的变革，如果价值创造计划假设了一个新的组织布局和不同的报告结构，这些调整就需要迅速发生。就在高级管理团队的下面，领导结构是什么样的？人才是否与价值创造战略的要求相匹配？现有的和新任命的部门经理需要决定其业务单位的最佳结构，以便在收购后尽快通知全体员工有关其职务、职责和工作任务的任何决定。任何裁员或合理化调整也需要通过公平和透明的程序迅速进行。一旦组织边界被重新划定，员工应参与其中，并有能力达到雄心勃勃的目标。所有权和问责制的文化应该延伸到组织的最深处，将报酬与个人业绩挂钩。

- **报告**。一旦交易团队在收购后获得了对公司的全面接触，财务职能是投资专家优先调查的第一个领域。目前的报告能力有多强？财务团队是否使用商业分析来对公司的运营进行有洞察力的分析？财务部门是否有足够的资源，包括有能力的人和高效的系统？通常情况下，公司已经产生了一系列的定期财务报告和大量的关键绩效指标。然而，可能只有少数指标能够衡量财务投资者真正需要了解的东西。此外，报告能力经常需要加强：我们经常发现，财务团队中有相当多的成员只是简单地推送数据，把太多的时间花在那些可以自动化的低附加值活动上。如果没有有效的工具来帮助财务报告、计划、预算和预测，公司就很难根据投资的基本情况来跟踪其业绩。这是一个私募股权交易专家——相对于高级管理团队——能够努力工作并增加真正价值的领域：我们通常会引导对所需指标的思考，以确保公司专注于现金、投资回报和契约空间——而不仅仅是纸面利润。如果我们发现技能上的差距，我们可以采用外部顾问的方式，直到新的团队成员被招募并入职。在我参与的几项交易中，有一到两名投资专家被借调到被投资公司，为期数月，以推动财务部门的转型。总的来说，在制作及时准确的月度报告时，我们不惜一切代价使财务部门达到完全的流畅，使公司业绩的财务和运营角度保持一致，并利用商业分析产生有价值的见解。

- **目标、里程碑和关键绩效指标**。在收购后的头 100 天，公司真正需要做的是什么？当然，它不应该追求价值创造计划中的每一项举措；相反，企业应该只针对那些关键的、有可能产生切实的近期收益的举措。广义上讲，公司应该采取步骤，在运营业绩方面成为一流的组织，并在增加新的能力之前专注于核心业务。此外，大多数业务将需要有选择地进行升级和重新调整，以支持未来的增长。哪里有低悬的果实？什么能创造最大的影响并产生早期的胜利？在私募投资后的头几个月，典型的举措包括优化营运资金、信息技术升级、改善供应链和采购安排，以及重新部署剩余产能和其他非生产性资产。为了避免让参与实施百日计划的员工不知所措，将每项举措分解为详细的步骤清单，并附上中期里程碑和具体的金额目标，会比较有帮助。我发现，将计划表述为一个带有目标日期和负责人姓名的项目清单，详细说明具体行动、成功标准、里程碑和关键绩效指标，是大有裨益的。

- **项目办公室**。首席执行官和高级管理团队的其他成员需要把企业的日常运营作为主要的优先事项，可能没有精力来详细跟踪百日计划中的各种任务。削弱核心业务和用巨大的工作清单来加重领导团队的负担于谁来讲都没有好处。如果"百日计划"的内容相当全面，那么设立一个项目办公室，负责协调和控制实施进度可能是有意义的。项目办公室需要由一位经验丰富、积极进取、精力充沛的高管来管理，他将有能力确定优先次序，作出跨职能的决定，以及预测和减轻风险。从我在各个投资组合公司看到的情况来看，大多数项目办公室的领导人都是对外招聘的，通常都是有战略咨询背景的人。管理团队可以利用项目办公室，确保有工具来衡量进展、获取价值，并向所有利益相关者，包括投资者、员工和高级管理人员提供频繁的更新。

- **奖励制度**。百日计划的实施阶段是一个繁忙的时期。然而，对于公司的员工来说，这不应该是一个劳动营。事实上，他们应该因积极的变化而感到精神振奋，并有动力去达到他们的目标。如何才能在这个要求高、压力大的时期注入一些快乐？根据我的经验，将一次性奖金或公司的额外股权与成功执行计划和实现可量化的 EBITDA 改善联系起来是有效的。庆祝临时性的成就也很好，这有助于维持员工的动力，并作为达到全部目标的进一步信心来源。

3. 治理和报告

私募股权治理模式是任何交易中创造价值的主要杠杆之一。控股财务投资者拥有资源和能力，可以仔细监测其投资组合公司的业绩，作出关键决策，执行必要的变革，并确保继续支持他们所拥有的企业。私募股权董事会的典型结构是什么？董事会成员在收购后如何与管理团队互动？私募股权投资委员会需要衡量什么，以保持对其投资的关注？让我来分享一下我对私募股权治理机制的主要方面的看法。

- **组成**。私募基金董事会往往规模较小，平均约有 5~7 名董事会成员。控股投资者通常至少占有 3 个董事会席位，其中 2 个席位分配给公司的董事长和首席执行官。企业的首席财务官应邀出席大多数董事会会议，而不是董事会的正式成员。如果收购是由投资者财团执行的，每个代表 20%~25% 股权的股东将有权获得一个董事会席位，任何持有公司 10% 左右股份的股东通常都有董事会观察员的权利。有些董事会观察员选择不参加董事会会议；然而，当被投资公司遇到麻烦时，他们从来没有不出现的！这就是所谓的董事会观察员。正如我在本章前面提到的，我从未为那些有专门的投资组合内部运营顾问小组的基金工作过。我工作过的基金不愿意让管理团队产生对外部资源的依赖感，因为这些资源在退出时将被带走。然而，我的交易团队总是与内部运营伙伴一起执行交易，在大多数情况下，他们会在收购后与主要投资专家一起加入公司的董事会。让我们公司的运营伙伴在被投资公司的董事会任职总是令人放心的，因为他们有能力跟踪公司的运营状况，评估市场，并就企业是否有必要的能力来应对逆境提出意见。此外，在现任首席执行官生病或长期表现不佳的情况下，运营伙伴是可以挺身而出担任临时首席执行官的人，直到董事会招聘到新的业务领导人。如果我们在交易中支持的管理团队缺乏私募股权经验，我们通常会招募一位经验丰富的行业高管——最好是过去曾为私募股权支持的企业工作过的人——来担任执行主席的职务。这个人需要与首席执行官产生良好的化学反应，并且通常会在高级领导团队中扮演知己、教练、挑战者、消防员和管教者的角色。执行主席需要认同交易理论，并在加入时对企业进行投资，以确保利益完全一致。

- **董事会周期**。根据我在上市公司和私募基金支持的企业的董事会任职的经验，我发现私募基金董事会需要更多的时间和成员的参与。每年大约有10~12次正式的董事会会议，但会议举行的次数并非固定。控股股东几乎每天都要与首席执行官和高级管理团队的其他成员进行互动，尤其在收购后的第一时间以及百日计划的实施阶段。代表控股财务投资者主导交易的交易合伙人是最有条件与首席执行官建立最密切关系的人：在交易期间，他们两人至少每周都会在董事会之外交谈。

- **董事会的活力**。有效的董事会在支持和挑战被投资公司之间取得了适当的平衡。他们为企业设定了明确的期望，并创建了一个严格的框架，使公司能够朝着既定目标取得进展。他们充当了管理团队的传声筒，也是作出关键业务决策的指导委员会。私募股权投资企业的首席执行官通常是一个雄心勃勃和果断的人，他不喜欢看到高级管理团队受到董事会的严格管理。一家运营良好的公司经常努力在其业务范围内建立足够的能力，以便能够自行处理大部分的挑战。为了确保良好的董事会化学反应，重要的是，董事会中的运营伙伴不要插手并试图自己解决每一个问题；他们最好采取企业高级顾问的心态，而不是公司高管。反过来，首席执行官需要明白，当涉及重大事项时，控制性投资者将直接参与决策过程：公司的预算、高级管理团队的变化、收购或出售、战略或运营的变化以及任何重大的资本投资都需要由公司的董事会来审查和批准。在一些领域，财务投资者特别适合为被投资公司增加价值，他们可能在与贷款人的持续讨论中发挥突出作用，并可能领导与任何再融资、重组、公司的并购计划和最终退出有关的工作流程。

- **管理报告**。平衡计分卡方法背后的设计者 Kaplan 和 Norton 说，"你衡量什么，你就得到什么"。此外，他们敦促每家公司制定一套衡量标准，使其能够按照以下四个方面评估业务绩效：①财务角度；②客户角度；③内部业务角度；④创新和学习角度（Kaplan 和 Norton，1992）。换句话说，平衡计分卡方法敦促每家公司都要问自己四个关键问题：我们的主要财务目标是什么？为了达到这些目标，我们需要为客户提供什么？我们需要如何运行我们的内部流程，以便我们能够提供必要的客户价值主张并达到我们的目标利润？最后，我们如何才能持续改进我们的关键人力、系统和（相关的）生产性资产？

让我们想一想，在私募股权投资公司每月向董事会提交管理报告的背景下，这个建议有什么意义。也许我们可以退一步考虑，董事会成员真正需要知道的是什么，以便能够正确地履行他们的职责，对投资组合企业进行充分的监督。首先，他们需要根据投资的基本情况和价值创造计划跟踪公司的表现。其次，他们需要及时准确地提供过去的业绩、预算和未来时期的预测数据：这些信息需要包括相关的经营和财务公司的关键绩效指标——包括合同空间，以及关键的领先指标（整个行业或宏观经济），这些指标可以作为未来经营业绩任何潜在变化的早期信号。然后，他们必须意识到关键的风险领域，并评估是否有足够的控制和风险缓解机制。最后，他们应该对组织的主要支柱（包括运营、销售、营销、人力资源和领导力）的业务绩效有一个综合的看法。管理报告的良好做法是提出一个执行摘要，强调当前市场趋势、关于公司的关键见解和公司面临的主要挑战。

- **管理业绩**。正如我们在第 6 章所讨论的，私募股权所有制模式的主要好处之一是能够吸引和保留有才华的管理团队，直接激励他们达到雄心勃勃的目标。另一个好处是，当高级管理层未能达到其目标时，能够对业绩不佳作出快速反应，并替换一名或多名高级管理层成员，而不需要进行冗长的官僚程序。对董事会来说，至少每季度在管理团队不在场的情况下留出一些时间，以便公开讨论董事长、首席执行官、首席财务官和其他在投资组合业务中担任关键职位的高级管理人员的表现，是很有成效的。

4. 当交易出现问题时

有一天，您可能在上班时发现，您的一个投资组合跳水了，这使您看起来像个潜水员——在深水区的恶劣条件下工作。虽然真正的潜水员会因其辛勤工作而获得困难补助，但您更有可能得到投资委员会成员的严厉训斥、贷款人无休止的电话和被投资公司管理团队的绝望呼声。您是怎么做的？我经历过，也做过。我曾经参与过艰难的交易，其中一些交易后来恢复了健康，而另一些交易最终为我的基金带来了糟糕的回报。我和其他交易团队成员一起，不得不与有限合伙人开会，解释出了什么问题。

我对这种经历记忆犹新：这是一种困难的情况，会让您觉得您的整个职业生涯都岌岌可危。虽然我不能为所有陷入困境的公司提供有效的补救措施，⊖但我可以分享一些自己的经验，您可能会觉得有帮助。

- **留意麻烦的迹象**。第一个线索可能是高级管理团队的行为变化。您是否觉得他们心不在焉？您是否感觉到他们可能在过滤信息或对股东隐瞒重要数据？首席执行官的行为是否与以往不同，突然变得过于保守或过于冒险？高级团队中是否有管理层辞职的情况？其他早期预警信号可能包括：

  a. 政治或监管环境变化；

  b. 宏观经济或整个行业的挑战成为头条新闻；

  c. 在您所投资的公司的核心市场有太多的新进入者；

  d. 针对企业的意外责任索赔；

  e. 由于业务过度扩张，收入增长无利可图的时期；

  f. 客户流失率增加；

  g. 新产品失败；

  h. 失去一个大客户或大合同；

  i. 供应商关系或贸易条件的恶化；

  j. 现金不健康，无力支付成本或近期债务；

  k. 订单减少或直接违约；

⊖ 请参阅 Slatter 和 Lovett（1999）的一本好书，了解关于管理公司转机的有用建议。请参考第 12 章参考文献了解完整的引文。

l. 财务报表中出现意外的特殊项目；

m. 给股东的管理报告缺失或迟交；

n. 审计员提出对企业的关注。

　　如果您对此感到担心、多疑，这是正常的，安排与公司会面或去现场参观，亲眼去观察到底哪里出了问题。

- **理解原因**。如果企业确实陷入困境，您需要了解原因并评估问题的严重性。潜在的业务表现是否因外部因素而恶化，如市场需求的变化或整个行业的放缓？下降的原因是否纯粹是内部因素，如管理上的错误、控制不力导致的纪律缺失或过于复杂的商业模式似乎没有效果？您是否怀疑该公司可能是报告操纵或欺诈的受害者？在杠杆收购中，一家健全的企业可能仅仅因为过度的杠杆和商业计划中过于乐观的预测而开始挣扎。您需要了解您的投资组合公司是否会出现这种情况。

- **准备好战斗**。一旦您确定发生了什么，不要否认这个问题。同时，不要屈服于恐惧。您需要整理自己，保持积极的心态。您是否担心您的基金的股权投资会化为乌有？当我遇到这种情况时，我总是提醒自己，许多其他人——包括最成功的私募股权投资人——在他们的职业生涯中也曾面临过类似的情况。黑石集团失去了在埃德加姆钢铁公司的全部投资，Stephen Schwarzman 在他的回忆录中坦诚地分享了这个故事（Schwarzman，2019）。KKR 做了很多糟糕的投资，比如 Eaton Leonard 和 Bruno 的投资，在 Baker 和 Smith（1998）的书中有一整章描述了该基金的挫折。我可以继续说下去。如果您吓呆了，也许您可以看看美国海豹突击队是如何在高度紧张的情况下被教导如何行动的。当他们从飞机上跳下，而他们的降落伞没有打开时，他们被训练成在接下来的 40 秒内保持完全控制并遵循标准程序：评估情况，破解问题，决定用哪种技能来解决问题，实施该技能，然后评估该解决方案是否有效（Diviney，2021）。这与私募股权投资者在其投资的公司出现问题时应该遵循的方法大致相同——尽管他们很幸运有超过 40 秒的时间来采取行动，而且他们不会被要求跳出军用飞机来解决问题。

- **沟通**。迟早有一天，您会了解您所投资的公司的全部困难，并需要与其他人分享这些信息。谁是重要的利益相关者？首先，是您的基金、您的投资委员会和被投资公司的董事会。其次，可能是该公司的贷款人。根据商业挑战的性质，您可能还需要一个针对公司主要客户、供应商和雇员的沟通计划。在我看来，最好是直言不讳，传递一个透明的信息。还有什么能比坏消息更糟糕的呢？以后会有更多的坏消息。因此，一次性把整个故事说出来，而不是选择零散地传递坏消息，是有意义的。

- **迅速行动**。不要忽视早期的警告信号，在被投资公司还有一些现金的情况下果断行动，向高管团队传递一种紧迫感。怎样才能解决企业的基本问题？可能的选择包括实施短期的运营改进，改造销售流程以产生更多的客户需求或完善业务战略。管理团队是否需要更换或通过引进新的人员来支持？根据问题的性质，考虑战略顾问、扭转局面的专家或法务会计的外部支持可能是一个好主意。近期的筹资战略是什么？如果企业现金紧张，应迅速采取行动，实施紧急现金管理控制。根据企业转机专家 Jeff Sands 的说法，任何陷入困境的企业至少有 30 种方法可以迅速产生现金：虽然我们不会去研究所有的方法，但潜在的机会可能包括出售库存、重新谈判供应商条款、合理调整产品线和处置设备或其他资本资产（Sands，2020）。无论您决定采取什么途径，请确保获得所有利益相关者的支持，并建立一个危机处理小组来监督转机的实施。

- **考虑重组方案**。现在，可以明确的是，投资的基本情况未能实现。您需要制订一个新的游戏计划，根据问题的严重程度，您的新目标可能只是收回投资成本。首先，该公司仍然是一个有活力的实体吗？其核心市场是否仍有潜力？如果是这样的话，您需要梳理一遍所有可能的选择。您能提前出售公司吗？虽然一家陷入困境的企业可能对很多买家没有吸引力，但对直接竞争对手来说，它可能是一个有吸引力的并购目标。此外，在杠杆收购中，您将不可避免地要考虑该公司的债务和资本结构。如果企业正经历着暂时的挑战,并将很快得到纠正,那么也许可以说服银行重新安排负债。如果出现突然的经济衰退或全行业放缓,贷款人可能——只是可能——在一段时间内放松契约,并延长债务到期日,因为他们的银行投资组合中可能有许多公司面临类似的挑战,对他们来说,强制执行贷款可能不太现实。其他情况可能包括以折扣价购买公司的债务,或寻求完全的财务重组,包括重新谈判公司的债务结构以缓解财务困境。在所有这些情况下,您将需要与公司合作,制订一个新的商业计划,该计划将是保守的,并侧重于纠正行动。您将需要为高级管理团队制订一个新的激励计划,因为除非他们觉得自己还将有所收获,否则他们不会有动力去努力工作。如果您在重组工作中碰壁,银行最终强制执行他们的贷款,除了将公司过渡给贷款人之外,没有其他选择。

- **从您的错误中学习**。无论这段艰辛的旅程如何结束,都要努力使这种情况得到妥善的解决。您的交易团队可能会发现,举行一次事后总结会,讨论出错的原因,并确定你们所有人可以做些什么来避免未来出现这种具有挑战性的情况,这是有帮助的。最糟糕的投资错误使私募股权基金能够完善其投资战略,并在未来取得成功。

第 13 章

退出策略和交易货币化

重点内容:

- 如何轻松地退出少数股权投资
- 退出控股权交易: 你应该把握市场时机吗
- 传统的退出途径: IPO、战略销售和发起人回购
- 无法退出投资? 使用替代交易货币化策略来挽救
- 画龙点睛: 每个投资组合公司的退出准备路线图

每个故事都需要一个好的结局，每个私募股权投资都需要一个有利可图的退出。尽管在持有期间，投资组合企业的季度估值提升可能会让您的有限合伙人感到欣慰，但这些暂时的估计仅仅代表"纸面收益"。在投资完成货币化之前，无人知晓私募股权交易会有什么样的结果。虽然季度估值对您的投资者来说是一个有用的方向性指导，但他们主要关注的是您的投资组合中每笔交易的资本回报和超额收益。这些回报和收益支付时间以及规模构成了您的基金的投资业绩——这是衡量业绩的重要标准，业绩的好坏会直接影响到投资者对您的公司的投资意愿。私募股权投资者很清楚，他们的生计有赖于能否从其投资组合中攫取到稳定的盈利。此外，作为一般的企业出售方，财务投资者常被认为是重要且成熟的资本市场参与者，他们能够提供灵活的变现途径——即使是最困难的投资——目的也只有一个：在基金的 10 年有效期内为其有限合伙人提供最大的现金回报。

1. 少数股权退出交易

如果是非控股股东，如何退出私募股权交易？在少数股权交易中，财务投资者除了殷切地表达他们关于退出途径和时机的意愿外，没太多其他的期待。在第 9 章中，我强调了谈判一系列强有力的退出权利并形成文件的重要性，在我看来，这些权利对于每一个少数股权投资交易都不可或缺。如果有缺失的话，您的投资可能就注定要失败，如果大股东没有兴趣为投资组合公司创造流动性事件，您几乎没有办法收回您的投资，更不用说您在交易中的超额收益了。

如果您确实有着稳固的退出权，那么最好的情况依然是从交易的一开始就与大股东就预定的退出路线和时间框架达成一致。这样的话，控股股东就会做大量的工作来为每个股东设计流动性事件。正如我们在第 9 章中所讨论的，在无法及时退出的情况下，您的退出权将会派上用场。为了给您的股权创造一个流动性的途径，您可以使用几种工具，从与大股东的 ROFO 安排到您最终的拖售权。但是，我希望这种情况不会发生在您的身上。作为一个小股东，行使您的流动性权利会需要一定的时间和努力——事实上，能以您可接受的条件退出，可能要花个好几年。

2. 控股股东退出交易

当控股股东退出私募股权投资时，一般都会更直接，且更令人兴奋。假设您的投资组合公司在您控股期间仍是一家不错的企业，您可以选择何时出售它。有许多复杂的因素支撑着具有控制权的投资者退出被投资公司的决定。什么时候是"说再见"的最佳时机？什么是最合适的退出途径？为了使投资组合公司在退出时的估值最大化，您能做些什么？我们将在后续章节中考虑这些问题。在本章的其余部分，我将采用控股股东的观点，他可以自行决定其投资的最佳退出策略。

3. 退出时间

当私募所有者考虑退出投资组合时候，我认为至少有三个因素需要评估。第一，被投资企业的现状如何？它达到退出的条件了吗？第二，就近期而言，被投资单位的市场倍数表现如何？第三，从发起人的角度来看，现在是不是向有限合伙人返还资金的最佳时机？让我们来逐个地详细研究一下这些因素。

- **被投资公司的现状**。在您拥有所有权的初期，被投资公司相对而言不太有吸引力：它可能处于复杂的重组中，有一个不稳定的员工队伍，增长受限，现金流不稳定。这就是为什么大多数企业所有者可能选择把创造价值的早期阶段放在潜在买家看不到的地方。一旦商业计划的关键部分得以实现，并且公司能够证明其收入增长、利润和现金产生方面有持续的积极趋势，您的投资组合公司就会变成一个理想的资产——如果这家公司是由一个有经验且有能力的管理团队带领，便更是如此。没有必要等待被投资企业达到其最高的业绩水平，事实上，一个更好的策略是"留有余地"，这样潜在的买家可以对他们自己的持股故事感到兴奋，其中包括在他们的持股期间利用企业剩余的上升机会或进行战略性增持。根据我自己的经验看，当投资标的的价值几近"展露无遗"且仍有潜在空间时，可能正是考虑退出的最好时机。

在这个机会窗口之外，您应该问自己一个问题，多等半年到一年后再卖出合适吗？如何权衡这项投资的货币倍数和内部收益率？毕竟，持有时间越长，为达到您的预期回报所需的退出价格就会越高。卡尔·托马，一位备受尊敬的私募股权投资者，同时也是托马·布拉沃公司的创始人，他说过，"……时间就是敌人，能否向我们的投资者提供丰厚的回报的区别都与我们的持股期有关"（Finkel 和 Greising，2010）。换句话说，持股时间过长是很危险的，因为过长的持股时间可能会侵蚀投资的真实内部收益率。此外，可能还有另一个罪魁祸首，如果您"磨磨蹭蹭"地退出一个表现良好的投资组合公司，它的业务可能会变差，或者市场可能会臆测您拥有的这个资产是存在问题的。因此，唯一一个您可以延迟出售已做好出售准备的公司的理由是您对它不远的未来的前景有着坚定的信念——例如您持有的投资组合公司会有更高的预期市场倍数，或者 EBITDA 会显著改善。

- **市场环境**。您无疑知道金融从业人士必须与令人苦恼的市场周期赛跑：头一天，资本市场参与者还很乐观，市场上充斥着廉价的过剩资本。第二天，当他们预计会出现最坏的情况时，就会"捂紧口袋"。当经济前景不明朗、上市公司的股价低迷时，很难找到"伯乐"。

虽然估值倍数有时会触底，但它们最终确实会随着市场条件的改善而回升。根据麦肯锡（2019 年）的数据，2007 年至 2018 年期间，全球私募股权出售资产的退出估值有很大的波动性：根据撤资年份的不同，消费型企业退出时的 EV/EBITDA 倍数中位数的区间为 7.5 倍至 13.7 倍；B2B 领域的运营商为 5.8 倍至 10.9 倍；科技公司为 6.0 倍至 13.8 倍。看着这些极不稳定的估值指标，人们可能会想，"当市场下行时，错的不是机器设备，而是经济周期"。

而这也正是大多数私募股权投资者试图尽其所能做到的。一项对全球收购的研究揭示了一个惊人的发现：退出时的多次扩张实际上并不像交易团队经常被他们自己的投资委员会所引导的那样虚幻。这项对 1986 年至 2010 年间完成的 1090 项已实现和 890 项未实现的欧洲和北美收购的分析提供了证据，即 "多次扩张是一种可管理的技能，可以受到私募股权投资者的影响，而不仅仅是运气使然"（Achleitner 等人，2011）。换句话说，私募股权投资者有能力把握退出时机，并通过在市场繁荣期出售更多的投资来获取更高的倍数。从我过去看到的来说，一些投资者还会设法为那些持股期间有优异表现的投资获取丰厚的溢价，同时通过退出时具有影响力的市场份额和无可匹敌的成本优势来获得更高的估值倍数。

- **发起人的考量**。正如我们在第 7 章和第 8 章中所讨论的，大多数私募股权基金会基于为期五年的商业计划对其投资进行计划销售，同时估计一个假设持有期为三至五年的预计退出回报。实践表明，假设的投资期限与现实情况基本是相符的——至少平均来看是这样。贝恩对 2004 年至 2020 年间全球并购撤资的研究表明，大多数交易都在 5 年内退出。此外，每年退出资产持有期的中位数分布在 3.3 年至 5.9 年之间，在 17 年间里只有 4 年超过了 5 年大关（贝恩，2021）。根据这一分析，人们会觉得，一个普通的基金有限合伙人会强烈地期望在初始投资后的三到五年内的某个时间点对每个投资组合公司进行分配。

然而实际情况似乎与统计的数据截然相反，私募股权投资者在选择退出时机时往往会加入一些巧妙的策略来满足其机构的利益诉求。在基金投资期的早期阶段，被收购的公司往往会迅速退出，因为私募股权投资者渴望比预期更早地将现金返还给有限合伙人，以便在下一个基金的筹资迫在眉睫之前固化现有基金的变现投资记录（Zeisberger 等人，2017）。一旦投资者处于募资的阶段，他们就不太可能在这个时期从他们所出售的公司身上榨取到一分钱。出于营销的目的，他们更可能宁愿牺牲一点 MOIC，来换取加速退出和看起来不错的 IRR。相反，基金购买成熟型企业通常会持有更长的时间，因为发起人有强烈的动机来最大化每项投资的资金倍数，这就导致了一个结果：以股利股息的形式来提高自己的财务回报（Zeisberger 等人，2017）。

如你所见，如何确定合适的退出投资时间来让私募股权投资者达到他们的各种目标，涉及很多复杂的思考。对于投资组合公司的退出一定要发生在正确时间，发生在一个良性的市场中，同时也要符合私募股权投资者所在机构的目标。然而，在相对罕见且幸运的情况下，所有这些复杂的因素都会被抛到九霄云外，即投资组合公司成了一个可靠的买家主动提出的高价估值的对象——事实上，这随时都可能发生。这就是为什么他们在私募股权中说，"只要钱到位，什么都能买到"。当有人今天报了明天的价，有什么理由将他们拒之门外呢？

4. 传统的退出途径

实现私募股权投资完全退出的主要三条途径包括：在证券交易所上市、出售给战略买家和发起人之间的收购。尽管我将在本章后面介绍一些替代性的交易货币化策略，但大部分的私募股权交易都将通过上市或出售给战略买家或财务投资者来退出。根据我的观察，一个典型的并购基金可能会将一半的投资组合出售给战略买方公司，将大约三分之一的投资组合出售给其他财务投资者，然后只有两到三家公司运营到上市。专注于小型企业的私募股权基金很可能不得不主要依靠战略买家和发起人之间的收购这两种退出渠道，因为它们的大多数投资组合公司通常缺乏足够的流动性和成功上市所需的规模。

虽然没有明确的规则能让私募股权投资者准确地预测最可能的退出途径，

但可以说特定的公司特征倾向于吸引特定类别的潜在买方。例如，首次公开募股最适合于具有出色的财务记录、令人信服的增长状况和股权背景简单明确的大型企业，这将吸引公共投资者。战略性买家不太关注投资组合企业的规模，他们可能对各种规模的收购标的都感兴趣。企业希望购买具有强大的品牌力量、有着可防御的市场地位和有吸引力的地理分布，同时能够为其核心业务提供战略价值和协同效应的公司。最后，财务投资者大多被那些具有明确的未来价值创造杠杆和坚实的现金转换情况的公司吸引，以支持杠杆收购。财务投资者可以很宽容地对待他们所购买的企业近期运营中的小插曲——但这一点，抱着 IPO 目的的投资者或企业可能会觉得难以消化。

尽管潜在的买方之间存在明显的偏好差异，但拟退出的私募基金发起人通常会组织一个退出过程，以迎合尽可能多的买方的需求。在出售之前，所有者会精心包装他们的投资组合公司，以便对每个购买方都产生最大的吸引力，这样就可以吸引战略买方和财务投资者一起形成竞争。如果投资组合公司正在努力进行 IPO，那么上市过程很可能是"双轨制"的方式与传统的销售方式同时进行。这种方法能使发起人优化被投资公司的退出估值，因为公众和个别投资者之间存在竞争关系。此外，还有一种情况是由于股票市场的突然恶化，导致 IPO 未能实现，但传统的出售过程已经做好了充分的准备且成了合理的替代退出方案。让我们更详细地看看每种主要的退出途径。

5. IPO

IPO 允许私募股权所有者通过在证券交易所上市，向公开市场的投资者出售其持有的公司的股份，从而使其投资货币化。当市场情绪高涨，且目标公司符合公众投资者的标准时，这一策略尤其有效。最具吸引力的 IPO 候选公司具有一定规模、所在行业具有强大的基本面，并拥有稳定的交易记录和可持续增长的收益。为了最大限度地提高成功上市的机会，公司管理团队的高级成员需要为 IPO 投资者准备一个令人信服的股权故事，并证明他们有能力在公司作为一个上市实体运作时应对股票市场的压力。此外，管理团队应该对持续的信息披露要求、公司未来可能出现的失误的公开曝光以及——也许是最重要的——分析师、投资者和公众对每份季度报告的严格审查完全适应。

在 IPO 之前，公司不管是看起来、感觉上还是行动中都要像是一家公开上市的公司，要有一个有效的、人员充足的财务职能部门，一个能够解决分析师和投资者复杂问题的专业投资者关系部门，以及一个符合证券交易所要求的高质量董事会。并非每个私募股权投资的投资组合公司都适合上市——事实上，大多数都不适合。根据贝恩（2021 年）的数据，在 2005 年至 2020 年期间，IPO 在全球收购退出的总价值中占比不到 20%。此外，私募股权企业的上市往往有一个混合的交易业绩，在 2010 年至 2014 年由全球收购发起人主导的 IPO 中，超过 70% 的公司在接下来的五年内表现不如其公开的相关基准（贝恩，2020）。因此，在决定以 IPO 作为退出途径时，需要仔细分析其潜在的优点和缺点。

IPO 的优势

- **知名度和公众认知**。鉴于媒体对新上市公司的广泛报道，每一次由发起人主导的 IPO 往往被公众认为是退出投资的一种胜利方式。公开上市通常被认为是公司无可置疑的成功标志，这种看法无疑给高级管理团队带来了个人满足感。这种退出途径也给私募股权发起人带来了切实的声誉好处，他们的有限合伙人认为他们是成熟的资本市场参与者，有能力使其投资的公司专业化，使其为 IPO 做好准备，并有效地驾驭复杂的上市程序，以实现其投资的高调退出。

- **有吸引力的退出估值**。与其他退出途径相比，成功的 IPO 往往能使私募股权投资者从其投资的公司获得更好的投资回报。从几项对全球的私募股权退出的研究中，我们可以发现似乎有足够的经验证据表明，由发起人主导的公开上市，其定价的中位数通常高于向战略买家或财务投资者销售时取得的中位数（Perez Navarro，2018；Chinchwadkar 和 Seth，2012）。

- **获得长期的流动资本**。通过将股权转换为公开上市的股票，公司受益于产生一个流动和多样化的资本环境，从而支持其后续的资金需求。在潜在的并购活动中，上市的股票可以作为一种有价值的收购货币，并为公司提供了构建有吸引力的员工留存和福利计划的能力。管理团队也经常享受这种独立性，即他们向广泛的被动股东群体报告，而非一小批亲手控制公司的投资者。

IPO 的劣势

- **公司的短期业绩压力。**公众市场的投资者和报道公司股票的分析师大多会关注企业的季度业绩。一旦公司上市，它就失去了经营的机密性，并可能发现很难追求推出高风险的产品或开始新的冒险——无论从长远来看它是多么有利可图——因为前期的损益可能会对公众的收益水平产生不利影响。股票市场要求销售额、收益和股利稳定增长，并有可能惩罚那些不能持续达到这些目标的公司。

- **发起人在 IPO 中不能全身而退。**私募股权投资者并不能从 IPO 的即时流动性中获益，相反，他们只能在上市时处置其在投资组合公司中的部分股权。他们至少在强制性的"锁定期"内继续持有该公司的大部分公开交易的股份，通常长达 12 个月。因此，发起人在规定的持股期内要承受公司的股价表现，这给他们最终的投资回报带来了不确定性。

- **市场风险。**由于市场是不可预测和动荡的，发起人在 IPO 过程的多个阶段都承担着重大的风险。一旦私募股权投资者决定将所投资的公司上市，他们必须采取一系列步骤，如选择承销商、准备招股说明书以及将公司管理层送上路演，与投资者见面。不可避免的是，从决定上市到 IPO 定价日之间有几个月的间隔，这意味着由于市场条件或经营业绩的变化，公司的最初估值目标可能无法达到。此外，上市后股价表现的强弱部分取决于 IPO 订单簿的分配，如果订单簿中包含太多希望在短线交易中"反转"公司股票的投机性投资者，就有可能对股价产生过度的下行压力。此外，持续的股价疲软或市场的明显恶化可能会迫使私募股权基金在上市后持有剩余的

股票，远远超过他们的"锁定期"：在这种情况下，在上市后的几年内可能无法实现全部退出。[⊖]

6. 战略销售

对于私募股权投资者而言，公司收购是迄今为止最活跃、最重要的退出渠道，战略销售占 2005 年至 2020 年间发生的全球收购退出所产生的总价值的一半左右。战略利益是私募股权行业在艰难时期的重要力量支柱，当 IPO 窗口关闭，其他流动资金途径无法实现时，对公司的销售可能占到困难年份发生的退出总价值的三分之二之多（贝恩，2021）。只要目标公司没有重大的运营问题，并能证明与收购方的核心业务有很强的战略契合度，公司买家一般都能满足于购买各种资产——包括私募股权投资组合中的业绩平平者。

大多数公司都承受着来自董事会和股东的持续压力，要求其实现持续的顶线增长并在竞争中保持领先。因此，他们可能觉得有必要通过寻找有吸引力的目标——包括那些存在于私募股权投资组合中的目标——来补充其主要业务战略。战略买家通常将并购视为一种快速有效的方式，通过整合他们认为有价值的资产和能力，如强大的品牌、进入新的市场和产品线，或额外的有机增长来源，来加强他们的现有业务。为了充分利用私募股权出售过程中的战略利益，被投资公司应将自己定位为一个理想的目标，突出其服务的专属细分市场，并强调其可能缺乏的独特能力，特别是独特的专业知识、优越的资源、出色的客户服务或更好的商业执行力。

公司买家愿意为私募股权资产支付的价格取决于目标公司对收购方的战略价值和潜在的协同效应。这种类型的买家通常来自同一行业，并将主要关

注合并后公司的潜在价值创造机会。如果可以通过节省大量的成本和创造广泛的交叉销售机会来攫取切实的协同效应，那么买家可能会向目标公司的私募股权所有者提供一个非常有吸引力的价格。

出售给战略收购者有其优点和缺点，我将在下面讨论。

战略销售的优点

- **有吸引力的现金对价。**公司收购者可能愿意为它们认为能带来强大协同效应和明显战略利益的私募股权资产支付溢价。战略性出售使私募股权所有者能够以现金方式实现其投资，并通过将投资组合公司的所有资产和负债转移给新的公司所有者，享受干净利落的退出——但需遵守惯例的声明和保证。

- **执行速度。**由于公司买家可能对被投资公司的关键市场有广泛的第一手知识，他们不会花很多或任何时间来进行行业尽职调查。他们通常也不需要筹备收购杠杆，这使交易各方能够有效地运行交易过程，并相当迅速地参与关键项目的谈判。

战略销售的缺点

- **员工的抵制。**目标公司的管理团队和其他员工可能会对收购后的重组举措感到恐惧，因为这可能会导致大量的失业。在某些情况下，被投资公司的高级管理层可能会公开反对出售给特定的收购方，或坚持遵守可能会使退出过程复杂化的保留协议或退出安排。

- **向竞争对手披露机密信息。**最有条件收购一家投资组合公司的战略买家可能是其最接近的竞争对手。在出售过程中，他们将不可避免地获得有关公司运营的敏感商业信息，如果退出失败的话，他们可能被诱惑在未来参与积进的竞争行为。

- **反垄断审批。**在同一行业经营的公司的合并往往需要监管部门的批准，这可能会造成不确定性并推迟交易。此外，反垄断协议书可能受制于一些条件——如强制剥离——而这些条件可能不为买方所接受，或可能需要几个月的时间才能完成。

7. 发起人回购

随着私募股权行业的成熟，不同的财务投资者使公司所有权进行多次变更这种现象已经变得越来越普遍。根据贝恩（2021 年）的数据，2005 年至 2020 年间，发起人之间的交易导致的退出占每年全球收购退出总价值的 10%~30%。尽管私募股权买家对价格高度敏感，不太可能过于慷慨，但他们还是能够为退出的发起人提供有吸引力的估值，特别是如果市场环境允许他们以高额债务为收购融资。虽然目标公司的许多薄弱的运营改进成果可能已经被最初的私募股权所有者完全收获，但由于其强大的增长潜力，其他财务投资者仍然可能对该公司感兴趣。

私募股权买家在寻找什么？我相信这个话题已经在之前的章节中广泛涉及，所以我希望您有足够的能力来回答这个问题。一般来说，财务投资者需要一个令人信服的投资理论来支持交易，并且肯定会在其拥有所有权期间探索一切可能的价值创造途径。此外，他们将考察公司在私募股权环境下的现有经营业绩，由注重现金的关键绩效指标和强调债务偿还来驱动。与其他买家相比，私募股权投资者并不总是希望投资于无瑕疵的资产，只要它具有可观的上升潜力。他们往往在经营上持开放态度，不太可能因为目标公司仍在进行重组而放弃。事实上，大多数人会很乐意卷起袖子，帮助公司达到其巅峰业绩——尽管需要付出代价。

正如您已经知道的那样，吸引私募股权投资者的公司很可能有一个强大的市场地位、一个有吸引力的现金状况和明确的增长前景。使被投资公司成为财务买方的理想资产的最佳方式是预先满足大多数典型私募股权交易中出现的信息需求。财务买家需要有关外部环境的广泛数据，包括关键市场和产品领域的行业前景和竞争态势；关于目标公司的客户价值主张的令人信服的叙述；以及由明确的实施流程和详细的财务预测支持的价值创造计划。任何希望给潜在的私募股权买家留下深刻印象的人都应该考虑对公司的单位经济效益、营运资本周期、现金产生和转换以及先前资本支出的投资回报进行全面分析。

向财务投资者出售资产的主要优势之一是买方和卖方之间既有的理解，他们有着相同的思维方式，并关注类似的财务和运营指标。然而，私募股权买家在退出过程中往往很难打交道，因为他们——毫不奇怪地——往往会对每一个关键项目进行详尽的谈判，要求对目标公司进行长期和全面的尽职调查，并有可能提出一个复杂的建议——充满棘轮、收益和托管，这可能会减少交易结束时支付给卖方的预付现金对价。

8. 其他交易货币化策略

如果私募股权投资者不愿意或无法通过上述常规途径退出投资，会发生什么情况？他们很可能正在评估实现部分退出的可能途径，以便为投资者的临时现金分配提供资金。一种选择是对被投资公司的债务进行再融资，并通过杠杆资本重组向股权持有人支付款项。另一个选择是通过向另一方出售投资中的少数或多数股权来减少对被投资公司的股权持有。

另外，私募股权投资者可以通过使用相当非主流的架构来实现投资的完全退出，比如在跨基金的二级交易中出售一个投资组合公司，或者设立一个延续基金，从主要基金工具中收购一个或多个投资组合。这两种退出模式可能看起来很激进，因为私募股权投资者最终将其投资转给他们控制的基金，换句话说，他们实际上是将其投资组合公司卖给自己。如果有人既是买家又是卖家，这听起来是不是有明显的利益冲突？的确，这些退出策略最初是有争议的，但是随着时间的推移，许多有限合伙人已经逐渐接受了它们。一些大型和有声望的发起人，如黑石集团、EQT 和 Hellman&Friedman，成为"出售自有基金"战略的早期采用者，并为他们的一些投资实现了高调的退出（Wiggins，2020）。

让我们后退一步，更详细地探讨其他的交易货币化策略。

- **杠杆式资本重组**。这种策略的目的是加速股权分配，从而提高投资的内部收益率。杠杆资本重组使被投资公司能够通过用新的和更多的贷款来取代原来的收购债务，或用额外的债务部分来补充现有的资本结构，如高收益债券或证券化，从而提高其杠杆率。增加杠杆所产生的收益被用来购买部分股权，并向所有者支付特别股息。当一家被投资公司通过偿还债务大幅降低杠杆，或者当债务提供者基于其财务业绩的改善或信贷市场更有利的条件而愿意向公司提供更高的杠杆时，就可以考虑这种方法。私募股权投资者依靠杠杆资本重组来减少他们的股权风险，并在不减少其所有权的情况下获取部分流动资金。由于被投资公司必须偿还增加的债务并承担更高的财务风险，积极的杠杆资本重组可能会导致发起人的负面新闻，特别是如果该公司随后申请破产的话。

- **部分出售**。当私募股权投资者希望将部分资本返还给他们的有限合伙人并锁定一个有吸引力的回报率，同时保留投资组合公司的长期上升潜力时，这种途径可能是合适的。例如，发起人可以选择保持对被投资公司的多数控制权，并在持有期的中途将少数股权出售给志同道合的合作伙伴，以降低交易风险，为被投资公司确定有吸引力的估值，并尽早向其投资者进行分配。另一个选择是出售所投资公司的多数股权，并通过保留目标公司的少数股权来保持对"游戏"的参与。当私募基金发起人受到来自有限合伙人的压力，要求他们从长期持有的表现良好的投资中成功退出时，这种方法可能是有意义的：如果他们不愿意完全出售，一个可行的解决方案是出售公司的大部分股权，保留一小部分股权，以保持对未来可能持续增长并产生有吸引力的回报的资产的窗口。

- **跨基金二级交易**。这种退出模式使私募基金发起人能够通过跨基金二级交易，将一家被投资公司从原来的载体上卖给他们控制的另一个基金。当一个私募股权基金的 10 年寿命接近尾声，而投资专家正忙于退出投资组合中的剩余交易时，通过资产重新分配让新一代基金来持有一项具有巨大价值创造潜力的特别有吸引力的业务可是很诱人的。这种方法最有争议的地方是确定一个公平的价格，使投资可以从老基金转移到由同一家私募股权公司控制的新基金，因此，普通的跨基金二次投资往往与向外部投资者出售投资组合公司的少数股权一起发生，以便建立必要的公平估值。[⊖]

跨基金二级交易被认为是越来越多的私募股权公司可以接受的退出形式，这些公司管理着多个基金，拥有针对不同投资回报的多种投资策略，如成长型股权、收购和长期价值。这些公司发现更容易向他们的有限合伙人解释，为什么通过将成熟的资产从原始基金转移到另一个风险较低的投资策略和预期内部收益率[⊖]较低的工具，在整个生命周期内向被投资公司提供长期支持是有意义的。在这种情况下，发起人可能会避免引入外部投资者，而是选择进行"去购物"这一过程，在这个过程中，独立的交易顾问被指示从外部各方为被投资公司征求更高的出价，看看发起人的收购工具的拟议估值是否可以被击败（Wiggins，2020）。

- **延续性基金**。对于私募股权投资组合中的最后几项资产，还有一种解决"10 年基金寿命结束"难题的方法。发起人可以设立一个延续基金，寻找投资者为其提供支持，并将其旧基金所拥有的一个或多个投资组合公司出售给新的延续基金。这种退出策略可用于处置具有强大上升潜力的单一投资组合公司，[⊜]或投资表现各异的若干资产，[⑭]这样就可以将陷入困境的投资组合公司与几家明星公司捆绑起来，形成一个有吸引力的整体投资主张。

延续工具通常由专业的资产管理人支持——如私募股权二级玩家、主

㊀ 例如，EQT 在 2020 年将软件开发商 IFS 的所有权从 EQT 基金 VII 转移到 EQT 基金 VIII 和 IX，同时还向 TA Associates 出售少数股权（Mendonça，2020）。

㊁ 例如，黑石集团在 2020 年将其对生命科学办公平台 BioMed Realty 的投资从 Blackstone Real Estate Partners VIII 重新分配到其具有"核心＋"回报策略的新的永久性工具中（Campbell，2020）。

㊂ 例如，BC Partners 在 2020 年将学术出版商 Springer Nature 出售给自己的延续基金（Wiggins 等人，2020）。

㊃ 例如，Hellman & Friedman 在 2020 年将其 2009 年的 VII 基金中剩余的三家投资组合公司转移到自己的延续工具中（James，2021）。

权财富基金或养老金管理人——他们期望获得比传统 10 年基金结构更快的回报。这些投资者向延续基金提供基础承诺，并确定交易的关键条款，如待转让资产的估值、发起人的管理费和附带利益分配的水平。然后，原始基金的有限合伙人可以审查该提案，并决定是否套现或将其权益转入延续基金（Wiggins，2020）。

9. 画龙点睛：确保成功退出

没有什么比在求胜的过程中败北更令人沮丧的了。任何私募股权投资的退出都可能因为你无法控制的原因而突然脱离预定的轨道，例如，由于特定行业的事件或经济环境的普遍恶化而导致投资者情绪的意外逆转。因此，牢牢掌握你在退出过程中可以产生实际影响的关键因素就更加重要了。然而，老练的投资者——他们花了多年时间试图使他们的投资价值最大化——却因为对应对投资组合公司出售的压力准备不足而崩溃。

我自己也经历过一些交易中的挫折，而且这些挫折就发生在终点线上。有一次，我的交易团队正在为一家快速发展的电信公司执行退出程序，当时首席执行官和首席财务官被与潜在买家的会议分散了注意力，结果发现很难在公司的日常运营中保持适当的纪律。最终，该公司的交易业绩出现了令人尴尬的下降——就在销售过程中——这严重损害了公司预测的可信度。几个高知名度的收购方假设了一个灾难性的情况，对资产失去了信心，并放弃了拍卖过程，使我们的交易团队只剩下几个感兴趣的人。尽管我们设法卖掉了该公司，但我们却错失了形成溢价估值的机会，事实上，我们认为备受追捧的公司，很少达到令人满意的市场倍数。

还有一次，我的交易团队参与了一家消费品公司的销售，该公司在最后一轮中获得了一个日本战略买家的诱人出价。我们太着急了，没有对收购方的管理风格进行详细的检查，就把独家经营权交给了这一方，结果收购方的行动缓慢得令人沮丧，没有赶上我们的时间表。在整个过程中，我们错误地估计了影响谈判的文化差异：日本的交易方习惯于在一个以共识为导向的商业环境中运作，需要召开无数次董事会会议来批准 SPA 中的每一个小变化。在与买方进行了几个月拉锯式谈判之后，很明显，市场条件正在减弱，交易只能在降低估值的情况下完成。我们最终宣布失败，撤销了交易，转而选择了杠杆资本重组——这使我们最终退出该公司的时间推迟了约 18 个月。

在退出投资组合业务时，你能避免最后一刻的失望吗？我相信你可以。一个成功的退出过程有赖于详细的计划、巧妙的定位、明智的策略、合理的谈判和及时的妥协。让我们回顾一下你应该考虑的一些最佳做法，以便在出售投资组合公司之前加强你的地位，优化你的退出结果。

- **尽早开始**。正如我们在第 5 章所讨论的，每一个深思熟虑的投资承销过程都需要对潜在的退出方案进行仔细分析。因此，在交易完成之前，你很可能已经对可能的退出途径和时机有了设想。最重要的是，在交易结束后至少每 6 个月要重新审视被投资公司的退出方案，与公司财务顾问保持定期对话，并进行自己的估值分析，这样你才能对市场环境保持完全清晰的认识，并对退出价格形成现实的预期。你需要在计划的流动性事件前 24 个月就采取行动，以确保你能从一个有实力的位置退出被投资公司。你到底需要做什么？

首先，将公司业务打包出售，使其吸引潜在买家。通过解决公司运营中的弱点和减轻已知的风险披露，考虑所有潜在的价值流失领域。始终假设任何重大问题将在退出过程中被发现。因此，不要留下任何问题——如客户流失或运营延误——没有解决，因为潜在的买家只会做出最坏的假设，提供更低的价格，或直接放弃。使公司能够产生稳定的业绩记录，没有非经常性的高额收益或现金流入，因为它们可能被认为是不可持续的，因此，潜在的收购方会对其打折扣。

其次，整理业务，同时消除一切可能引起买方顾虑的问题。考虑解决历史性的纳税义务，以节税的方式将滞留的现金汇回国内，出售过时的存货，收集坏账和处理多余的非经营性资产。如果一个投资组合公司经营着一个举步维艰的部门，这可能是一个很好的机会，可以考虑为这个业务线进行一个单独的出售过程，甚至是清算。

最后，在销售之前，通过提高公司在行业中的知名度来为市场预热。通过商业媒体报道新产品的推出和重大合同，参与巧妙的公关活动，并鼓励高级管理人员参加相关会议和贸易展览。在行业内建立关系网络，以确保主要领域的投资者、竞争者和垂直整合者了解公司的成就，并将其视为一个理想的目标。

- **让管理层入伙**。你支持的高层管理团队需要完全与你的退出目标保持一致。他们会发生什么事？他们是买家还是卖家？与高级管理层开诚布公地讨论一下他们关于退出投资的心态。如果他们要离开公司，你需要制订一个继任计划，任命新人担任所有关键职位。一个拥有完整的、全面的、有经验的管理团队的公司，在稳定的、有能力的人才库的支持下，是比较容易出售的。可以为公司的关键业务线管理人员推行一个员工保留计划，以避免他们在退出过程中突然离职。如果高级管理人员打算在"新官上任"后继续留在公司，你需要考虑到他们在你的退出途径和时间方面的偏好，因为他们将对退出结果产生重大影响。在这种情况下，要为高级管理人员"本土化"的可能性做好准备——换句话说，在退出过程中与某个特定的买家建立密切的关系，并主张由该对手方赢得交易。这是一种不可接受的行为，但经常发生，可以通过在现有的管理激励计划中加入退出奖金或基于绩效的棘轮来管理，只有当你达到目标退出估值时才会产生回报。

- **投入充足的资源**。让我们面对现实吧，毕竟每一条退出途径都需要投入大量的时间和资源。IPO 也许是最烦琐的途径，会给发起人和公司高管带来巨大的压力。更糟糕的是，公开上市很可能与传统的拍卖结合在一起，形成一个双轨制的过程，使退出的体验对每个人都特别具有挑战性和要求。一旦你确定了退出计划，就要仔细考虑流程要求和时间。请记住，高级管理层将需要分配大量的时间来准备和交付公司报告，与潜在收购方会面，并提供后续分析，所有这些都将优先于他们负责所投资公司的日常运营的主要职责。可以考虑在退出过程中把高层管理团队分成两组：首席执行官和首席财务官负责向潜在的投资者介绍公司和销售业务，而董事长、首席运营官和副首席财务官则可以坚定地留在现场关注日常运营，以确保公司业绩不出现下滑。

你需要确保公司的经营状况与提交给潜在买家的预测一致，因为任何不足之处都会给你带来巨大的损失。因此，明智的做法是检查近期的预测是否实现，预算数字在销售期间是否可以实现。最后，不要低估退出过程对财务部门的负担，这个团队需要有良好的人员配备，能够提供可靠的、坚如磐石的数字，特别是在时间压力下工作时。为了支持退出过程，财务团队将负责维护公司的细化财务模型，包括五年的历史财务数据和五年的预测财务数据。

- **任命一流的顾问**。你对顾问的选择关系着在退出过程中是破坏还是产生价值。虽然节省费用可能很诱人，但我不建议在退出过程中采取过于注重成本的策略。高质量的建议具有高昂的价格，然而，一流的顾问会让你在退出时最大限度地提高你的投资组合公司的估值。在计划退出之前，要提前进行选拔，这样你就可以选择一个优秀的律师、会计师和银行家团队来指导你和你的投资组合公司完成复杂的退出过程。你的顾问需要将你的公司视为重要的客户，并拥有通过他们过去完成的类似交易而获得的坚实的行业专业知识。在任命卖方并购顾问或 IPO 承销商时要精挑细选，最好的公司需要表现出强大的执行能力，并能接触到大量的潜在买家。如果你采用双轨制退出程序，你将需要至少指定两家独立的投资银行：一家将为你的传统销售提供建议，另一家将成为 IPO 的主承销商，可能还会得到银团中其他公司的支持。

- **创造一个（或两个）引人注目的股权故事**。除非你能说服潜在的投资者相信他们会赚钱，否则你将无法出售你的投资组合业务。一个表述清晰的股权故事包括对公司独特的客户价值主张和未来增长前景的有说服力的叙述，并与过去的财务业绩相联系。此外，下一个所有者应该对公司预测中的潜在价值创造机会的渠道感到兴奋。公司打算采取什么可操作的战略？是否有强有力的、可信的证据来支持未来的收益增长潜力？由于公共投资者、战略收购者和财务投资者倾向于欣赏不同的业务特点，所以要对股权故事进行调整，以突出公司吸引每一类买家的具体能力。包括定制的补充分析，你只与特定类别的收购者分享即可。除了准备好对潜在的投资者说什么之外，还要关注如何讲故事。根据我的经验，值得考虑对公司主要高管进行公开演讲培训，并进行一些管理层的演讲排练，以使高级管理人员能够有效地表达关键信息，并说服买家支付溢价估值。

- **瞄准一个平实的尽职调查过程**。你可能从自己的投资经验中了解到，任何收购过程中的投标质量都与卖方提供的公司数据的质量成正比。你能与潜在的买家分享的有用信息越多，他们就越有能力对目标公司进行自己的分析。分配相当多的时间来制作高质量的公司数据，以满足退出过程中的文件要求。你将需要经过历史审计的财务报表（如果要进行首次公开募股，则应采用上市公司的格式）；有确凿、可信的事实支持的健全的财务预测；有说服力的关键卖点；以及一份表达清晰的 CIM 或招股说明书，提供关于公司最重要的事实，解释关键的价值驱动因素，使买方对公司的未来感到兴奋。一些公司的拍卖过程还为潜在买家提供了一个主要的融资方案。我个人认为这是没有必要的，因为成熟的财务投资者更有能力谈判自己的收购杠杆，而战略买家很少依靠 LBO 式的债务来为收购融资。我还认为，如果有一个主要的融资方案，可能会向潜在的收购者发出一个不利的信号，即交易是"浓妆艳抹"的，而且有过度推销之嫌。

正如我在第 10 章所述，我在自己的尽职调查过程中对 VDD 持怀疑态度。然而，在出售投资组合公司时，我是 VDD 的坚定信徒，因为许多买家认为，详细的 VDD 报告可以减少目标公司的潜在不确定性。在出售之前，请将 VDD 报告定稿，并考虑在出售过程的初期与潜在买家分享，尤其是在出售复杂业务的情况下。这样，你会很快看到谁在做真正的工作，谁只是在打听你的投资组合公司的信息。除了 VDD 之外，你还需要建立一个包含全面公司信息的数据中心，使竞标者能够对目标公司进行自己的尽职调查。在向他人开放数据中心之前，自己先去访问看看。它对用户是否友好？它是否具备适当的详细程度？它是否向潜在买家发出信号，表明该公司运营着有效的业务系统，有足够的监督和问责？

最后，无论你为出售所投资的公司做了多好的准备，每家公司都可能有一些剩余的运营问题、业绩异常或重大风险，这些问题在退出过程中会被潜在买家发现。不要隐瞒投资组合公司的任何潜在问题，因为这些问题很可能会在尽职调查后作为不愉快的未知数出现！你的工作是预测买家提出的难题，并准备好有可靠证据支持的深思熟虑的答案。与管理团队事先澄清你对关键问题领域的立场，并协调一个一致的信息，旨在连贯地解释每个问题的性质和可能的缓解行动，以帮助减轻潜在买家的担忧。

- **保持竞争的张力**。在这个过程中，尽可能保持所有的退出选择都处于开放状态。当认真的买家之间存在一定程度的良性竞争时，收购目标会显得很有吸引力，并能得到最高的出价。如果退出途径之一是公开上市，那么将所需的 IPO 准备工作坚持到最后是有意义的，因为在公司充分准备好上市的最后一刻撤销 IPO 是相当容易的。相比之下，提前放弃 IPO 将使公司在"游戏"后期很难再重返上市进程。

从理论上讲，评估你的投资组合公司的潜在买家越多，对卖家越有利。然而，这个理论是有限度的，你当然要避免让人觉得你过于绝望，或者造成你的资产被推销得太广的印象。我曾经参与过一家非常困难的投资组合公司的销售，我们的顾问被要求联系 70 多个潜在的买家，因为我们的最终退出似乎非常不确定。我们的交易团队确实很担心退出的结果，然而，我们在整个退出过程中都保持了模糊性，除了我们的顾问之外，从未向任何人透露参与第一轮竞标的人数。我们还决定将 8 个——在我看来，这是一个非常高的数字——竞标者推进到第二轮，并试图在激烈的竞争期间谈判关键的交易参数和合同条款。

当其中一个买家试图抢先交易，并要求你在排他期完成领先于其他人的尽职调查时，要持怀疑态度。这一个买家的行为，无论多么坚定，都会妨碍其他各方对你的投资组合业务进行评估，并破坏整个退出过程。在你做了那么多准备工作之后，你不能冒这个风险！根据我的经验，真正认真的买家有信心竞争到最后，不太可能仅仅因为在这个过程中有其他竞标者而放弃一个好的交易。

- **搞定它（或者有一个备份计划）**。迟早有一天——除非你要进行 IPO——你将不得不进行最后一轮竞标，选择一个交易对手，给予他们一段时间的排他性，并尽最大努力完成销售。在评估退出过程中剩下的几个当事方时要非常小心。你应该选择出价最高的人吗？或者你应该选择你的投资组合业务中最合理的买家？而如果这两方在交易中所做的工作与其他人相比都明显较少，你又该怎么办？这个问题没有办法回答，除非你在最后一轮选择相当规范的方式，要求剩下的竞标者以一种能够让你进行详细的并排比较的格式提交最终报价。例如，你可以要求投标人说明他们对以下项目的立场。

a. 整体价格；

b. 对价的结构：现金与延期支付或有条件支付；

c. 融资结构：债务和股权；

d. 收购你的投资组合公司的理由和未来意向声明（包括与公司管理层和雇员有关的意向）；

e. 迄今为止所完成的工作和任何未完成项目的摘要；

f. 截止时间表；

g. 关键的 SPA 问题，例如：

　　 i . 必要的陈述和保证；

　　 ii . 要求的赔偿金；

　　 iii . 第三方托管期；

ⅳ. 打算将收益、营运资本和其他现金项目正常化；

ⅴ. 提供的条件（特别是 MAC、融资退出、反垄断批准）；

ⅵ. 建议的关闭机制。

这些信息应该允许你在相同的基准上比较最终的报价，了解出售对你的投资组合公司可能产生的影响，并计算出你的基金的预期回报。在做出最终决定之前，要做好自己的尽职调查，以确保你会对退出的结果感到满意。谁是买家，他们的资本是否充足？谁拥有他们，他们是否拥有良好的声誉？他们是否有收购其他公司的记录？如果有，他们的业务特点和管理风格是什么？他们是否有可能拆解公司或进行大规模裁员？

如果你怀疑你的投资组合公司在新的所有权下可能会经受相当大的困难，你可能会得出结论，桌子上的报价没有一个对你的基金有价值，或使你免受潜在的声誉损害。你需要做出妥协吗？你也许不应该。你应该有一个后备计划：取消退出程序，等待更好的时机，或者继续进行我们在本章前面讨论的其他交易货币化策略之一。既然你已经在退出过程中走了很远，我想你更有可能对最终出价的水平和条款感到兴奋，并设法确定最坚定的买家，他将支付一个有吸引力的价格，及时交付某些资金，并希望能使你的投资组合业务在未来继续增长和繁荣。

每一项私募股权投资都需要一个收益满满的退出；而每一个故事——包括《私募股权投资工具箱》的故事——都需要一个好的结局。我希望你的交易进展顺利，并且你将享受到私募股权投资这个丰富的世界。我祝愿你的投资事业取得圆满成功！

参考文献

第 1 章

Teten, D. and Farmer, C. (2010). "Where are the deals? Private equity and venture capital funds' best practices in sourcing new investments," *The Journal of Private Equity*, 14(1), pp. 32 – 53.

Bruner, R. F. (2004). *Applied Mergers and Acquisitions*. Hoboken, NJ: John Wiley & Sons.

第 2 章

Narayanan, V. K. and Fahey, L. (2001). "Macroenvironmental Analysis: Understanding the Environment Outside the Industry" in Fahey, L. and Randall, R. M. (eds). *The Portable MBA in Strategy*. New York: Wiley.

Porter, M. E. (1985). *Competitive Advantage: Creating and Sustaining Superior Performance*. New York: Free Press.

Grant, R. M. (2002). *Contemporary Strategy Analysis: Concepts, Techniques, Applications*. Cambridge, MA: Blackwell Publishers Inc.

Valentine, J. J. (2011). *Best Practices for Equity Research Analysts: Essentials for Buy-Side and Sell – Side Analysts*. New York: McGraw-Hill Education.

Teten, D. and Farmer, C. (2010). "Where are the deals? Private equity and venture capital funds' best practices in sourcing new investments," *The Journal of Private Equity*, 14(1), pp. 32 – 53.

PEI Staff. (2013). "Cold Call Captain", *Private Debt Investor Online*. January 12, 2013.

Holmes, C. (2007). *The Ultimate Sales Machine: Turbocharge Your Business with Relentless Focus on 12 Key Strategies*. New York: Portfolio.

第 3 章

Bruner, R. F. (2004). *Applied Mergers and Acquisitions*. Hoboken, NJ: John Wiley & Sons.

Fuchs, F., Fuss, R., Jenkinson, T. and Morkoetter, S. (2017). "Winning a deal in private equity: Do educational ties matter?" *University of St. Gallen, School of Finance Research Paper No. 2017/15*.

BackBay Communications (2017). *Private Equity Brand Equity III*. Accessed March 22, 2019. http://www. backbaycommunications. com/wp-content/uploads/2019/12/PrivateEquityBrandEquity III-FINAL. pdf.

第 4 章

Gompers, P., Kaplan, S. N. and Mukharlyamov, V. (2016). "What do private equity firms say they do?" *Journal of Financial Economics*, 121(3), pp. 449 – 476.

Schwarzman, S. A. (2019). *What It Takes: Lessons in the Pursuit of Excellence.* London: Simon & Schuster UK Ltd.

Bazerman, M. H. and Moore, D. A. (2009). *Judgement in Managerial Decision Making.* Hoboken, NJ: Wiley.

Kahneman, D. (2015). *Thinking, Fast and Slow.* New York: Farrar, Straus and Giroux.

Rickertsen, R. and Gunther, R. E. (2001). *Buyout: The Insider's Guide to Buying Your Own Company.* NewYork: Amacom.

Finkel, R. A. and Greising, D. (2010). *The Masters of Private Equity and Venture Capital: Management Lessons from the Pioneers of Private Investing.* New York: McGraw-Hill.

Walton, E. J. and Roberts, M. J. (1992). "Purchasing a Business: The Search Process" in Sahlman, William A. and Stevenson, H. H. (eds). *The Entrepreneurial Venture.* Boston, MA: Harvard Business School Publications.

第 5 章

Finkel, R. A. and Greising, D. (2010). *The Masters of Private Equity and Venture Capital: Management Lessons from the Pioneers of Private Investing.* New York: McGraw-Hill.

Kahneman, D. (2015). *Thinking, Fast and Slow.* New York: Farrar, Straus and Giroux.

Gompers, P., Kaplan, S. N. and Mukharlyamov, V. (2016). "What do private equity firms say they do?" *Journal of Financial Economics*, 121(3), pp. 449 – 476.

Shearn, M. (2012). *The Investment Checklist: The Art of in-Depth Research.* Hoboken, NJ: Wiley.

Grant, L. "Striking out at Wall Street," *US News and World Report*, June 12, 1994.

BeyondProxy LLC Staff. (2014). "Exclusive interview: Pat Dorsey, Chief Investment Officer, Dorsey Asset Management," *The Manual of Ideas.* VII (VII), pp. 13 – 33.

Dorsey Asset Management. (2017). *Competitive Advantage and Asset Allocation.* Accessed May 3, 2020. https://dorseyasset.com/wp-content/uploads/2016/07/mit-sloan-investment-conference_competitive-advantage-and-capital-allocation_dorsey-asset-management_march-2017.pdf.

Mullins, J. W. (2003). *The New Business Road Test: What Entrepreneurs and Executives Should Do Before Writing a Business Plan.* London: Pearson Higher Education.

WWF and Doughty Hanson & Co. (2011). *Private Equity and Responsible Investment: An Opportunity for Value Creation.* Accessed April 30, 2020. http://assets.wwf.org.uk/downloads/private_equity_aw_lores_2.pdf.

Seuss, Dr. (2017). *How the Grinch Stole Christmas.* London: HarperCollins Children's Books.

第 6 章

Bloom, N., Sadun, R. and Van Reenen, J. (2015). "Do private equity owned firms have better management practices?" *American Economic Review*, 105(5), pp. 442 – 446.

Yeboah, H. J. N., Tomenendal, M. and Dörrenbächer, C. (2014). "The effect of private equity ownership on management practices: A research agenda," *Competition & Change*, 18(2), pp. 164 – 179.

Baker, G. P., and Smith, G. D. (1998). *The New Financial Capitalists: Kohlberg Kravis Roberts and the Creation of Corporate Value.* Cambridge and New York: Cambridge University Press.

Kerr, S. (1995). "An Academy Classic: On the folly of rewarding A, while hoping for B," *Academy of Management Perspectives*, 9(1), pp. 7 – 14.

Cornelli, F. and Karakas, O. (2013). "CEO turnover in LBOs: the role of boards," *SSRN Electronic Journal.* Accessed June 27, 2020. https://ssrn.com/abstract = 2269124.

Alix Partners. (2017). *Annual Private Equity Survey: Replacing a Portfolio Company CEO Comes at a High Cost.* Accessed June 27, 2020. https://www.alixpartners.com/insights-impact/insights/annual-private-equity-survey-replacing-a-portfolio-company-ceo-comes-at-a-high-cost/.

Botelho, E., Powell, K. R., Kincaid, S. and Wang, D. (2017). "What sets successful CEOs apart," *Harvard Business Review.* May-June 2017, pp. 70 – 77.

Botelho, E. L., Powell, K. R. and Raz, T. (2018). *The CEO Next Door: The 4 Behaviors That Transform Ordinary People into World-Class Leaders.* New York: Currency.

Damon, B. (2016). "Three rookie mistakes experienced CEOs make in managing a private equity-backed company," *The Journal of Private Equity*, 20(1), pp. 35 – 37.

Prince, C. J. (2018). "So you want to be a private equity CEO? Four questions to ask yourself," *Chief Executive*, July 25, 2018.

Ralph, O. (2019). "Dave North: Managing serial marriages with private equity," *The Financial Times*, March 24, 2019.

Carroll, L., and Haughton, H. (1998). *Alice's Adventures in Wonderland and Through the Looking Glass: The Centenary Edition.* London: Penguin Books.

Gehring, F. (2015). "How I did it… Tommy Hilfiger's Chairman on going private to spark a turnaround," *Harvard Business Review*, July-August 2015, pp. 33 – 36.

Harvard Business Review Editorial Team (2016). "How private equity firms hire CEOs," *Harvard Business Review*, June 2016.

Lorelli, M. K. (2014). "Private equity versus traditional CEO," *NACD Directorship Boardroom Intelligence*, July-August 2014, pp. 65 – 66.

Partnoy, F. (2018). "An SAT for CEOs," *The Atlantic*, June 2018. Accessed June 30, 2020. https://www.theatlantic.com/magazine/archive/2018/06/vista-ceo-testing/559148/.

Vardi, N. (2018). "Richer than Oprah: how the nation's wealthiest African-American conquered tech and Wall Street," *Forbes*, March 2018. Accessed June 30, 2020. https://www.forbes.com/

sites/nathanvardi/2018/03/06/richer-than-oprah-how-the-nations-wealthiest-african-american-conquered-tech-and-wall-street/ #1fef871c3584.

Dweck, C. S. (2007). *Mindset: The New Psychology of Success.* New York: Ballantine Books.

Spencer S. (2017). *How to Think About Assessing Leaders.* Accessed June 30, 2020. https://www. spencerstuart. com/-/media/pdf-files/research-and-insight-pdfs/pov2017-assessingleaders. pdf.

Kaplan, S. N., Klebanov, M. M. and Sorensen, M. (2012). "Which CEO characteristics and abilities matter?" *The Journal of Finance*, 67(3), pp. 973 – 1007.

Ferriss, T., host. "Graham Duncan: talent is the best asset class," *The Tim Ferris Show*, Podcast, March 1, 2019. Accessed June 30, 2020. https://tim. blog/2019/03/01/the-tim-ferriss-show-transcripts-graham-duncan-362/.

第 7 章

Sahlman, W. (1997). "How to write a great business plan," *Harvard Business Review.* July-August 1997, pp. 98 – 108.

Finkel, R. A. and Greising, D. (2010). *The Masters of Private Equity and Venture Capital: Management Lessons from the Pioneers of Private Investing.* New York: McGraw-Hill.

Kawasaki, G. (2001). "The top ten lies of entrepreneurs," *Harvard Business Review.* January 2001, pp. 22 – 23.

Rose, K., host. "Building Wealthfront and Benchmark Capital— Andy Rachleff," *The Kevin Rose Show*, Podcast, October 13, 2020. Accessed February 14, 2021. https://podcast. kevinrose. com/ building-wealthfront-and-benchmark-capital-andy-rachleff/.

Kahneman, D. (2015). *Thinking, Fast and Slow.* New York: Farrar, Straus and Giroux.

Shearn, M. (2012). *The Investment Checklist: The Art of in-Depth Research.* Hoboken, NJ: Wiley.

Cahill, M. (2003). *Investor's Guide to Analyzing Companies and Valuing Shares: How to Make the Right Investment Decision.* Harlow: Prentice Hall/Financial Times.

Valentine, J. J. (2011). *Best Practices for Equity Research Analysts: Essentials for Buy-Side and Sell-Side Analysts.* New York: McGraw-Hill Education.

Osterwalder, A. and Pigneur, Y. (2010). *Business Model Generation: A Handbook for Visionaries, Game Changers, and Challengers.* Hoboken, NJ: Wiley.

Narayanan, V. K. and Fahey, L. (2001). "Macroenvironmental Analysis: Understanding the Environment Outside the Industry" in Fahey, L. and Randall, R. M. (eds). *The Portable MBA in Strategy.* New York: Wiley.

Fleisher, C. S. and Bensoussan, B. E. (2008). *Business and Competitive Analysis: Effective Application of New and Classic Methods.* Upper Saddle River, NJ: FT Press.

Porter, M. E. (1985). *Competitive Advantage: Creating and Sustaining Superior Performance.* New York: Free Press.

Grant, R. M. (2002). *Contemporary Strategy Analysis: Concepts, Techniques, Applications.* Cambridge, MA: Blackwell Publishers Inc.

de Kuijper, M. (2009). *Profit Power Economics: A New Competitive Strategy for Creating Sustainable Wealth.* New York: Oxford University Press.

Christensen, C. M. and Raynor, M. E. (2010). *The Innovator's Solution: Creating and Sustaining Successful Growth.* Boston, MA: Harvard Business School Press.

Seneca. (2004). *On the Shortness of Life.* London: Penguin Books.

Higgins, R. C. (2009). *Analysis for Financial Management.* Boston, MA: McGraw-Hill/ Irwin.

Walsh, C. (2008). *Key Management Ratios: The 100 + Ratios Every Manager Needs to Know.* Harlow; New York: Prentice Hall/Financial Times.

Gompers, P., Kaplan, S. N. and Mukharlyamov, V. (2016). "What do private equity firms say they do?" *Journal of Financial Economics*, 121(3), pp. 449 – 476.

Marks, D. H. (2011). *The Most Important Thing: Uncommon Sense for Thoughtful Investors.* New York: Columbia Business School Publishing.

第 8 章

McKinsey & Company Inc. (2020). *Valuation: Measuring and Managing the Value of Companies.* Hoboken, NJ: Wiley.

Damodaran, A. (2012). *Investment Valuation: Tools and Techniques for Determining the Value of Any Asset.* Hoboken, NJ: Wiley.

Rosenbaum, J. and Pearl, J. (2009). *Investment Banking: Valuation, Leveraged Buyouts, and Mergers & Acquisitions.* Hoboken, NJ: Wiley.

Arzac, E. R. (2007). *Valuation: Mergers, Buyouts and Restructuring.* Hoboken, NJ: Wiley.

Bruner, R. F. (2004). *Applied Mergers and Acquisitions.* Hoboken, NJ: John Wiley & Sons.

Roberts, M. J. (1992). "Valuation Techniques" in Sahlman, W. A. and Stevenson, H. H. (eds). *The Entrepreneurial Venture.* Boston, MA: Harvard Business School Publications.

Fabozzi, F. J., Focardi, S. M. and Jonas, C. (2018). "Equity valuation: science, art, or craft?" *SSRN Electronic Journal.* Accessed August 14, 2021. https://doi. org/10. 2139/ssrn. 3254580.

Martin, R. L. (2016). "M&A: The one thing you need to get right," *Harvard Business Review*, June 2016, pp. 42 – 48.

Indap, S. (2017). "What happens in Vegas… the messy bankruptcy of Caesars Entertainment," *The Financial Times*, September 26, 2017. Accessed August 14, 2021. https://www. ft. com/ content/a0ed27c6-a2d4-11e7-b797-b61809486fe2.

Levine, M. "Largest leveraged buyout ever is finally bankrupt," *Bloomberg*, April 24, 2014. Accessed August 14, 2021. https://www. bloomberg. com/opinion/articles/2014 – 04 – 29/ largest-leveraged-buyout-ever-is-finally-bankrupt.

Gompers, P., Kaplan, S. N. and Mukharlyamov, V. (2016). "What do private equity firms say they do?" *Journal of Financial Economics*, 121(3), pp. 449 – 476.

Marks, D. H. (2011). *The Most Important Thing: Uncommon Sense for Thoughtful Investors*. New York: Columbia Business School Publishing.

第 9 章

Arzac, E. R. (2007). *Valuation: Mergers, Buyouts and Restructuring*. Hoboken, NJ: Wiley.

Ippolito, R. (2020). *Private Capital Investing: The Handbook of Private Debt and Private Equity*. Chichester: Wiley.

Rosenbaum, J. and Pearl, J. (2009). *Investment Banking: Valuation, Leveraged Buyouts, and Mergers & Acquisitions*. Hoboken, NJ: Wiley.

Darley, M. (2009). "Debt" in Soundy, M., Spangler, T. and Hampton, A. (eds). *A Practitioner's Guide to Private Equity*. London: Sweet & Maxwell Ltd.

Weil, G. and Manges LLP. (2015). *A Comparison of Management Incentive Equity Arrangements in Private Equity Transactions Across the United States, Europe and Asia*. Accessed August 20, 2021. https://peblog. wpengine. com/wp-content/uploads/2016/02/95615261_1. pdf.

Boston Consulting Group. (2015). *Private Equity Minority Investments: Can Less Be More?* Accessed August 20, 2021. https://www. bcg. com/publications/2015/private-equity-minority-investments-can-less-be-more.

第 10 章

Rosenbloom, A. H. (2002). *Due Diligence for Global Deal Making: The Definitive Guide to Cross-Border Mergers and Acquisitions, Joint Ventures, Financings, and Strategic Alliances*. Princeton, NJ: Bloomberg Press.

Gole, W. J. and Hilger, P. J. (2009). *Due Diligence: An M&A Value Creation Approach*. Hoboken, NJ: Wiley.

Howson, P. (2008). *Checklists for Due Diligence*. Aldershot: Gower.

Grove, A. S. (2002). *Only the Paranoid Survive: How to Exploit the Crisis Points That Challenge Every Company and Career*. London: Profile Books.

Michaels, D. and Gryta, T. (2020). "GE to pay \$200 million to settle SEC accounting probe," *The Wall Street Journal*, December 9, 2020. Accessed October 13, 2021. https://www. wsj. com/articles/ge-to-pay-200-million-to-settle-sec-accounting-probe-11607553764.

Kelly, J. (2020). "Wells Fargo forced to pay \$3 billion for the bank's fake account scandal," *Forbes*, February 24, 2020. Accessed October 13, 2021. https://www. forbes. com/sites/jackkelly/2020/02/24/wells-fargo-forced-to-pay-3-billion-for-the-banks-fake-account-scandal/? sh = 5f773e1842d2.

Mulford, C. W. and Comiskey, E. E. (2005). *Creative Cash Flow Reporting: Uncovering Sustainable Financial Performance.* Hoboken, NJ: Wiley.

Schilit, H. M., Perler, J. and Engelhart, Y. (2018). *Financial Shenanigans: How to Detect Accounting Gimmicks and Fraud in Financial Reports.* New York: McGraw-Hill.

Fisher, K. and Hoffmans, L. W. (2010). *How to Smell a Rat: The Five Signs of Financial Fraud.* Hoboken, NJ: John Wiley & Sons.

第 11 章

Baker McKenzie. (2015). *Global LBO Guide.* Accessed October 13, 2021. https://www. bakermckenzie. com/ − / media/files/ insight/publications/global-lbo-guide/bk _ global _lboguide _ rebranded. pdf? la = en.

Zeisberger, C., Prahl, M. and White, B. (2017). *Mastering Private Equity: Transformation via Venture Capital, Minority Investments & Buyouts.* Chichester: Wiley.

Ippolito, R. (2020). *Private Capital Investing: The Handbook of Private Debt and Private Equity.* Chichester: Wiley.

Buerkle, T. (1998). "BMW wrests Rolls-Royce name away from VW," *International Herald Tribune*, July 29, 1998. Accessed October 13, 2021. https://www. nytimes. com/1998/07/29/ news/bmw-wrests-rollsroyce-name-away-from-vw. html.

Nijs, L. (2014). *Mezzanine Financing: Tools, Applications and Total Performance.* Chichester: Wiley.

Bagaria, R. (2016). *High Yield Debt: An Insider's Guide to the Marketplace.* Chichester: Wiley.

Pignataro, P. (2014). *Leveraged Buyouts: A Practical Guide to Investment Banking and Private Equity.* Hoboken, NJ: John Wiley & Sons.

Nesbitt, S. L. (2019). *Private Debt: Opportunities in Corporate Direct Lending.* Hoboken, NJ: John Wiley & Sons.

第 12 章

Goldman, Sachs & Co. (2017). *Talks at GS: Henry Kravis, 40 Years of Innovation in Finance.* Accessed October 19, 2021. https://www. goldmansachs. com/insights/talks-at-gs/henry-kravis. html.

MacArthur, H., Elton, G., Haas, D. and Varma, S. (2017). "Rewriting the private equity playbook to combine cost and growth," *Forbes*, April 8, 2017. Accessed October 19, 2021. https://www. forbes. com/sites/baininsights/2017/04/08/rewriting-the-private-equity-playbook-to-combine-cost-and-growth/? sh = 2f1d33224445.

Boston Consulting Group. (2017). *Discovering How and Where to Add Digital to Your Private Equity Playbook.* Accessed October 17, 2021. https://www. bcg. com/en-gb/industries/principal-investors-private-equity/discovering-how-and-where-to-add-digital-to-your-private-equity-playbook.

McKinsey & Company. (2019). *Pricing: The Next Frontier of Value Creation in Private Equity.* Accessed October 18, 2021. https:// www. mckinsey. com/business-functions/marketing-and-sales/ our-insights/pricing-the-next-frontier-of-value-creation-in-private-equity.

Friede, G., Busch, T. and Bassen, A. (2015). "ESG and financial performance: aggregated evidence from more than 2,000 empirical studies," *Journal of Sustainable Finance & Investment*, 5(4), pp. 210 – 233.

McKinsey & Company. (2020). *The ESG Premium: New Perspectives on Value and Performance.* Accessed October 17, 2021. https://www. mckinsey. com/business-functions/sustainability/our-insights/ the-esg-premium-new-perspectives-on-value-and-performance.

WWF and Doughty Hanson & Co. (2011). *Private Equity and Responsible Investment: An Opportunity for Value Creation.* Accessed April 30, 2020. http://assets. wwf. org. uk/downloads/ private_equity_aw_ lores_2. pdf.

Kaplan, R. S. and Norton, D. P. (1992). "The balanced scorecard -measures that drive performance," *Harvard Business Review.* January – February 1992, pp. 71 – 79.

Slatter, S. and Lovett, D. (1999). *Corporate Turnaround.* London: Penguin.

Schwarzman, S. A. (2019). *What It Takes: Lessons in the Pursuit of Excellence.* London: Simon & Schuster UK Ltd.

Baker, G. P. and Smith, G. D. (1998). *The New Financial Capitalists: Kohlberg Kravis Roberts and the Creation of Corporate Value.* Cambridge and New York: Cambridge University Press.

Diviney, R. (2021). *The Attributes: 25 Hidden Drivers of Optimal Performance.* New York: Random House.

Sands, J. (2020). *Corporate Turnaround Artistry: Fix Any Business in 100 Days.* Hoboken, NJ: Wiley.

第 13 章

Finkel, R. A. and Greising, D. (2010). *The Masters of Private Equity and Venture Capital: Management Lessons from the Pioneers of Private Investing.* New York: McGraw-Hill.

McKinsey & Company. (2019). *Private Equity Exit Excellence: Getting the Story Right.* Accessed October 18, 2021. https://www. mckinsey. com/industries/private-equity-and-principal-investors/ our-insights/private-equity-exit-excellence-getting-the-story-right.

Achleitner, A. K., Braun, R. and Engel, N. (2011). "Value creation and pricing in buyouts: Empirical evidence from Europe and North America," *Review of Financial Economics*, 20(4), pp. 146 – 161.

Bain & Company. (2021). *Global Private Equity Report 2021.* Accessed November 1, 2021.

https://www. bain. com/globalassets/ noindex/2021/bain _ report _ 2021-global-private-equity-report. pdf.

Zeisberger, C., Prahl, M., and White, B. (2017). *Mastering Private Equity: Transformation via Venture Capital, Minority Investments & Buyouts.* Chichester: Wiley.

Bain & Company. (2020). *Global Private Equity Report 2020.* Accessed November 1, 2021. https://psik. org. pl/images/ publikacje-i-raporty—publikacje/bain _ report _ private _ equity _ report_2020. pdf.

Pérez Navarro, P. (2018). "Private equity strategies: IPOs, trade sales and secondary buyouts," *Colegio Universitario de Estudios Financieros.* June 2018. Accessed November 1, 2021. https:// biblioteca. cunef. edu/files/documentos/TFG_GADE_2018-24. pdf.

Chinchwadkar, R. and Seth, R. (2012). "Private equity exits: effect of syndicate size, foreign certification and buyout entry on type of exit," *SSRN Electronic Journal.* August 2012. Accessed November 1, 2021. https://www. researchgate. net/publication/256030307 _Private _Equity_ Exits_Effect_of_Syndicate_Size_Foreign_Certification _and_Buyout_Entry_on_Type_of_Exit.

Reuters Staff. (2018). "CVC seeks to buy back Sweden's Ahlsell, valuing firm at ＄2.7 billion," *Reuters*, December 11, 2018. Accessed October 10, 2021. https://www. reuters. com/article/ us-a hlsell-m-a-cvc-capital-partners-idUSKBN1OA0I9.

Wiggins, K. (2020). "How selling to yourself became private equity's go-to deal," *The Financial Times*, December 28, 2020. Accessed October 10, 2021. https://www. ft. com/content/ ee914ea4-4ad9-4eec-97c3-95af841122bf.

Mendonça, E. (2020). "EQT funds and TA Associates partner to acquire software developer IFS for 3bn," *Private Equity News*, July 14, 2020. Accessed October 10, 2021. https://www. penews. com/ articles/eqt-funds-and-ta-associates-partner-to-acquire-software-developer-ifs-for-e3bn-20200714.

Campbell, K. (2020). "Why Blackstone investors backed its ＄14.6bn life science recap," *PERE*, October 22, 2020. Accessed October 10, 2021. https://www. perenews. com/why-blackstone-investors-backed-its-14-6bn-life-science-recap/.

Wiggins, K., Storbeck, O. and Nilsson, P. (2020). "BC Partners seeks to sell Springer Nature stake to itself," *The Financial Times*, December 4, 2020. Accessed October 10, 2021. https:// www. ft. com/content/537ee5cc-2a74-4397-bdfb-4d846e6b8200.

James, R. (2021). "The largest 20 continuation funds mapped," *Secondaries Investor*, June 9, 2021. Accessed October 10, 2021. https://www. secondariesinvestor. com/the-20-largest-continuation-funds-mapped/.